外国直接投资与非洲经济转型

FDI AND ECONOMIC TRANSFORMATION IN AFRICA

朴英姬 著

社会科学文献出版社
SOCIAL SCIENCES ACADEMIC PRESS (CHINA)

前　言

一　研究背景

全球化的国际分工体系是建立在追求效率而非公平的基础之上，因此全球经济一体化在加快进程的同时，也付出了巨大的社会成本。"新的国际分工在改造一国的经济和社会时，通常会破坏传统的生活方式。它拆散了家庭、村庄和国家，迫使紧密的传统社会四分五裂。并非每个人都从全球经济一体化中得益，许多传统的社会发展停滞或分崩离析，甚至在世界上迅速发展的地区中，发展成果也没有平均地分配。"[①] 对非洲国家来说，在全球化的经济体系中，由于无法与其他效率更高的社会相竞争，始终背负着沉重的发展压力。一方面要放弃从事低效率的经济活动，帮助陷于经济困境的国民摆脱贫困；另一方面要在全球化的经济运行规则和分工体系中寻求新的发展契机，实现经济转型和经济赶超。

20 世纪 60 年代初，刚独立的非洲国家对自由贸易和外国投资均持有怀疑态度。因此在随后的 20 世纪 70 年代和 80 年代，非洲一些国家实行贸易保护和资本管制政策，作为其进口替代工业化战略的一部分，以此来保护国内工业。实践证明，这种内向型的发展战略，抑制了贸易和外国直接投资的发展，并且对非洲经济增长和改善民生带来了负面影响。从 20 世纪 70 年代中后期起，非洲国家经济普遍恶化。为应对日益严峻的经济形势，非洲国家在 20 世纪 80 年代初开始，陆续实行了经济调整战略。迫于资金上的压力，许多国家接受了世界银行和国际货币基金组织提出的结构调整方案，逐步放松了政府对国内经济的行政管制，使市场经济发挥作用。结构调整

---

① 〔美〕杰弗里·弗里登：《20 世纪全球资本主义的兴衰》，杨宇光等译，上海人民出版社，2009，第 23 页。

要求非洲国家对国营企业进行整顿，将部分国有企业私有化，并且实行对外开放和吸引外资的政策。由此非洲国家的外国直接投资流入开始增长。

20世纪90年代以来，为适应突飞猛进的全球化浪潮，非洲国家纷纷实行外向型经济发展战略。尽管非洲国家试图在经济全球化中获得更多利益，但在过去的30多年里，非洲参与全球经济的程度在下降。非洲在全球出口额中的比重从1980年的6%下降到2010年的3.2%。[1] 实现持续性的经济增长，投资是关键的拉动环节，这就需要动员国内和国际的融资资源。由于非洲储蓄率长期偏低，国内融资渠道不畅，动员更多的国际资本成为必然的替代选择。但由于非洲国家在世界贸易中的份额很低，外部援助又具有不可预期性，短期资本由于波动性强而容易对宏观经济造成剧烈冲击，因此，吸引外国直接投资成为保障投资增长的重要渠道。对于资金匮乏的非洲国家，外国直接投资对经济增长的推动作用越来越被认同，因此在近30年的时间里，鼓励外国直接投资流入成为政策重点。

尽管如此，由于许多跨国公司实力雄厚，资产总值甚至超过了一些非洲国家的国内生产总值，非洲国家的领导人仍然没有完全放弃对外国直接投资的警惕性，认为它在政治上可能导致政府的权威受损，在经济上可能导致本土企业在激烈的市场竞争中失利，并且如果外资过度集中在自然资源领域，可能会加剧环境恶化的趋势。有研究认为，非洲领导人对外国投资的怀疑态度根源于历史、意识形态和独立后的政治理念。尽管从理论上讲，外国直接投资可能会给东道国带来诸多收益，但是非洲领导人对这种潜在收益能否得到实现并不确定。因为，外国直接投资流入不同的部门对这种潜在收益的实现有不同的影响力。例如，在东亚国家，大多数外国直接投资都集中在制造业，这对出口多样化和经济持续高速增长起到了相当大的促进作用。但是在非洲，由于外国直接投资主要集中在初级部门，对整个地区经济增长的推动作用不如东亚国家突出。[2] 不可否认，全球化具有明显的局限性，但在跨国公司主导下的国际直接投资已经成为全球经济的重要特征。跨国公司控制了全球资本、技术和市场份额的大部分，这些公司不仅在国际经济中占据主导地位，而且成为国际政治中不可

---

[1] UNCTAD, *Handbook of Statistics 2011*, New York and Geneva, 2011.
[2] Chantal Dupasquier and Patrick N. Osakwe, *Foreign Direct Investment in Africa: Performance, Challenges and Responsibilities*, September 2005, p.3.

或缺的重要力量。[①] 面对难以逆转的全球化趋势，非洲国家以更加开放的态度对待跨国公司和外国直接投资，并致力于从合理有效的制度和政策体系中获得更大利益。

过去十几年，许多非洲国家经济增长速度很快。2000~2010年，世界范围内年均增速最快的10个国家中就有6个是非洲国家，分别为：安哥拉11.1%，尼日利亚8.9%，埃塞俄比亚8.4%，乍得7.9%，莫桑比克7.9%，卢旺达7.6%。这期间还有其他一些非洲国家的年均增长率在7%左右。尽管如此，绝大多数非洲国家的经济结构并未发生根本性转变，生产和出口仍然集中在少数产品，制造业在生产和出口中占的比重仍然很低，制造业国际竞争力并未得到明显提升。在许多非洲国家，非正式和不稳定就业人口占就业总数的比重高达80%，导致贫困状况难有改观。[②] 迄今为止非洲大陆取得的经济成果，并未转化为促进长期生产力提高的经济结构性转变和惠及民众的包容性增长。投资和技术是经济转型中两大关键性驱动力，而跨国公司主导下的外国直接投资兼具了这两项关键要素，可以成为非洲未来实现经济结构性转型的重要助推力量。鉴于非洲国家面临迫切的经济转型压力，研究外国直接投资在非洲经济转型中所起的作用及未来如何利用外国直接投资来促进非洲国家实现成功的经济转型无疑具有重要的学术意义。本书的研究重点亦在于此。

二 国内外相关研究现状

目前国内学界关于外国直接投资的理论梳理比较全面，主要论及外国直接投资对东道国经济增长、就业、结构升级、技术进步、制度变迁和国家经济安全等层面的影响。例如《中国企业跨国经营环境与战略研究》（陈漓高等）一书中，比较全面地介绍了国际直接投资的重要理论；《外国直接影响下的发展中国家经济安全研究》（崔健）的书中，从理论与现实的层面上论述了外国直接投资对发展中国家经济安全的影响；《中国西部外资问题研究》（杨先明等）的书中论述了中国西部技术缺口、人力资本缺口、产业

[①] 〔美〕罗伯特·吉尔平：《全球资本主义的挑战：21世纪的世界经济》，杨宇光、杨炯译，上海人民出版社，2001，第21页。
[②] African Center for Economic Transformation, *2014 African Transformation Report: Growth with Depth*, 2014, p. 2.

配套等方面与外国直接投资吸收能力的制约关系等问题；《全球化中的资源重组与中国产业技术竞争力提升》（江小涓）一书对跨国公司技术扩散行为及技术外溢效应、吸引外资对中国产业的技术进步和产业结构升级影响效应等问题进行了深入的论述；《国际直接投资的区位选择与政策调整》（江心英、路正南）的书中对于国际直接投资区位理论、东道国因素与国际直接投资区位选择的关系、国际直接投资与发展中东道国经济增长的关系等问题有较全面的阐述；《跨国公司在华技术转移行为研究》（胡靖）一书详细论述了跨国公司技术转移与东道国市场规模、市场结构、技术水平、政策环境等的互动关系；《发展阶段与国际直接投资》（杨先明）的书中阐述了不同经济发展阶段下国际直接投资与经济发展的关系，以及国际直接投资模式选择；《外商直接投资对经济增长影响的传导机制研究——基于总供给函数的视角》（黄顺武）的书中论述了外国直接投资影响经济增长的就业促进机制、资本积累机制、技术进步机制、制度变迁机制等问题。

20世纪90年代以来，国内学界对非洲外国直接投资和经济转型问题的研究渐趋深入，相继出版了一系列与之相关的著述，如《投资非洲》（黄泽全）、《非洲经济圈与中国企业》（李智彪）、《中非经贸白皮书——未来五年发展规划》（内部出版）、《中东非洲发展报告》、《非洲发展报告》、《大国对非洲经贸战略研究》（商务部研究院亚洲与非洲研究所）、《中国和世界主要经济体与非洲经贸合作研究》（张宏明）、《中国与非洲经贸合作发展总体战略研究》（杨立华等）、《非洲地区发展报告》（刘鸿武）等，对于非洲投资市场，投资非洲的风险、机遇和挑战，非洲对外经贸合作的现状、问题与发展战略，非洲经济发展的驱动力和制约因素等方面从不同视角进行了阐述。西亚非洲所内部研究报告《非洲大陆的投资机会与投资环境》（李智彪）、硕士论文《中国对非洲直接投资研究》（杨莹）、《中国石油企业投资非洲的动因分析》（杨红梅）、《中国企业对非投资及其政治风险研究》（黄佐祺）等，对非洲投资环境和中国对非洲投资进行了较为深入的研究。

近年来，国内学者发表了多篇有关非洲外国直接投资和经济转型的论文，主要论述非洲外国直接投资的主要特点、投资环境、竞争趋势，中国和非洲的经贸合作，非洲经济发展的模式、动力、阶段、制约因素等方面的内容。例如《肯尼亚的外国投资与投资环境评析》（周倩、刘鸿武）、《外国直接投资在非洲现状述评》（姚桂梅）、《外国石油公司在非洲的竞争趋势分析》（张刚）、《非洲油气资源及其宏观投资环境》（王越、潘继平）、《论中非经贸关系》（舒运国）、《中国私营企业投资非洲现状与趋势分析》（刘鸿武、王涛）、《评析中国与安哥拉经济合作的新模式》（唐晓阳）、《中国对非洲投资的现状、潜力与对策》（闫森）、《中非经贸合作现状及前景展望》（姚淑梅、庄成红）、《新时期中非投资合作：现状、问题与对策》（刘青海）、《扩大对非洲直接投资的策略选择》（项莹、蔡芳芳）、《中国对非洲投资的就业效应研究》（任培强）、《中国民营企业在非洲的市场进入与直接投资的决定因素》（张娟、刘钻石）、《中国对非洲投资合作的主要模式及挑战》（姚桂梅）、《中非经贸合作区建设模式与可持续发展问题研究》（张菲）、《非洲经济发展模式及其转型——结构经济学视角的分析》（黄梅波、刘斯润）、《非洲经济增长动力探析》（李智彪）、《非洲经济的新发展及其动力》（何曙荣）、《非洲经济的发展成效与结构制约》（薛琳、丁伟）、《非洲新能源发展的动力及制约因素》（张永宏）、《当前非洲经济发展阶段研判》（郝睿、许蔓）等。

国外学者关于非洲外国直接投资和经济转型的研究较多。联合国、世界银行、国际货币基金组织、经合组织、非洲开发银行等主要国际组织均有这方面的著作或报告。例如，联合国贸易与发展委员会在每年出版的《世界投资报告》（*World Investment Report*）中均会评述非洲大陆外国直接投资最新发展态势。在2005年发布的专题报告《2005非洲经济发展：反思外国直接投资的作用》（*Economic Development in Africa: Rethinking the Role of Foreign Direct Investment 2005*）中，对非洲外国直接投资的特点、行业分布、政策制定及对经济发展的影响进行了较全面的评述，报告称基于非洲国家在全球经济中的弱势地位和经济发展面临的困境，外国直接投资被认为能够在非洲发展中发挥更加重要的作用，但是跨国公司的投资战略在多大程度上能够与非洲国家的发展战略相一致则是一个既不明确又不简单的问题。《2012年非洲经济发展：结构转型和可持续发展》（*Economic Development in Africa 2012: Structural Transformation and Sustainable Development in Africa*），内容涉及非洲经济增长模式的弊端和经济转型面临的巨大挑战。报告中指出结构转型的两大关键性驱动力是投资和技术。在实现经济转型的初期，引进外国技术和利用外国投资至关重要。当然，最好是东道国具有国外先进技术的吸收能力，能够充分利用国外技术助力经济发展，这就需要拥有素质良好的人力资本。

国际货币基金组织每年都会发布世界经济展望和撒哈拉以南非洲地区经济展望，对世界和撒哈拉以南非洲地区的经济发展指标和发展趋势做了论述。世界银行有关非洲的书籍和研究报告很多，如《非洲发展指标》、《营商环境报告》、《非洲国家投资环境评估》（包括尼日利亚、毛里求斯等国）等。2014年的最新报告《让FDI在撒哈拉以南非洲发挥作用：对当地的溢出效应和在全球价值链中的竞争力》[1]中对非洲矿业、农业综合经营、服装业的FDI对当地溢出效应和在全球价值链中的竞争力进行了深入论述，并提出未来的政策取向。

联合国非洲经济委员会每年都会发布非洲经济报告，并针对不同主题做深入论述。《2014年非洲经济发展：以投资促进非洲的转型增长》（*Economic Development in Africa 2014: Catalysing Investment for Transformative Growth in Africa*）。报告中对非洲近年来的经济增长模式的结构性问题、内部资金和外部资金的作用、投资风险和商业环境、未来的政策倾向做了详细而全面的论述。经合组织在2006年报告《中国和印度的崛起：非洲如何参与其中？》（*The Rise of China and India: What's in it for Africa?*）中对中国与非洲在吸引外国直接投资中的优、劣势进行阐述，认为许多跨国公司选择外国直接投资东道国的标准，是利用东道国的人力资本优势创建外向型企业，生产的产品直接出口。非洲开发银行在2011年报告《非洲未来50年：迈向包容性增长之路》（*Africa in 50 Years' Time: The Road Towards Inclusive Growth*）中强调非洲需要大规模投资以保障未来经济的持续快速增长，这需要创造有利的商业环境来吸引国内外投资，加速跨境贸易和区域一体化进程，充分发挥私人部门对经济增长的推动作用。

有关非洲外国直接投资和经济转型的论述主要还有：非洲贸易政策中心（African Trade Policy Centre）在2005年题为《非洲外国直接投资：实施、挑战与责任》（*Foreign Direct Investment in Africa: Performance, Challenges and Responsibilities*）的报告中，对非洲吸引外国直接投资的负面因素进行了

---

[1] World Bank, *Making Foreign Direct Investment Work for Sub-Saharan Africa: Local Spillover and Competitiveness in Global Value Chains*, 2014.

较详细的论述，指出非洲宏观经济和政治的不稳定性增加了外国投资者的投资风险。莫塞斯·意凯拉（Moses M. Ikiara）在其2003年发表的《外国直接投资、技术转移与减缓贫困：非洲的希望与两难境遇》（*Foreign Direct Investment, Technology Transfer, and Poverty Alleviation: Africa' Hopes and Dilemma*）一文中运用建立模型分析的研究方法，认为外国直接投资可以通过一定的传递机制达到非洲国家减少贫困的目的。非洲进步小组在2014年非洲进步报告[①]中称，非洲农民必须成为经济转型的重点，因为大多数非洲穷人都是农业生产者，他们需要提高生产率，接受教育提高劳动技能，增强抵御气候变化的冲击和不确定性的能力。如果没有具有活力和包容性的农业部门，不仅是非洲增长将会受阻，而且穷苦大众将会被远远地抛弃在经济增长的列车之外。据2013年的非洲竞争力报告[②]，全球竞争力指数（GCI）排名显示，世界上竞争力最弱的20个国家中，有14个是非洲国家。非洲竞争力水平低，表现在人类发展低指标、武装冲突以及经常性的粮食危机。

许多非洲国家的增长来源不够多元化，矿产品占非洲出口总额的一半以上，很容易受到大宗商品价格和需求波动的冲击，超过2/3的劳动力受雇于农业部门，这意味着非洲的经济结构转型仅取得了有限的成果。非洲经济转型中心的2014年非洲转型报告[③]中指出，20世纪90年代中期以来，许多非洲国家经历的持续高速经济增长，受益于宏观经济管理改革、商业环境的改善、商品价格的高企和新的通信信息技术的应用。然而，这些年的经济增长却不具有可持续性，既没有带来经济结构的彻底转型，也没有改变严峻的贫困和失业状况。绝大多数非洲国家的经济发展模式在过去40年间没有多大变化，生产和出口仍然集中于少数商品，制造业在生产和出口中的比重仍然较低，技术水平和生产率提高幅度也很有限。在国际市场上，除了初级农矿产品之外，非洲国家都不具有较强竞争力。报告中提出经济

[①] Africa Progress Panel, *Africa Progress Report 2014: Financing Africa's Green and Blue Revolutions*, January 2014.

[②] World Economic Forum, World Bank, African Development Bank, *The Africa Competitiveness Report 2013*, 2013.

[③] African Center for Economic Transformation, *2014 African Transformation Report: Growth with Depth*, 2014.

转型需要在政府和私人企业之间取得平衡，要用有效的机制将两者结合起来，相互支持和合作，以实现经济转型。

还有一些研究采取调查问卷的方式，即通过对多家跨国公司的调查问卷进行综合汇总的方法，研究外国直接投资进入非洲的影响因素，以得到更加贴近现实的结论。例如，安永会计师事务所2014年非洲吸引力调查报告[1]称，非洲吸引外国直接投资出现一些新变化，如大陆内部跨国投资显著上升、FDI流入更加趋向于消费者导向的产业门类，外国投资日益向主要核心城市积聚等。非洲大陆快速城市化、日益增长的消费阶层和基础设施的大规模投资正在为城市集聚发展提供基础，这些将成为未来投资活动的关键性驱动因素。

综合国内外研究成果，当前国内学者对于非洲外国直接投资的研究侧重于中非合作的角度，较少单独论述非洲外国直接投资状况。尽管国内学者对于非洲经济转型的研究逐渐深入，但是缺乏系统地研究外国直接投资对非洲经济转型作用方面的著述。国外关于非洲外国直接投资的研究比较多，对于非洲经济转型的压力、挑战和未来发展等方面的研究也较多，但是将外国直接投资与非洲经济转型密切结合加以论述的成果尚少。有鉴于此，本书将外国直接投资与非洲经济转型相结合作为研究主线，重点探讨外国直接投资对非洲经济转型的作用机制，以及未来如何通过合理有效地利用外资促进非洲实现经济转型。

三　研究思路与基本结构

经济和政治密不可分。美国著名学者罗伯特·吉尔平曾经提出："现代世界中，经济和政治之间的关系是相互作用的。一方面，政治在很大程度上决定了经济活动的框架，并且指引经济活动的方向以便为主导集团服务。不管以何种形式发挥作用，权力都是一种经济体系性质的主要决定因素。另一方面，经济进程自身会对权力和财富进行再分配，它会改变集团之间的权力关系。这反过来导致政治体系的变革，从而也就产生经济关系的新结构。"[2] 英国著名学者苏珊·斯特兰奇明确指出："权力机构和市场

---

[1] Ernst & Young, *EY's Attractiveness Survey Africa 2014: Executing Growth*, 2014.
[2] 〔美〕罗伯特·吉尔平：《跨国公司与美国霸权》，钟飞腾译，东方出版社，2011，第15页。

之间的关系是政治经济学的核心。不同的社会在安排政治经济顺序时，会有不同的价值偏好，各种力量都将影响结局。如果不仔细观察经济生活中权力的作用，就不可能学好政治经济学，特别是国际政治经济学。不同制度反映出财富、秩序、公正和自由四大观念不同的比例组合。从根本上说，决定这种组合性质的，是权力问题。正是权力决定了权威和市场之间的关系。除非施展权力和拥有权威的人允许，市场不可能在政治经济功能方面发挥主导作用。不仅权威对市场的直接权力至关重要，而且权威对市场运转的环境或周围条件的间接影响也是至关重要。在许多国家中，拥有权威，能够决定允许市场发挥多大作用以及市场运转应当遵守的规则的人，从强制力量、财富和思想这三种源泉中汲取权力。它们具有十分不同的权力基础，将会同时但可能相反方向对政治经济发生作用。"① 若要研究非洲外国直接投资问题，不可避免要探讨权力机构"非洲国家政府"与市场代表"跨国公司"的博弈关系，这会影响到发展战略和外资政策的制定；同时还应探究非洲国家如何通过有效的政府治理来实现利用外资与经济发展的同步递进关系，也就是说外资并不会自动带来非洲发展，政府治理的有效性对"利用外资促进经济发展"起到至关重要的作用。正因为如此，本书的研究立足于新政治经济学视角，一方面以国际直接投资和经济增长理论为基点，研究非洲外国直接投资的历史和现状，以及对经济转型的作用机制；另一方面探讨非洲国家与跨国公司的利益博弈关系，提高政府治理能力在利用外资中的重要性，以及政府政策如何能够助力经济转型。

本书的框架结构如下。

第一章"外国直接投资与经济增长理论基础"。首先对全球化、国际直接投资和跨国公司这几个关涉全书重要概念的内涵和发展特征进行深入考察。随后详细论述第二次世界大战以来国际直接投资的理论成就，包括早期的发达国家国际直接投资的经典理论，以及20世纪80年代以来的发展中国家国际直接投资的最新理论。最后阐述外国直接投资与经济增长的关联理论，为全书的撰写奠定理论基础。

---

① 〔英〕苏珊·斯特兰奇：《国家与市场》（第二版），杨宇光等译，上海世纪出版集团，2012，第4、5、19页。

第二章"非洲外国直接投资发展溯源及现实特征"。把非洲殖民时期作为论述起点，以助于形成非洲外国直接投资发展的历史视角，重点撰写西方资本对非洲的垄断性经营。继之，论述非洲独立以来的外国直接投资发展，包括外资政策演变、外资流入规模、外资来源结构、外资国别分布、外资产业分布这五大方面的具体内容。最后介绍非洲外国直接投资运行的制度环境，包括全球竞争力、经济自由度、营商便利度、腐败状况、国家政策和政府治理等方面。通过对非洲外国直接投资发展的历史、现状和制度环境的详细梳理，为之后章节的撰写提供现实依据。

第三章"跨国公司和非洲国家的利益博弈：冲突与合作"。论述跨国公司和非洲国家这两个外国直接投资行为的重要参与方之间的利益博弈，它们如何在利益冲突和利益合作中寻求长期的平衡，并依据在博弈中对双方利益诉求的权衡，最终做出符合自身利益的策略选择。通过本章的论述，能够对非洲国家对待跨国公司的政策导向有比较清晰的认识。

第四章"非洲外国直接投资的政府治理：以矿业为例"。首先论述非洲矿业外国直接投资的兴起与发展，之后对矿业国现存的资源诅咒困境做出论述，并通过介绍博茨瓦纳的成功案例，引出提高非洲国家矿业治理能力的路径。长期以来，非洲矿业国吸引了大量的外国直接投资，但是这些巨额资金并没有带来预期中的繁荣、稳定和发展，反而使资源国陷入了不同程度的困境。本章的撰写是对现行非洲利用外国直接投资模式的一种反思，即资源国若要实现利用外资促进经济发展，必须要提高政府对资源行业的治理能力。

第五章"外国直接投资与非洲经济转型的关联机制"。首先介绍非洲经济转型的内涵及实现经济转型的重大挑战，然后论述外国直接投资对非洲经济转型所起到的促进或抑制作用。最后通过毛里求斯利用外资实现转型的成功经验，提出未来非洲利用外资促进经济转型的政策思路。概括来说，就是需要非洲国家政府创造有利于经济转型和私人投资的市场环境，设计并有效实施符合国情和全球价值链分工的发展战略，培育引领未来国民经济发展的新兴产业，并确保外国直接投资能够推动战略性新兴产业的蓬勃发展，提高外国投资者对经济转型的贡献度。

第六章"外国直接投资与非洲经济转型的前景展望"。首先立足于全球视野，分析非洲未来利用外资发展的国际经济新形势，然后对非洲未来利用外资发展的内在驱动力和制约因素进行详细论述。最后总结非洲外国直接投资发展的最新趋势,并提出未来利用外资助推非洲经济转型的政策路径,即构建有效的制度体系和施行良好的政府治理;实现公共投资和私人投资的平衡发展;引导外国直接投资进入战略或优先领域;加强区域一体化和促进区域价值链升级。

目 录

第一章 外国直接投资与经济增长理论基础 …………………………… 001
  第一节 相关概念的考察 ………………………………………… 001
    一 全球化的起源与深化 ……………………………………… 002
    二 国际直接投资的内涵和发展特征 ………………………… 004
    三 跨国公司的全球扩张及其影响 …………………………… 009
  第二节 国际直接投资主要理论评述 …………………………… 013
    一 传统的国际直接投资理论 ………………………………… 014
    二 国际直接投资理论的拓展 ………………………………… 023
  第三节 外国直接投资与经济增长内在逻辑性 ………………… 029
    一 外国直接投资的资本形成效应 …………………………… 029
    二 外国直接投资的技术外溢效应 …………………………… 033
    三 外国直接投资与产业结构升级 …………………………… 036
    四 外国直接投资的制度变迁效应 …………………………… 037
    五 外国直接投资的吸收能力理论 …………………………… 038

第二章 非洲外国直接投资发展溯源及现实特征 …………………… 041
  第一节 殖民时期非洲外国直接投资历史回溯 ………………… 041
    一 欧洲霸权殖民非洲的主要诱因：工业革命 ……………… 042
    二 西方资本对非洲的垄断性经营 …………………………… 046
  第二节 独立以来非洲外国直接投资发展特征 ………………… 055
    一 外资政策演变 ……………………………………………… 056
    二 外资流入规模 ……………………………………………… 064
    三 外资来源结构 ……………………………………………… 069
    四 外资国别分布 ……………………………………………… 078

  五 外资产业布局⋯⋯⋯⋯⋯⋯⋯⋯⋯⋯⋯⋯⋯⋯⋯⋯⋯⋯⋯ 080
 第三节 非洲外国直接投资运行的制度环境⋯⋯⋯⋯⋯⋯⋯⋯ 086
  一 全球竞争力⋯⋯⋯⋯⋯⋯⋯⋯⋯⋯⋯⋯⋯⋯⋯⋯⋯⋯⋯ 086
  二 经济自由度⋯⋯⋯⋯⋯⋯⋯⋯⋯⋯⋯⋯⋯⋯⋯⋯⋯⋯⋯ 090
  三 营商便利度⋯⋯⋯⋯⋯⋯⋯⋯⋯⋯⋯⋯⋯⋯⋯⋯⋯⋯⋯ 091
  四 政府腐败状况⋯⋯⋯⋯⋯⋯⋯⋯⋯⋯⋯⋯⋯⋯⋯⋯⋯⋯ 092
  五 国家政策和政府治理⋯⋯⋯⋯⋯⋯⋯⋯⋯⋯⋯⋯⋯⋯⋯ 094

第三章 跨国公司和非洲国家的利益博弈：冲突与合作⋯⋯⋯⋯ 099
 第一节 跨国公司和非洲国家在博弈中的利益诉求⋯⋯⋯⋯ 100
  一 跨国公司和东道国政府的利益博弈理论⋯⋯⋯⋯⋯⋯ 100
  二 跨国公司对非洲国家直接投资的利益诉求⋯⋯⋯⋯⋯ 103
  三 非洲国家吸引跨国公司直接投资的利益诉求⋯⋯⋯⋯ 106
 第二节 跨国公司和非洲国家在利益博弈中的合作与冲突⋯⋯ 109
  一 跨国公司与非洲国家的利益合作基础⋯⋯⋯⋯⋯⋯⋯ 109
  二 跨国公司与非洲国家的利益冲突焦点⋯⋯⋯⋯⋯⋯⋯ 111
 第三节 跨国公司和非洲国家在利益博弈中的策略⋯⋯⋯⋯ 117
  一 非洲国家的博弈策略⋯⋯⋯⋯⋯⋯⋯⋯⋯⋯⋯⋯⋯⋯⋯ 117
  二 跨国公司的博弈策略⋯⋯⋯⋯⋯⋯⋯⋯⋯⋯⋯⋯⋯⋯⋯ 124

第四章 非洲外国直接投资的政府治理：以矿业为例⋯⋯⋯⋯ 128
 第一节 非洲矿业外国直接投资的兴起与发展⋯⋯⋯⋯⋯⋯ 128
  一 非洲大陆的重要矿产资源市场概览⋯⋯⋯⋯⋯⋯⋯⋯ 129
  二 非洲矿业外国直接投资的发展历程⋯⋯⋯⋯⋯⋯⋯⋯ 133
  三 非洲矿业外国直接投资的显著特征⋯⋯⋯⋯⋯⋯⋯⋯ 137
 第二节 非洲矿业发展中的"资源诅咒"困境⋯⋯⋯⋯⋯⋯⋯ 141
  一 制造业发展滞后导致国际竞争力弱⋯⋯⋯⋯⋯⋯⋯⋯ 142
  二 矿产开发对生存环境造成负面影响⋯⋯⋯⋯⋯⋯⋯⋯ 144
  三 矿产资源丰富致使寻租和腐败严重⋯⋯⋯⋯⋯⋯⋯⋯ 145
  四 矿产资源引发社会暴力和武装冲突⋯⋯⋯⋯⋯⋯⋯⋯ 146
  五 矿产资源收益未转化为包容性增长⋯⋯⋯⋯⋯⋯⋯⋯ 147
 第三节 非洲矿业国"以资源促发展"的政府治理探索⋯⋯⋯ 150

一　博茨瓦纳政府"以资源促发展"的成功经验 …………… 150
　　二　构筑非洲矿业国"以资源促发展"的政府治理方式 ………… 155

第五章　外国直接投资与非洲经济转型的关联机制 ……………… 159
　第一节　非洲经济转型的内涵和挑战 ………………………… 159
　　一　非洲经济转型的基本内涵 ………………………………… 160
　　二　非洲经济转型面临的艰巨挑战 …………………………… 162
　第二节　外国直接投资与非洲经济转型的关联性 …………… 168
　　一　外国直接投资与经济多样化 ……………………………… 168
　　二　外国直接投资与出口竞争力 ……………………………… 172
　　三　外国直接投资与生产率和技术水平 ……………………… 175
　　四　外国直接投资与社会福祉 ………………………………… 177
　第三节　外国直接投资助推非洲经济转型的政策思路 ……… 180
　　一　毛里求斯利用外资助推经济转型的成功经验 …………… 181
　　二　非洲国家利用外资助推经济转型的政策思路 …………… 187

第六章　外国直接投资与非洲经济转型的前景展望 ……………… 190
　第一节　非洲利用外资的国际经济新环境 …………………… 190
　　一　新兴经济体成为全球经济增长重要引擎 ………………… 191
　　二　全球外国直接投资流动格局出现新调整 ………………… 195
　　三　国际分工形成全球价值链主导的新方式 ………………… 200
　　四　全球技术创新有望引发新一轮产业革命 ………………… 202
　第二节　非洲利用外资的内部影响因素 ……………………… 203
　　一　非洲吸引外国直接投资的驱动因素 ……………………… 203
　　二　非洲外国直接投资流入的制约因素 ……………………… 211
　第三节　外国直接投资助推非洲经济转型的政策路径 ……… 216
　　一　非洲外国直接投资发展的最新态势 ……………………… 217
　　二　利用外资助推非洲经济转型的政策路径 ………………… 221

主要参考文献 ……………………………………………………… 228

第一章 外国直接投资与经济增长理论基础

国际直接投资理论以跨国公司为研究目标。跨国公司具有两个主要特征：它们不仅在其总部所在国，而且在其他国家都有不同程度的重要经营活动；跨国公司寻求并在不同程度上制定和实施全球战略。在其全球战略中，它们不再将世界看作单个国家市场的组合，而是将其视为一个统一的全球一体化市场。① 近几十年来，全球化的迅猛发展淡化了各国的市场边界，使得跨国公司谋求世界范围内的专业化和规模化生产成为可能。随着跨国公司在全球范围内的加速扩张，学术界对国际直接投资的理论研究也日益完善。从最初只关注发达国家对外直接投资，扩展到发展中国家对外直接投资的理论探讨。在发展经济学、制度经济学和新经济增长理论中，均有许多涉及发展中国家利用外国直接投资对经济增长作用机理的论述。

第一节 相关概念的考察

全球化是指世界范围内不断增长和日趋紧密的政治、经济、文化、外交等多方位联系。随着经济层面的全球化日益加深，以跨国公司为主要载体的国际直接投资迅速发展成为世界经济增长的重要推动力，并由此产生了新的更为复杂的国家经济利益，进而对国家间的经济、政治和外交关系产生重要影响。本章作为研究非洲外国直接投资问题的出发点，有必要对全球化、国际直接投资和跨国公司这几个关涉全书的重要概念的内涵和发展特征进行深入考察。

---

① 〔美〕约瑟夫·格里科、约翰·伊肯伯里：《国家权力与世界市场：国际政治经济学》，王展鹏译，北京大学出版社，2008，第189页。

一　全球化的起源与深化

19世纪中叶,世界进入了第一次全球化时期。在交通、生产技术革命、稳定的金本位制度等因素的推动下,贸易和投资在世界范围内迅速扩大。当时,在制造业、金融和海军实力都领先于世的英国是这一进程背后的推动力量。第一次世界大战的爆发使得第一轮全球化进程戛然而止,其结果是在世界范围内的政治、军备竞争及军事冲突让位于市场经济竞争。20世纪50年代中期以来,在技术革命和发达工业国倡导的贸易和资本自由化的推动下,世界迎来了第二次全球化大发展时期。第二次世界大战之后,为支持市场开放,美国和其他国家一起创立了关贸总协定、国际货币基金组织、世界银行等国际组织。1995年,世界贸易组织取代关贸总协定,引领这一基于规则的全球贸易体制继续深入发展。[1] 全球化被看作是众多市场实行开放和自由化,以及国际整合的动态过程,涉及从劳动力市场到商品市场,从服务市场到资本及技术市场等广泛领域。[2] 20世纪80年代以来,随着科学技术的进步和贸易、资本的自由化,全球化进程大大加快。一方面,交通和信息技术的进步,降低了商品、服务、人口、资本、技术和信息在国家之间的流通成本,各国经济的国际化程度加深,国家之间的相互依存度在增加。另一方面,世界贸易组织、世界银行、经济合作与发展组织、国际货币基金组织等一系列国际组织在多边层次上促进了自由化在各成员国的实施,各国之间签订的一系列单边、双边和区域协议也使得世界范围内的贸易和资本流通更加自由化。这些都促使全球化的深度和广度进一步扩大。

现代意义上的全球化概念出现在20世纪80年代。1985年,莱维(Theodre Levitt)最早使用全球化一词来形容此前20年间国际经济的巨大变化,即"商品、服务、资本和技术在世界性生产、消费和投资领域中的扩散"。[3] 目前国际学术界对全球化尚无统一的定义。1997年联合国贸易与发展会议在

---

[1] 〔美〕约瑟夫·格里科、约翰·伊肯伯里:《国家权力与世界市场:国际政治经济学》,王展鹏译,北京大学出版社,2008,第3~4页。
[2] 〔西班牙〕圭拉姆·德拉德赫萨:《全球化博弈》,董凌云译,北京大学出版社,2009,第1页。
[3] Theodre Levitt, "The Globalization of Markets", in A. M. Kantrow (ed.), *Sunrise...Sunset: Challenging the Myth of Industrial Obsolescence*, John Wiley & Sons, 1985, pp. 53 – 68, 转引自江时学《全球化对发展中国家的影响》,载于《经济全球化与发展中国家》,社会科学文献出版社,2002,第96页。

《1997年世界投资报告》中指出，全球化的概念既指货物和资源日益加强的跨国界流动，也指一套管理不断扩大的国际经济活动和交易网络的组织结构的出现。国际货币基金组织在1997年5月的《世界经济展望》报告中指出，全球化是指跨国商品、服务贸易及国际资本流动规模和形式的增加，以及技术的广泛迅速传播使世界各国经济的相互依赖性增强。在本书中，全球化主要指经济全球化。经济全球化指的是商品和各种生产要素在全球范围内的大规模流动和配置，跨越国家边界的经济活动日益增加，从而使各国经济在各个层面上相互渗透、融合和依存。

经济全球化主要表现在以下几个方面。一是生产全球化，指产业分工体系从一个国家内部转向全球范围，即全球性生产分工网络的形成和发展。生产全球化是以跨国公司为主要载体迅速推进的，国际直接投资是衡量生产全球化程度的主要指标。二是资本全球化。生产要素在全球范围内流动和配置，引起了资本在国际大规模流动，促进了国际金融市场的发展和融合。三是市场全球化。随着各国在经济、贸易与金融领域的相互联系和相互依存的不断深入，市场已经不再仅仅局限于一个国家内部，而是全球范围内的大市场。国际贸易是衡量市场全球化程度的主要指标。四是科技全球化，指技术和技术创新能力大规模地跨国界转移，科技发展的相关要素在全球范围内进行优化配置，科技能力中愈来愈多的部分跨越国界成为全球性的系统。五是全球经济治理结构的强化。经济全球化使各国经济的对外经济依存度提高，一国经济的发展在很大程度上依赖于国际环境的改善，使得全球经济治理的重要性大大增强。全球经济治理结构主要分为两类，即多边经济治理结构（约束范围覆盖全球的经济治理结构）和区域经济治理结构（各类区域经济一体化组织）。[①]

第一次世界大战的爆发清楚地表明，经济依赖和市场流动并非世界政治的最终决定力量或底线。当然本轮全球化的特征与一战前有很大不同。相互渗透的贸易、金融、投资联系与国际制度更紧密地结合在一起，有利于管理与稳定政治关系和经济关系。[②] 然而，全球化日益深化的趋势也带来了亟待解

[①] 参见江小娟等《全球化中的科技资源重组与中国产业技术竞争力提升》，中国社会科学出版社，2004，第14~20页；张培刚主编《发展经济学教程》，经济科学出版社，2001，第480~481页。

[②] 〔美〕约瑟夫·格里科、约翰·伊肯伯里：《国家权力与世界市场：国际政治经济学》，王展鹏译，北京大学出版社，2008，第8页。

决的新课题——全球经济治理结构改革。2007年肇始于美国的次贷危机，在短期内就演化成国际金融危机，继而引发了全球性的经济危机，这表明日益深化的全球化必然导致危机在全球范围内迅速蔓延。为促进全球经济复苏和可持续发展，有必要在世界范围内进行经济结构调整。气候变化、能源和粮食安全、国际金融监管、国际货币体系改革等全球性问题都关系到未来全球经济结构调整的成败，这使得全球经济治理成为备受关注的重点议题。在可以预见的未来，发达经济体在国际经济中的比重将会持续下降，新兴经济体的比重将加速上升，并成为世界经济格局中举足轻重的力量。新兴经济体的集体崛起改变了旧有的世界经济格局，也使得全球经济治理问题进一步凸现。由于现行全球经济治理结构是在发达国家主导下形成的，世界贸易组织、世界银行和国际货币基金组织都是在美国等西方国家支持下建立的，体现的主要是发达国家的利益诉求。随着新兴经济体参与经济全球化的步伐加快，在国际经济舞台上的影响力与日俱增，在国际经济事务中所应承担的责任也在加大，在全球经济治理中扮演的角色也日益重要。国际金融危机爆发以来，现行全球经济治理结构的有效性遭到普遍质疑，来自新兴经济体要求变革的诉求更加强烈。因此未来全球经济治理结构有待创新性发展，以适应不断变幻的国际经济新格局。

二 国际直接投资的内涵和发展特征

从内涵来说，投资是指将各种生产要素转化为产品并带来增值的经济行为。当投资超越国界发生时就是国际投资。按照是否拥有对企业或资产经营的控制权，跨国投资可以分为国际间接投资和国际直接投资两大类。国际间接投资又称国际金融投资，指以国外证券为投资对象，以获取利息、股息或价差等形式的资本增值为目的的国际投资方式。国际直接投资指以获取或拥有国外企业的经营管理权来获利的国际投资方式。[1]

国际货币基金组织对国际直接投资的定义是：在投资人以外的国家所经营的企业拥有持续利益的一种投资，其目的在于对该企业的经营管理具有有效的发言权。经济合作与发展组织认为，国际直接投资是一国（或地区）的居民和实体（直接投资者或母公司）与在另一国的企业进行的，以获得持久

---

[1] 郭波：《国际投资：理论、政策、战略——以中国利用外资与对外投资为视角》，中国社会科学出版社，2009，第1~3页。

利益为目的的活动。持久利益的含义就是直接投资者和企业之间存在一种长期的关系，直接投资者对企业的管理有重大程度的影响。按照世界银行的定义，国际直接投资指投资者向在本国（按其定居地确定）之外国家运营的企业投资，取得持久的管理权益〔通常（至少）为有表决权之股票的10%〕，以便对该企业的管理拥有有效的发言权。联合国贸易与发展会议对国际直接投资的定义为一国（地区）的居民和实体（对外直接投资者或母公司）在其本国（地区）以外的另一国的企业（外国直接投资企业、分支机构或国外分支机构）中建立长期关系，享有持久利益，并对之进行控制的投资。可见，国际直接投资的本质就是实现投资者对海外经营企业施加显著影响的控制权。

国际直接投资又称为外国直接投资、外商直接投资或对外直接投资、海外直接投资。对东道国来说，一般称为外国直接投资、外商直接投资；对投资国来说，则称为对外直接投资、海外直接投资。在本书中，根据不同的语境，将分别采用外国直接投资和对外直接投资两种概念，本书论及的外资即为外国直接投资（Foreign Direct Investment，FDI）。

根据联合国贸易与发展会议的统计，外国直接投资流量包括有外国直接投资者向外国直接投资企业（直接或是间接通过其他关联企业）提供的资金，或者外国直接投资者从外国直接投资企业所得到的资金。外国直接投资有三个分项，即股权投资、利润再投资和企业内借贷。股权投资是对外直接投资者购买本国以外国家的企业股份；利润再投资包括未被分支机构以股息形式分配掉的直接投资者的利润份额（与直接股权参与成比例），或未汇回给直接投资者的利润，这些被分支机构留存的利润被用于再投资；企业内借贷或企业内债务交易指直接投资者（母公司）与附属企业之间的资金借入与贷出。外国直接投资存量是属于母公司的资本和准备金（包括留存利润）份额的价值，加上分支机构对母公司的净负债。除了收购股权以外，外国直接投资还可以通过其他方式对另一家商业实体的管理施加有效影响。这些方式就是非股权形式的外国直接投资，它们主要包括分包合同、管理合同、交钥匙安排、特许经营、许可证与产品分享等。[①]

国际直接投资的发展与全球化的深化密不可分。20世纪90年代以来，

[①] 联合国贸易与发展会议：《2001年世界投资报告：促进关联》，中国财政经济出版社，2002，第308~309页。

伴随着生产、贸易、资本全球化的日趋深化，国际直接投资实现了突飞猛进的发展。1990年全球FDI流入量为2080亿美元，2013年达到14520亿美元，增长了近6倍；全球FDI流出量从1990年的2410亿美元，提升至2013年的14108亿美元，增长了近5倍（见表1-1和表1-2）。

表1-1　1990~2013年部分年份全球FDI指标

单位：10亿美元，按当前价格计算

项　　目	1990年	2005~2007年金融危机前平均水平	2011年	2012年	2013年
FDI流入量	208	1493	1652	1351	1452
FDI流出量	241	1532	1678	1391	1411
FDI流入存量	2078	14790	20873	22813	25464
FDI流出存量	2088	15884	21442	23593	26313

资料来源：联合国贸易与发展会议数据库，http：//unctadstat.unctad.org/；UNCTAD, *World Investment Report 2014*, New York and Geneva, July 2014。

国际直接投资的迅猛发展离不开世界投资自由化政策的推动。2000年，世界各国对外国直接投资施行的全部政策中有94%是着眼于促进投资和自由化，只有6%的政策旨在对外资进行限制和加强监管。2000年以来，各国采取的投资政策中对外国直接投资实行监管和限制的政策数量有所提高，2013年占27%，但是投资政策的主流部分仍然是着眼于促进投资和自由化发展（见图1-1）。

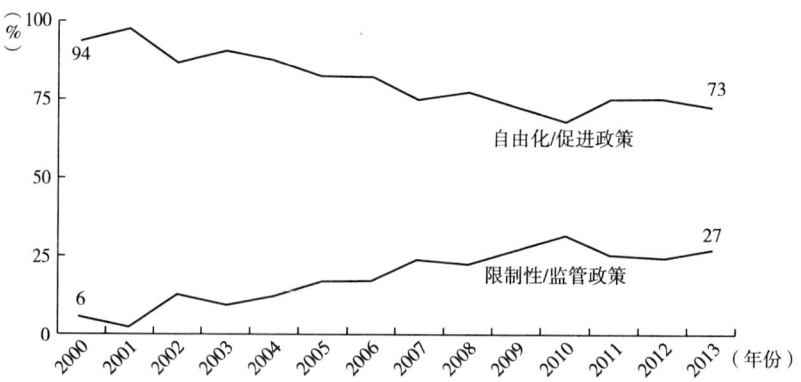

图1-1　各国投资政策变化趋势

资料来源：UNCTAD, *World Investment Report 2014*, New York and Geneva, July 2014。

1995～2011年，在全球FDI流入量中，发达国家一直占据主导地位，但是受到国内外经济形势变化呈现出较大的波动性，与此同时，发展中经济体则呈现出比较平稳的上升态势。2008年国际金融危机之后，发达国家复苏乏力，而发展中经济体崛起速度加快，外国直接投资流入量也随之猛增，最终导致2012年发展中经济体的FDI流入量首次超过了发达经济体，实现了历史性的结构转变（见图1-2）。1995年发达经济体FDI流入量占全球FDI流入总量的比重为64.6%，到2013年下降至39.0%；在此期间，发展中经济体则从34.3%上升至53.6%（见表1-2）。即便如此，在全球FDI流出量中，发达国家仍然占据绝对主力。1999年发达经济体对外直接投资额占全球对外直接投资总额的比重高达93%，之后呈现出缓慢下降的态势，国际金融危机之后下降幅度加大，到2013年，这一比重下降为61%。近十几年来，发展中和转型经济体的对外直接投资占全球对外直接投资总额中的比重大幅上升，从1999年的7%，猛增至2013年的39%（见图1-3）。

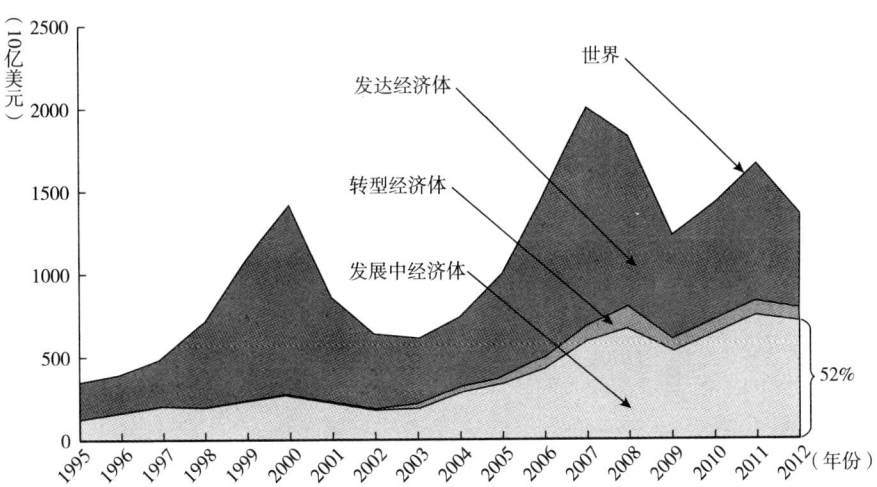

图1-2 全球FDI流入量中各类经济体的数额

资料来源：UNCTAD, *World Investment Report 2013*, New York and Geneva, 2013, p. 3。

从发展中经济体内部FDI流量分布可以看出，1995～2013年，作为人口基数庞大的非洲大陆，在全球FDI流入和流出格局中的地位并无改观，仍然远远低于亚洲和美洲的发展中国家。从FDI流入量占全球FDI流入量中的比重来说，1995年非洲、美洲和亚洲发展中经济体分别为1.7%、8.6%和

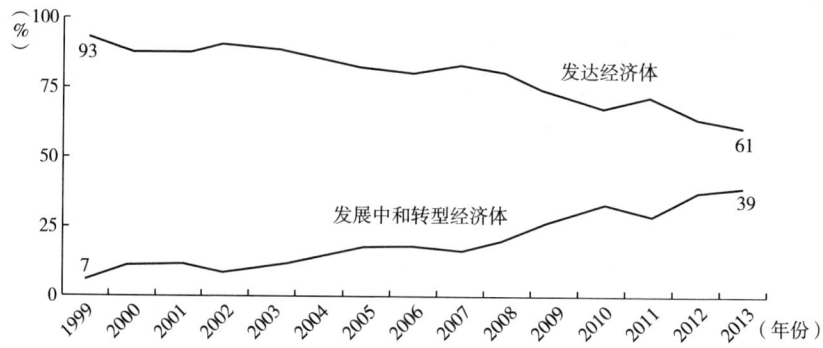

图 1-3　全球 FDI 流出量中各类经济体所占份额

资料来源：UNCTAD, *World Investment Report 2014*, New York and Geneva, 2014, July 2014, p.6。

23.8%，2013 年分别增至 3.9%、20.1% 和 29.4%，其中以非洲地区增长幅度最小。从 FDI 流出量占全球 FDI 流出量中的比重来说，1995 年非洲、美洲和亚洲发展中经济体分别为 0.8%、2.0% 和 12.6%，2013 年分别增至 0.9%、8.1% 和 23.1%，其中非洲地区仅有微弱的增长，而亚洲和美洲发展中经济体增长显著（见表 1-2）。由此可知，1995~2013 年，非洲大陆与亚洲、美洲发展中经济体相比，无论是 FDI 流入量，还是 FDI 流出量的差距都在扩大，非洲国家在全球 FDI 流动格局中仍然处于边缘地位。

表 1-2　全球各地区的 FDI 流量

项目 FDI流量 年份	FDI 流入量（百万美元）		FDI 流出量（百万美元）	
	1995	2013	1995	2013
全球	343280	1451965	361942	1410810
发达经济体	221607	565626	305670	857568
转型经济体	3999	107967	617	99175
发展中经济体	117674	778372	55655	454067
非洲	5907	57239	2976	12418
美洲	29508	292081	7150	114590
亚洲	81706	426355	45546	326013
大洋洲	553	2698	-17	1047

续表

FDI 流量 项目 年份	FDI 流入量占全球流入量比重（%） 1995	FDI 流入量占全球流入量比重（%） 2013	FDI 流出量占全球流出量比重（%） 1995	FDI 流出量占全球流出量比重（%） 2013
发达经济体	64.6	39.0	84.4	60.8
转型经济体	1.1	7.4	0.2	7.0
发展中经济体	34.3	53.6	15.4	32.2
非洲	1.7	3.9	0.8	0.9
美洲	8.6	20.1	2.0	8.1
亚洲	23.8	29.4	12.6	23.1
大洋洲	0.2	0.2	—	0.1

资料来源：联合国贸易与发展会议数据库，http://unctadstat.unctad.org/。

三 跨国公司的全球扩张及其影响

国际直接投资的最主要载体是跨国公司，如今全球有近一半的工业产值是由跨国公司创造的。在全球化时代，跨国公司的投资决策对世界各国政治和经济发展所产生的影响广泛而深远。

回顾历史，跨国公司起源于17世纪和18世纪，这一时期民族工业化和经济增长是民族国家巩固权力，控制领土、人口和经济的手段，而企业最终作为海外殖民扩张的工具服务这一目的。17世纪和18世纪的国际贸易公司，如荷兰和英国的东印度公司以及哈德逊港湾公司，是现代跨国公司的先驱。19世纪后半期，世界主要的跨国公司已经建立起制造业工厂和采矿业工厂，成为世界政治经济的重要行为体。到第一次世界大战前，欧洲跨国公司占据了世界经济舞台。美国跨国公司在19世纪80年代到20世纪20年代间成长迅速，并在第二次世界大战之后遥遥领先于欧洲。由于早期跨国公司与殖民扩张息息相关，直到20世纪50年代至60年代，现代意义上真正的跨国公司才伴随先进通信技术的出现得以面世，并且成为国际关系中一支特别重要的力量。20世纪70年代至80年代，全球市场力量格局出现转折。尽管美国跨国公司仍然占据主导地位，但是到20世纪70年代初，德国和日本的投资增长比美国和英国的投资增长更加快速。到20世纪80年代中期，日本成为世界上第三大对外直接投资国。20世纪70年代至80年代，跨国公司开始在一些发展中国家和地区出现并发展，特别是东亚的新兴工业化国家和地区。世界经济迎来了全球竞争时代。[①]

在国际文献中，最早出现的是"多国公司"的概念。1960年美国田纳西河管理局局长戴维·利连索尔（David E. Lilienthal）首次在文中使用"多国公司"（Multinational Corporation）这一名称，之后"多国公司"一词出现在许多报告和论著中。1974年，联合国经济社会理事会在讨论有关多国公司的报告时，许多拉丁美洲国家的代表提出，多国公司在拉丁美洲有着特定的含义，即专指安第斯条约国家组织成员国共同创办和经营的多国公司。为避免混淆，联合国经济社会理事会采纳了他们的建议，用"跨国公司"（Transnational Corporation）一词代替"多国公司"。此外，也有许多学者使用国际企业（International Business）的说法。尽管学术界和企业对跨国公司的表述名称有所差异，其实都指的是从事跨国直接投资活动的经济实体。在本书中，统一采用跨国公司这一概念。

对于跨国公司内涵的界定，各国学者有不同的理解。美国学者罗伯特·吉尔平在《跨国公司与美国霸权》一书中提出，跨国公司指的是任何所有权、管理、生产以及市场营销横跨几个民族国家的商业公司，按照一个协调的全球战略进行统一经营。[②] 哈佛大学跨国公司中心教授弗农比较全面地概括了跨国公司的主要特征。他在1986年出版的《国际企业的经济环境》一书中指出了跨国公司的三个主要特征：一是以共同的所有权为纽带而互相联结；二是依赖于共同的资源组合，如货币和信用、信息和系统，以及商标和专利；三是受控于某个共同的战略。

1986年，联合国《跨国公司行为守则草案》中对跨国公司做了全面规范的界定，即跨国公司是指在两个或两个以上国家的实体组成的公营、私营或混合所有制形式的企业，不论这些实体的法律形式和经营活动领域如何，该公司实施在一个决策体系中运营，通过一个或一个以上的决策中心得到相契合的政策和共同的战略；该公司中各实体通过所有权或其他形式相联结，从而一个或更多的实体可以对其他实体的活动施加有效影响，特

[①] 〔美〕弗雷德里克·皮尔逊、西蒙·巴亚斯里安：《国际政治经济学：全球体系中的冲突与合作》，杨毅、钟飞腾、苗面译，北京大学出版社，2006，第308页。

[②] 〔美〕罗伯特·吉尔平：《跨国公司与美国霸权》，钟飞腾译，东方出版社，2011，第5~6页。

别是与其他实体分享知识、资源和责任。这一定义是跨国公司的广义内涵。① 联合国关于跨国公司的定义，突出了跨国公司实施统一战略和组织一体化的重要性。

根据联合国贸易与发展会议的定义，跨国公司是由母公司及其国外子公司组成的联合或非联合企业。母公司被定义为通常以拥有股本金的方式来控制在其本国以外国家的其他实体资产的企业。拥有联合企业10%或10%以上普通股或表决权的股本金或非联合企业的等量资本金，通常被认为是控制这些企业资产的门槛值。国外分支机构可以是联合企业，也可以是非联合企业，其中居住在另一个国家的投资者拥有允许其在企业管理中享有持久利益的股份（对联合企业来说为10%的股份，对非联合企业来说为等量资本金）。②

跨国公司从不同角度可以分为不同类型。（1）按照跨国经营决策行为来分类。20世纪60年代，美国经济学家霍华德·帕默达（Howard Perlmutter）提出了著名的"地球中心说"，即母公司与其各分支机构通过合作共同建立统一的标准，并在此基础上允许其分支机构做出重大决策。据此，他从跨国公司经营决策行为的角度出发，将跨国公司分为三种类型：一是民族中心型公司，也可称为母公司中心型公司，管理决策高度集中于母公司，优先考虑的是母公司的利益；二是多元中心型公司，经营决策以众多子公司权益为主要依据；三是全球中心型公司，经营决策以公司全球利益最大化为依据。③（2）按照跨国公司经营项目来分类，可以分为经济资源型公司、加工制造型公司和服务提供型公司。（3）按照跨国公司经营结构来分类，可以分为三种类型：一是水平型或横向型公司，指从事的生产经营活动属于同一行业领域，内部较少分工，在公司内部转让技术、销售技能和诀窍、商标专利等无形资产的数额巨大；二是纵向型或垂直型公司，指母公司和子公司各自生产不同的产品或经营不同的业务，但彼此之间在生产

---

① 宋亚非：《跨国直接投资与中国企业国际化战略》，中国财政经济出版社，2010，第44~49页。
② 联合国贸易与发展会议：《2001年世界投资报告：促进关联》，中国财政经济出版社，2002，第308页。
③ 陈继勇等：《国际直接投资的新发展与外商对华直接投资研究》，人民出版社，2004，第96~100页。

和经营过程中具有专业化分工和协作；三是混合型公司，指母公司和子公司各自生产不同的产品，经营不同的业务，且产品和行业互不关联。

跨国公司进入东道国市场的方式主要有两种，即新建投资和跨国并购。新建投资也称绿地投资（Greenfield Investment），指投资者在目标国设立新的企业，形成新的经营单位或创造出新的生产能力。跨国并购（Cross - Border Mergers and Acquisitions，简称 M&A），即跨国兼并和收购，指跨国公司为了一定的目的，通过一定的渠道和支付手段，购买东道国企业的整个资产或足以行使经营控制权的股份的行为。[1]

从企业组织形态角度来说，跨国公司大致有以下几种。一是母公司，指对设在国外的其他公司具有控制权的公司。母公司一般通过两种途径来实现对国外其他公司的控制，即参股和控股（通过拥有其他公司一定比例的股权成为第一大股东来获取决策权）、非股权安排（主要通过各种契约或协议来控制其经营管理决策）。二是分公司，指总公司根据战略需要在国外设立的不具备法人资格的分支机构。分公司一般以总公司名义并受其委托进行业务活动，由总公司承担一切行为后果并对分公司的债务承担无限连带责任。三是子公司，指投资和生产经营活动受母公司控制，但是在经济和法律上具有法人资格的经济实体。母公司对子公司的债务以其出资额为限，承担有限责任，不承担法律连带责任。子公司的企业形式根据所有权不同可以分为国际合资企业、国际合作企业和国际独资企业三种基本形式。其中国际合资企业是由外国投资方和东道国投资方共同出资、共同经营、共负盈亏的企业。国际合作企业是指外国投资方和东道国投资方根据合作经营的契约，共同建立的合作经济组织，组织形式比较灵活，可以是法人公司，也可以是非法人的合作经营联合体。国际独资企业是指由外国投资方在东道国境内单独出资并独立经营的企业。四是避税地公司，指跨国公司在世界一些避税地设立的有利于财务调度和经营管理的公司。[2]

在最近的几十年里，跨国公司在空间和涉及的领域上都达到了前所未有的程度，民族国家不再像传统理论所主张的那样，在国际关系中发挥着

---

[1] 罗春燕主编《外商对华投资新趋势及影响：理论与实证研究》，北京工业大学出版社，2008，第3页。

[2] 郭波：《国际投资：理论、政策、战略——以中国利用外资与对外投资为视角》，中国社会科学出版社，2009，第10~12页。

中心作用，也不再能够控制跨国活动。生产活动不再单纯依靠民族国家的地域限制而决定其生产对象。跨国公司的生产以及跨边界的产业内和产业间贸易活动，为其获取世界不同地区的财富和资源提供了便捷之道。跨国公司在世界经济的全球化中扮演了中心角色。[1] 随着跨国公司的触角遍及全球，一些大型跨国公司的实力日益雄厚，甚至超过了东道国的经济和政治影响力，从而对民族国家的主权构成了潜在威胁。

跨国公司的全球扩张活动对于东道国社会既会产生积极影响，也会产生负面影响，主要表现在以下几方面。一是跨国公司在资源寻求和市场寻求方面的努力完全是由市场竞争、效率和成本降低的逻辑所驱动的。跨国公司对外直接投资的动机就是获取利润，不会顾及社会公平和公正。因此跨国公司的海外投资既可能给东道国社会带来经济繁荣，也可能导致诸如贫富分化等负面影响。二是跨国公司是创造和转移新技术的主要参与者。跨国公司把技术作为一种主要的竞争优势以取得在全球竞争中的有利地位。为获得更大的市场份额和更高的利润，跨国公司会加快技术革新的步伐，采用新技术，但是跨国公司也会尽可能长期和独自保护这些技术的所有权，或明或暗地削弱东道国的公共利益。三是跨国公司通过全球扩张的力量和代表公司股东利益的行为，直接或间接地从事东道国的政治活动，对东道国产生政治影响。[2] 由此可知，跨国公司对外直接投资活动与东道国经济发展战略必然既有所契合，亦有所背离，东道国政府与跨国公司需要在利益博弈中寻求符合双方利益的长期合作关系。

第二节　国际直接投资主要理论评述

20 世纪 60~70 年代，随着发达国家跨国公司在全球范围内的扩张，国际直接投资理论研究开始兴起。最早的理论仅以发达国家跨国公司为研究目标，研究集中于对外直接投资的动因、优势和区位选择等方面。20 世纪 80 年代之后，随着发展中国家跨国公司对外直接投资的迅猛发展，国际直

---

[1] 〔美〕弗雷德里克·皮尔逊、西蒙·巴亚斯里安：《国际政治经济学：全球体系中的冲突与合作》，杨毅、钟飞腾、苗苗译，北京大学出版社，2006，第 70、129、301 页。
[2] 〔孟〕穆罕默德·易拉赫、〔美〕罗伯特·恩格尔：《全球化与国际经济》，中国科学技术出版社，2009，第 256~257 页。

接投资理论扩展到以发展中国家跨国公司为研究目标，研究涉及发展中国家对外直接投资的阶段划分、竞争优势和动态演进等方面，极大地拓宽了理论研究的广度，也更具现实指导意义。本书研究主题是非洲外国直接投资，在深入分析外资流入对非洲国家的影响之前，有必要对国际直接投资理论进行梳理，从而对跨国公司对外直接投资的主要动机、独特优势、区位选择、产业分布等有深入了解，这些方面会影响到跨国公司对非洲直接投资的最终决策。

一　传统的国际直接投资理论

传统的国际直接投资理论侧重于研究发达国家跨国公司的内部化优势、产品优势、成本优势、知识与技术优势等微观层面的问题，以及发达国家的比较优势、国家和国际因素对跨国投资的影响、投资区位选择等宏观层面的问题。

（一）垄断优势理论

垄断优势理论最初由美国经济学家海默（Stephen H. Hymer）于1960年在其博士论文《国内企业的国际经营：关于对外直接投资研究》中提出，后经其导师金德尔伯格（Charles P. Kindleberger）加以修正和发展而形成的理论体系。[①] 垄断优势理论摈弃了传统理论的完全竞争市场的基本假设，转而从不完全竞争、厂商垄断优势和寡占市场组织结构来解释对外直接投资行为。

垄断优势理论认为，跨国公司选择对外直接投资而不是产品贸易的主要原因，是试图利用其产品差异化、商标、销售技术、操纵价格、掌控资源和规模经济等所形成的垄断优势，通过对外直接投资在国际市场上实现较高的垄断价格和利润。垄断优势理论首次从不完全竞争出发来研究跨国公司对外直接投资问题，也就是跨国公司通过利用市场不完全性获得的垄

[①] Stephen H. Hymer, *International Operation of National Firms: A Study of Direct Foreign Investment*, Cambridge, MIT Press, 1976; Charles P. Kindleberger, *American Business Abroad*, Yale University Press, 1969; Charles P. Kindleberger, "Monopolistic Theory of Direct Foreign Investment", in George Modelski, ed., *Transnational Corporation and World Orders: Reading in International Political Economy*.

断优势，进行对外直接投资（见图1-4）。具体来说，垄断优势理论认为市场的不完全性主要体现在：产品和要素市场的不完全；规模经济引起的市场不完全；政府干预导致的市场不完全。一般来说，跨国公司比起东道国本土企业，在对市场的熟悉程度、政治环境的适应能力、语言的运用等方面都处于劣势，只有在跨国公司具有某种市场垄断优势时，才会有效弥补其自身的劣势，进行海外直接投资。具体来说，跨国公司的垄断优势有以下四类。一是产品市场的优势，如跨国公司拥有的产品差异化能力、商标、销售技术和渠道，或其他市场特殊技能，以及包括价格联盟在内的各种操纵价格的条件。二是要素市场的优势，如专利技术、专有技术、管理和组织能力，以优惠条件获得资金等。三是规模经济的优势，包括内部规模经济和外部规模经济。跨国公司通过水平或垂直的一体化经营，降低生产成本，取得规模经济效益。跨国公司还可以通过专业化生产，利用各国生产要素的差异，合理布置生产区位，获取企业内部和外部规模经济优势。四是政府管理行为带来的优势。跨国公司可以从政府提供的税收减免、补贴、优先贷款等措施中获得某种垄断优势。

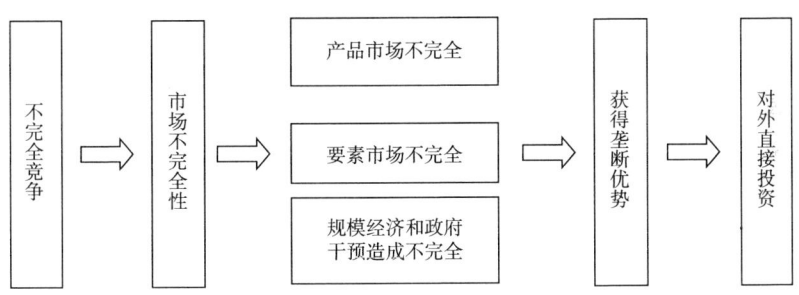

图 1-4 垄断优势理论图示

资料来源：张为付：《国际直接投资比较研究》，人民出版社，2008，第48页。

在海默和金德尔伯格提出垄断优势理论后的几十年里，许多西方学者为跨国公司对外直接投资应具备的垄断优势做了进一步的补充和发展，主要论述了如下观点。一是占有能力论。约翰逊（H. G. Johnson）在其1970年发表的论文《国际公司的效率和福利意义》中认为，跨国公司相比东道国企业的一个重要优势就是占有知识资产，知识转移是对外直接投资产生的关键。知识包括技术、诀窍、管理和组织技能、销售技能等一切无形资产。这些知识资产的生产成本虽然很高，但是通过对外直接投资利用这些资产的边际成本接近于零。所以跨国公司利用知识资产，可以降低成本，获得更多利润。二是产品差异能力论。这一理论由凯夫斯（R. E. Caves）于 1971 年在其论文《国际公司：对外投资的产业经济学》中提出。强调创造差异产品的能力是跨国经营企业拥有的重要优势。跨国公司可以利用其技术优势生产出差异化产品，满足不同消费者的需求，还可以通过塑造品牌形象，使其产品在消费者心理上产生差别，以此来获得竞争优势，谋取利益。三是货币差异论。1970 年由美国经济学家阿利伯（R. Z. Aliber）提出。这一理论从货币差异角度解释跨国公司对外直接投资的优势来源。他认为，跨国公司拥有相对坚挺的货币，可以使它首先在汇率上获得一个所谓的通货溢价的额外收益。投资货币的不同，使投资者拥有当地竞争对手通常无法具备的特殊优势。[①]

垄断优势理论是最早研究对外直接投资的独立理论，具有重大的理论意义。这一理论首次将国际投资研究从国际贸易理论中分离出来，并将直接投资与间接投资明确区分开来，还摒弃了古典国际贸易理论中完全市场竞争的假设，首次将市场不完全性引入跨国公司对外直接投资理论，对其后的国际直接投资理论产生了深远的影响。而这一理论以美国制造业跨国公司为研究对象，能够较好地解释美国知识和技术密集型企业对外直接投资决策，却无法解释不具备垄断优势的发展中国家跨国公司对外直接投资活动。这一理论对于发达国家之间的相互交叉投资和发展中国家之间的横向投资行为都不能较好地解释，还无法解释跨国公司对外直接投资中的区位选择问题。此外，这一理论没有解释为什么具有垄断优势的企业不采用技术转让的方式，而一定要采取对外直接投资的方式发挥其优势地位。综上所述，垄断优势理论仍然具有很大的局限性和不足之处。

（二）内部化理论

内部化理论首先由英国经济学家巴克莱（P. J. Buckley）和卡森（M. C. Casson）在 1976 年出版的《跨国公司的未来》一书中提出，之后加拿大经济学家拉格曼（A. M. Rugman）在其 1981 年出版的《跨国公司：内

---

① 参见沈桂龙《中国 FDI 绩效研究——对经济增长的辨证考察》，上海世纪出版集团，2007，第 29~33 页；陈漓高等：《中国企业跨国经营环境与战略研究》，人民出版社，2009，第 10~13 页。

部化市场经济学》一书中对内部化理论做了进一步的拓展。[①] 内部化理论创造性地将科斯的交易成本理论引入跨国公司对外直接投资理论中,解释对外直接投资行为的动因。所谓内部化就是把市场建立在企业内部的过程,由内部市场取代外部市场。

内部化理论将市场不完全作为假设前提。由于市场不完全会导致许多交易无法通过外部市场来实现——即便可以实现,企业也要承担较高的交易成本——这必然促使企业通过创造内部市场进行交易。内部化理论的市场不完全是指由于某些市场失效以及由于某些产品的特殊性质或垄断势力的存在而导致企业市场交易成本增加。这里的不完全市场主要指的是中间品市场,包括半成品,特别是技术、信息(渠道)、营销技巧、管理方式和经验等无形资产市场的不完全。交易内部化的目的是获取内部化的收益。这一内部化过程如果跨过了国界就是对外直接投资。[②] 跨国公司在实行中间产品内部化的过程中,会得到很多收益,主要表现在以下四点:一是,统一协调内部相互依赖的各项业务所带来的经济效益;二是,实行差别价格转移带来的收益;三是,消除买方不确定性带来的经济效益;四是,保持技术领先优势带来的经济效益。

当然,内部化过程将把一个完整的外部市场分割成若干个独立的内部市场,在这个过程中,不仅会带来收益,还会造成内部化成本。企业内部化过程中存在两种成本,即外部交易成本和市场内部化成本。外部交易成本指通过公开市场进行交易的成本,包括发现相对价格的成本、确定契约双方责权的成本、交易和支付风险的成本以及交付税金等。市场内部化成本主要包括如下几方面。一是管理成本。跨国公司实行内部化后,为加强对各国子公司的管理,需要建立完善监督管理机制,必然会增加管理成本。二是国际风险成本。内部化会造成跨国公司对外国市场的垄断和对当地企业的控制,这些可能导致东道国政府的干预,带来额外的风险成本。三是

[①] P. J. Buckley and M. C. Casson, *The Future of the Multinational Enterprise*, Macmillan, London, 1976; A. M. Rugman, *Inside the Multinational: The Economics of Internal Markets*, Croom Helm, 1981.

[②] 参见樊秀峰、薛新国主编《国际投资与跨国公司》,西安交通大学出版社,2008,第189~192页;郭波:《国际投资:理论、政策、战略——以中国利用外资与对外投资为视角》,中国社会科学出版社,2009,第70页。

控制成本。为了防止内部技术和商业机密的泄露，各公司需要加大沟通和控制成本。四是资源损失成本。跨国公司的内部化从全社会角度来说，没有实现资源的最佳配置，只是在低于最佳的经济规模水平上从事投资和生产经营活动，造成了资源的浪费。[1]

内部化理论的特点就是将传统的微观经济理论与交易成本理论结合起来，分析跨国公司对外直接投资的动因。当企业内部化后的收益大于成本时，内部化就是有利可图的选择。内部化理论的适用范围很广，被很多经济学家称为外国直接投资的一般理论，它可以解释发达国家和发展中国家对外直接投资动因，还可以解释水平一体化和垂直一体化对外直接投资的动因。但是这一理论对于较小规模企业的对外直接投资活动缺乏解释性，还无法确定跨国公司对外直接投资的区位选择问题，因此仍然存在一定的局限性。

（三）产品生命周期理论

1966 年，美国哈佛大学教授弗农（R. Vernon）发表了《产品周期中的国际投资和国际贸易》一文，首次提出产品生命周期理论，之后在 1974 年出版的《经济分析与跨国公司》著作中发表了一篇题为"经济活动的区位"的文章，对这一理论进行了修正。[2] 1979 年弗农又在《哈佛经济学·统计周报》上发表题为 "一个新的国际环境下产品生命周期假说" 的文章，进一步完善了这一理论。产品生命周期理论的核心观点是利用产品生命周期的变化，解释美国企业在第二次世界大战后进行国际直接投资的动机、时机和区位选择。[3] 弗农将一种新产品从产生到标准化的过程称为一个生命周期，按照产品生产的技术发展大致分为三个阶段。

第一阶段是产品创新阶段。这时新产品刚进入市场，企业一般选择在国内生产，因为这一阶段产品主要满足国内高收入阶层的特殊需求，新产

---

[1] 参见沈桂龙《中国 FDI 绩效研究——对经济增长的辨证考察》，上海世纪出版集团，2007，第 34~37 页；陈漓高等：《中国企业跨国经营环境与战略研究》，人民出版社，2009，第 15~17 页。

[2] R. Vernon, "International Investment and International Trade in the Product Cycle", *Quarterly Journal of Economics*, 1966; R. Vernon, *The Location of Economic Activity*, in J. H. Dunning, ed., *Economic Analysis and the Multinational Enterprise*, Allen and Unwin, 1974.

[3] 郭波：《国际投资：理论、政策、战略——以中国利用外资与对外投资为视角》，中国社会科学出版社，2009，第 67 页。

品的需求价格弹性很低。此时产品在国内市场具有垄断地位，并少量出口到国际市场，企业无须对外直接投资即可获得垄断利润。

第二阶段是产品成熟阶段。这时产品的生产技术趋于成熟，产品基本定型，新产品在国内被消费者普遍接受。收入水平与创新国接近的国家对新产品的需求在急剧增加，出口量也在增加，生产技术扩散到国外竞争者手中，仿制品出现，创新企业的技术垄断地位被削弱。产品的边际生产成本加上运输成本逐渐接近并超过进口市场的预期平均生产成本。此时产品市场竞争逐渐转向生产成本方面，需求的价格弹性增大。创新国家的企业需要到与本国需求结构相似的国家进行投资，以降低生产成本，维持已有的市场份额。

第三阶段是产品标准化阶段。产品的生产技术完全成熟，产品趋于标准化并在国际上得到普及。创新企业失去了原有的垄断优势，更多的厂商进入产品市场。成本成为市场竞争的基础，此时创新企业将产品的生产转移到生产成本低廉的地区，以发挥和保持自身的技术优势，取得比国内更多的利润和市场份额。当对外直接投资的产品大量返销到国内时，表明投资国企业已经完成了由产品的出口转向对外直接投资的过程。

产品生命周期理论揭示了企业从产品出口转向对外直接投资的动态过程，提供了企业对外直接投资的阶段性区位市场选择。这一理论能够较好地反映 20 世纪 50 年代至 60 年代美国企业对外直接投资的情况，也能较好地解释美国对西欧和发展中国家的直接投资。但是这一理论无法解释发达国家之间的大规模相互直接投资的现象，也无法解释许多跨国公司在国外进行研究开发，生产和销售新产品的情况。

（四）边际产业扩张理论

边际产业扩张理论是日本一桥大学教授小岛清（Kijoshi Kojima）在 1978 年出版的《对外直接投资：跨国经营的日本模型》一书中，根据国际贸易的比较优势理论[①]，在对日本厂商对外直接投资进行实证研究基础上提

---

① 国际贸易中的比较优势理论是由李嘉图在 1817 年提出来的。其基本思想是：由于各国生产不同产品的劳动生产率存在差异，如果每一个国家都专门致力于其具有相对优势的产品的生产及出口，那么各国间的贸易往来可以节约劳动总量，并通过国际分工增加国际总价值。比较优势理论为各国参与国际分工提供了可以借鉴的准则，即各国应优先考虑将本国具有比较优势的产业作为发展重点，并以此类产品作为出口主导产品。

出的理论。

小岛清认为，垄断优势理论忽略了宏观经济因素分析，尤其是忽略了国际分工中比较优势原理的作用，指出对外直接投资应该按照比较优势的原则进行。① 小岛清首先将企业对外直接投资的动机分为四种类型，即自然资源导向型、市场导向型、生产要素导向型和生产与销售国际化型。小岛清在研究中发现，日本对外直接投资并不符合垄断优势理论，它主要集中在国内处于发展劣势的部门。通过对外直接投资向国外转移国内处于比较劣势的产业，在东道国将其转化为具有比较优势的部门，从而形成比较优势向国外的延伸。由此小岛清认为对外直接投资应从投资国已经处于或趋于比较劣势的产业（边际产业）依次进行，这些产业应是东道国具有比较优势或潜在比较优势的产业。从边际产业开始对外投资，可以将投资国的资本、技术和管理经验与东道国廉价的劳动力资源相结合，发挥出该产业在东道国的比较优势。这种对外直接投资可以使投资国和东道国的双边贸易量增加，有助于提高两国的福利水平。

小岛清的边际产业扩张理论有三个特点。一是，认为对外直接投资企业与东道国的技术差距越小就越容易进行技术转移。二是，这一理论更适合于解释中小企业的对外直接投资。因为在同一个产业内，当一些大企业还能保持较强的比较优势时，许多中小企业可能已经处于比较劣势的境地，因此就会较早地进行对外直接投资，而且中小企业经营灵活，适应性强。三是，这一理论强调将对外直接投资与国际贸易比较优势理论结合起来。②

边际产业扩张理论最大的特征就是从投资国的具体情况出发，据以制定符合国情的对外直接投资策略。这一理论首次将比较优势与对外直接投资相结合，将对外直接投资的基础从企业具有垄断优势，发展成为企业具有比较优势，扩大了对外直接投资的基础。但是这一理论具有明显的不足之处，它只能较好地解释20世纪60年代至70年代，日本尚处于对外直接投资初期阶段的实际情况，却不能解释当时美国对外直接投资的真实情况，也不能完全解释20世纪80年代以后日本对外直接投资的发展状况，因此这一理论具有很大的局限性。

---

① 竺彩华：《FDI外部性与中国产业发展》，经济科学出版社，2008，第42页。
② 参见陈漓高等《中国企业跨国经营环境与战略研究》，人民出版社，2009，第26~27页。

（五）区位理论[①]

对外直接投资的区位理论主要说明东道国拥有哪些区位因素可以吸引跨国公司进行直接投资活动。这一理论由多位国际经济学家共同提出，不断修正，主要论著有帕里的博士论文《国际生产区位：制造业跨国公司参与国际市场的贸易与非贸易方式的研究》、邓宁的《国际生产的决定因素》和《贸易、经济活动的区位与跨国企业：折衷理论的探索》、霍斯特的《美国对加拿大市场的出口和子公司销售的行业构成》、希尔斯的《企业的国际贸易和投资理论》等。

具体来说，东道国吸引外资或改变外资区域布局的因素主要有以下几个。

一是成本因素。最早的成本因素主要强调劳工成本，之后逐渐强调生产成本。邓宁认为跨国公司从成本差异角度选择投资区位时，应主要考虑八种成本因素：接近供应来源；可得到劳动力；可得到资本和技术；劳动力成本较低；其他生产成本较低；运输成本较低；政府财政上的诱因；更有利的成本水平。[②] 除了生产成本外，还有学者将交易成本因素纳入区位理论。如希尔斯将生产成本和交易成本结合起来，构建了以成本差异决定跨国公司对外直接投资区位选择的模型。希尔斯认为，影响跨国公司对外直接投资的成本变量主要有三类：比较投入成本；企业特有的生产要素收益；随经济距离而增加的信息、通信和交易成本。[③]

二是市场因素。指东道国的市场规模大小、市场增长态势、发展阶段水平及当地竞争程度等都是跨国公司在选择投资场所时必须考虑的区位因素。邓宁将吸引外国直接投资的市场因素归结为七个方面：市场规模；市场增长；维持市场份额；促进母公司出口；需要同顾客密切联系；不满于现有市场安排；出口基地的构建。他还指出，市场规模与市场增长潜力是

[①] 参见陈继勇等《国际直接投资的新发展与外商对华直接投资研究》，人民出版社，2004，第225～233页。

[②] 〔英〕J. H. 邓宁：《国际生产的决定因素》，《牛津经济论文集》1973年第25卷，第86页，转引自陈继勇等《国际直接投资的新发展与外商对华直接投资研究》，人民出版社，2004，第227页。

[③] 〔以色列〕S. 希尔斯：《企业的国际贸易和投资理论》，《牛津经济论文集》1976年第28卷，第164页，转引自陈继勇等《国际直接投资的新发展与外商对华直接投资研究》，人民出版社，2004，第228页。

跨国公司对外直接投资最重要的区位变量。①

三是贸易壁垒因素。主要指东道国为吸引外国直接投资而故意人为设置的贸易障碍，包括高关税、进口配额、当地标准等，还包括东道国当地顾客偏爱本国产品的程度。

四是投资环境因素。泛指跨国公司从事对外投资活动所面临的外部条件。主要考察东道国的政治、社会和经济环境等是如何影响跨国公司风险估计、成本收益概算以及子公司建立地点的。邓宁将东道国的投资环境因素分为七类：对外国投资的一般态度；政局稳定程度；所有权限制；外汇管制程度；汇率稳定与否；税收结构；投资国对东道国的熟悉程度。他认为，东道国政府政策会对外国企业进入东道国市场的方式产生直接或间接影响，如影响外国企业对国家风险的估计、影响外国企业选择参与市场的方式、影响外国企业选择建立制造业子公司的地点等。②

根据区位理论，跨国公司需要综合权衡投资目的国的区位优势和劣势，以做出合理的对外直接投资决策。从这个角度来说，区位理论具有广泛的适用性。

（六）国际生产折衷理论

20世纪70年代，英国经济学家邓宁（J. H. Dunning）在综合西方经济理论中的产业组织理论、厂商理论、区位理论等传统理论的基础上，吸收了海默等人的对外直接投资理论思想，创立了集国际贸易、对外直接投资和非股权转让三者为一体的综合性理论，即国际生产折衷理论。③

根据邓宁的国际生产折衷理论，企业从事海外直接投资是由该企业本身所拥有的所有权优势（Ownership Advantage）、内部化优势（Internalization Advantage）和区位优势（Location Advantage）三大基本因素共同决定的，这就是跨国公司对外直接投资的 OIL（Ownership – Internalization – Location）

---

① 〔英〕J. H. 邓宁：《国际生产的决定因素》，《牛津经济论文集》1973年第3期，第311页，转引自陈继勇等《国际直接投资的新发展与外商对华直接投资研究》，人民出版社，2004，第229页。
② 尼尔·胡德、斯蒂芬·扬：《跨国公司经济学》，经济科学出版社，1990，第70页。
③ J. H. Dunning, "Trade, Location of Economic Activity and the Multinational Enterprise: A Search for an Eclectic Approach", in B. Ohlin, ed., *The International Allocation of Economic Activity*, Holmes and Meier, 1977.

模型（见表1-3）。所有权优势主要指企业拥有或能够得到的，而外国企业没有或难以得到的无形资产和规模经济优势，包括技术优势、企业规模优势、组织管理优势和金融与货币优势。内部化优势指企业为避免市场的非完善性而将企业所有权优势保持在企业内部所获得的优势。这里邓宁所说的市场非完善性既包括结构性非完善性（如竞争壁垒、政府干预等），也包括自然性市场非完善性（如知识性市场上信息不对称及高交易成本等）。内部化优势主要表现在：节约市场交易成本，回避特殊技术和商标的使用成本、买方的不确定性及政府的干预措施；确保商品品质并利于实施市场差别价格；有效控制投入物（包括技术）的供给及销售的条件；企业内相互补助可使市场中缺乏之物从内部弥补等。区位优势是国内外生产区位的相对禀赋对跨国公司对外直接投资的吸引与推动力量，主要取决于自然资源禀赋、劳动力成本、市场购销因素、贸易壁垒、政府政策和心理距离等。一个企业只有同时具备这三种优势时，才会选择对外直接投资的方式。

表1-3 邓宁模型中对国际经济活动方式的不同组合

	所有权优势	内部化优势	区位优势
对外直接投资	有	有	有
出口贸易	有	有	无
非股权转让	有	无	无

邓宁的国际生产折衷理论较全面地分析了跨国公司对外直接投资的决定因素，适用的范围较宽，有国际直接投资"通论"之美誉。由于这一理论的研究对象是发达国家的跨国公司，对于不具备独创性技术优势的发展中国家企业和中小型企业的对外直接投资活动很难做出合理的解释。此外，这一理论将企业对外直接投资归因于同时具有综合三种理论优势，也不符合日益变化多样的跨国投资实践，尤其对服务业跨国投资缺乏解释力度。

二 国际直接投资理论的拓展

20世纪80年代之后，发展中国家的跨国公司对外直接投资步伐开始加快，理论界针对发展中国家跨国公司对外直接投资的特点和优势，从多个视角提出了发展中国家国际直接投资理论，这是对以发达国家为研究对象的传统国际直接投资理论体系的扩展。20世纪90年代，学术界提出的投资诱发要素组合理论是对国际直接投资理论的新拓展。

（一）投资发展周期理论

20世纪80年代，英国经济学家邓宁提出了投资发展周期理论，旨在进一步发展和完善国际生产折衷理论。通过对亚洲、大洋洲、拉丁美洲、非洲、中东几个区域中表现比较突出的发展中国家进行研究，邓宁用人均国内生产总值（最初用的是人均国民生产总值）水平将发展中国家的国际直接投资发展分为五个阶段。

第一阶段，人均国内生产总值在1110美元以下，国家处于贫困状态，区位优势不足，很难吸收大规模外国直接投资。由于本土企业缺乏所有权优势和内部化优势，也无力对外投资。第二阶段，人均国内生产总值在1110美元到5402美元之间，区位优势有所增加，外国直接投资流入速度加快，规模扩大，并开始出现少量的对外直接投资。第三阶段，人均国内生产总值在5402美元到10919美元之间，处于世界中等或中等以上水平，每年对外直接投资的增加值超过了外国直接投资流入的增加值，但是净对外直接投资额（指对外直接投资总额减去外国直接投资流入总额的净值）为负值。第四阶段，人均国内生产总值在10919美元以上，处于发达国家水平，净对外直接投资额变成正值。第五阶段，净对外直接投资额开始转为下降，之后又回升，在零点上下波动。此时国家拥有两个关键性特征：一是跨国交易不通过市场，直接由跨国公司通过内部化或跨国公司之间进行，内部化倾向增强；二是随着经济结构、资产结构趋同，国家之间的直接投资最后将趋于平衡。这也表明了国家经济和企业的国际化程度加强，没有一个国家可以拥有一种完全拥有支配权的自创资产。跨国公司所有权优势的形成将较少依赖本国的资源，而更多地依靠自身获得资产的能力和有效组织、开发利用境外资源的能力。[①]

投资发展周期理论描述了发展中国家对外直接投资动态的发展，构建了国际直接投资不断演进和发展的模型。世界上多数发达国家和发展中国家的国际投资地位的变化基本符合这一规律。但是仅以人均国内生产总值这个单一指标来反映各国的经济发展阶段必然会有很大的局限性，由此来

---

① 赵晓笛：《中国对外直接投资长期发展趋势》，新华出版社，2008，第11~17页。

判断国际投资变动也必然会有与现实相背离的地方。

(二) 小规模技术理论

美国哈佛大学教授刘易斯·威尔斯（Louis T. Wells）于1983年出版了《第三世界跨国企业》一书，提出小规模技术理论。威尔斯认为发展中国家跨国公司对外直接投资的比较优势主要体现在以下几方面。

一是拥有适合低收入国家小规模市场需求的小规模生产技术。这种技术的特点是以劳动密集型为主，并且具有很大的灵活性，适合小批量生产。由于大规模的生产技术在市场需求较小时无法取得规模效益，这使得小规模技术在市场规模小时具有竞争优势，可以满足发展中国家小批量、多样化产品的需求。

二是拥有可以替代进口的技术和产品。由于发展中国家普遍缺乏外汇，很多国家政府采取限制进口和鼓励进口替代的措施，这使得发展中国家企业积极研制替代进口的技术和产品，更多地进行当地采购，以减少进口依赖。一旦企业拥有了这类技术，就可以通过对外直接投资将它推广到面临同样问题的其他发展中国家，从而具备了发达国家跨国公司所不具备的特殊优势。

三是采用低价产品营销策略，拥有企业管理和营销费用较低的优势。发达国家的跨国公司一般采取高投入、追求高端品牌效应的发展策略，管理人员和技术人员的薪资较高，企业管理和营销费用都很可观。相比之下，发展中国家跨国公司多以物美价廉的低价竞销策略占领市场，依靠良好的产品口碑扩大影响力，尽量推行原材料当地采购，并且管理人员和技术人员的薪金水平较低，因此拥有企业运营成本较低的优势。

四是拥有民族纽带优势。一些发展中国家的对外直接投资中有一部分是针对海外同一种族团体的需要而建立的，具有鲜明的民族特色。根据威尔斯的研究，在印度、泰国、新加坡、马来西亚和中国香港、中国台湾等地的外国直接投资中，这种具有民族纽带特色的投资都占有一定的份额。

小规模技术理论是早期发展中国家对外直接投资的代表性理论，将发展中国家跨国公司的竞争优势与国家经济发展的市场特征结合起来，为落后国家的企业如何发展对外直接投资提供了一个崭新的分析框架，具有一定的现实意义。但是，这一理论过于绝对地将发展中国家企业定位于创新技术的追随者和处于国际产业分工低端的企业，没有以发展的眼光审视发展中国家跨国公司的崛起,是其局限性所在。

(三) 技术地方化理论

英国经济学家拉奥(Sanjaya Lall)在1983年出版的《新跨国公司:第三世界企业的发展》一书中提出了技术地方化理论。[①] 拉奥认为,发展中国家的企业可以通过对进口的成熟技术或产品的生产工艺进行一定的改造,使其更能满足当地市场的需求,更能符合当地经济条件,以此获得自身的特定优势,并借此进行对外直接投资活动。发展中国家企业的竞争优势不仅来自其产品和生产过程与当地供需条件的紧密结合,还来自创新过程中产生的技术在小规模生产条件下具有更高的经济效益和更灵活的生产组织结构。这样发展中国家跨国公司就能在较低的技术水平上形成对经济发展程度和收入水平相仿的其他发展中国家进行直接投资的"特殊优势"(见表1-4)。在特定条件下,如果对技术的创新已经趋于成熟,还可以促成对发达国家的直接投资。

表1-4 跨国公司竞争优势的来源

发达国家跨国公司	发展中国家跨国公司
1. 企业/集团规模大	1. 企业集团
2. 靠近资本市场	2. 技术适合发展中国家供求条件
3. 拥有专利或非专利技术	3. 非绝对的产品差异
4. 产品差异	4. 营销技术
5. 营销技巧	5. 适合当地条件的管理技术
6. 管理技术和组织优势	6. 低成本投入(特别是管理和技术人员)
7. 低成本投入	7. "血缘"优势
8. 对生产要素和产品市场的纵向控制	8. 东道国政府的支持
9. 东道国政府的支持	

资料来源:Sanjaya Lall, *The New Multinationals*, Chichester, John Wiley & Sons, 1983;转引自张燕《中国对外直接投资产业选择——基于产业升级的理论和实证研究》,天津大学出版社,2010,第27页。

技术地方化理论分析了发展中国家跨国公司的竞争优势来源于企业的技术创新活动。与威尔斯相比,拉奥更加注重企业对引进技术的本地化应

[①] Sanjaya Lall, *The New Multinationals*, Chichester, John Wiley & Sons, 1983.

用，以此获得其对外直接投资的"特殊优势"。技术地方化理论为发展中国家企业提升国际竞争优势提供了可以追寻的方向，具有现实意义。

（四）技术创新产业升级理论

20世纪90年代，英国里丁大学的坎特维尔（John A. Cantwell）和托兰惕诺（Paz Estrella Tolentino）共同提出了技术创新产业升级理论，从技术进步和技术积累的角度分析了发展中国家对外直接投资的动态演进过程。①

这一理论认为技术创新是一个国家产业和企业发展的根本动力所在。发展中国家跨国公司的技术创新活动虽然不具备发达国家跨国公司那样先进的研究和开发能力，主要是利用特有的"学习经验"和组织能力，掌握和开发现有的生产技术，但是随着技术的不断累积，发展中国家的经济发展和产业结构升级的步伐在逐渐加快，而技术能力的提高和积累又进一步促进了企业的对外直接投资，并影响着投资的产业分布和地理布局。发展中国家跨国公司对外直接投资受其国内产业结构和内生技术创新能力的影响，随着时间的变化存在不同的产业和地域选择。

在对外直接投资的产业分布上，发展中国家跨国公司首先从事的是以自然资源开发为主的纵向一体化生产活动，之后转变成以进口替代和出口导向的横向一体化为主。随着发展中国家工业化程度的提升，产业结构也发生了深刻的变化，技术水平大大提高，产业结构不断升级，对外直接投资也不再局限于传统的产业和产品，开始涉足于高新技术领域的产品生产和技术开发活动。技术创新产业升级理论认为，发展中国家如果只是遵循"顺贸易型"对外直接投资模式，就永远也无法改变在全球产业分工格局中的不利地位。若要实现赶超，需要在产业投向上有所突破，大力发展高新技术产业，推进"逆贸易次序"的对外直接投资模式，通过主动并购发达国家的高新技术企业，或与之合资建厂、联合研发新产品等方式，培育本国高新技术产业的优势地位，突破在国际分工中的从属地位。在对外直接投资的地域分布上，发展中国家跨国公司可以选择先在周边国家进行投资，充分利用地缘和种族的联系，扩大市场领域，随着投资经验的不断丰富，

---

① John A. Cantwell, Paz Estrella Tolentino, *Technological Accumulation and Third World Multinationals*, University of Reading Discussion Papers in International Investment and Business Studies, 1990, p.139.

逐步向其他发展中国家扩展。当对外直接投资的经验积累得足够丰富,为获取更为复杂的技术,发展中国家跨国公司可开始向发达国家投资。[①]

技术创新产业升级理论重点描述了发展中国家通过技术积累和创新,带动产业结构和对外投资结构变动的动态过程,这一理论能够比较全面地解释 20 世纪 80 年代以后亚洲新兴工业化国家对外直接投资实践,对发展中国家对外直接投资活动具有相对普遍的指导意义。

(五)投资诱发要素组合理论

20 世纪 90 年代初,许多西方学者将跨国公司对外直接投资行为的研究重点转向外部因素的影响方面,综合众多西方学者的观点构成了诱发要素组合理论。这一理论的核心观点就是,任何对外直接投资行为都是由直接诱发要素和间接诱发要素结合作用的结果(见图 1-5)。

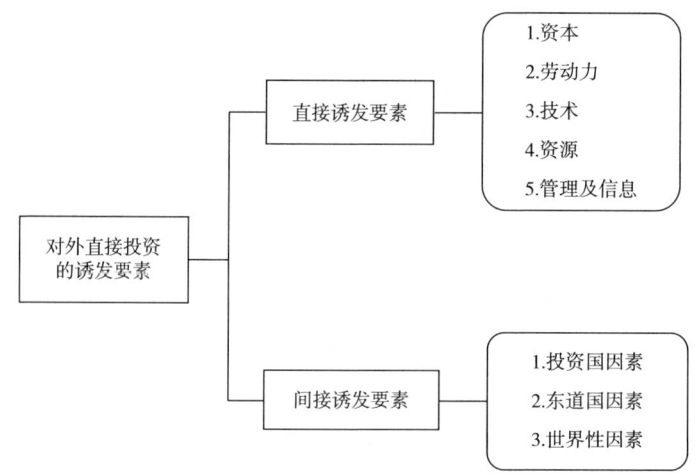

图 1-5 对外直接投资的诱发要素

资料来源:郭波:《国际投资:理论、政策、战略——以中国利用外资与对外投资为视角》,中国社会科学出版社,2009,第 91 页。

直接诱发要素是指东道国和投资国所拥有的各类生产要素,包括劳动力、资本、资源、技术、管理及信息等。如果投资国具有某种诱发要素的优势,可以通过对外直接投资将该优势转移出去,获取利益。如果东道国

---

① 桑百川、李玉梅主编《国际直接投资》,北京师范大学出版社,2008,第 37 页。

具有某种投资国所不具备的诱发要素的优势，投资国可以通过对东道国的直接投资来获取和利用这类要素的优势。

间接诱发要素指的是除了直接诱发要素外的其他影响对外直接投资的非生产要素组合，主要包括三方面：一是由投资国诱发的因素，如鼓励性的投资政策及法规、与东道国签订的合作协议等；二是由东道国诱发的因素，如东道国投资软硬环境、鼓励外资的优惠政策、政治稳定性、法律体系健全性等；三是由国际经济环境诱发的因素，如经济全球化、区域化、集团化发展，全球性的产业结构调整和转移，科技革命的发展及影响，国际金融市场的利率和汇率波动等。[①]

投资诱发要素组合理论认为发达国家的对外直接投资主要是直接诱发要素在起作用，而发展中国家在很大程度上是借助间接诱发要素起作用，这在一定程度上揭示了发达国家和发展中国家对外直接投资行为的外部影响因素。这一理论将研究重点从跨国公司对外直接投资的动机和条件等内部因素，转向了外部因素对投资决策的影响，拓宽了对外直接投资理论的研究视野。但是这一理论没有从动态角度分析对外直接投资的发展过程，是其局限性所在。

第三节　外国直接投资与经济增长内在逻辑性

根据西蒙·库兹涅茨（Simon Kuznets）的定义，一个国家的经济增长，就是它给本国居民提供日益多样化商品的能力长期上升，这种不断提升的能力，是建立在先进技术以及所需要的制度和意识形态之相应调整的基础之上。[②] 从发展经济学、制度经济学、宏观经济学和经济增长理论中，可以总结出外国直接投资对发展中国家的资本形成、技术进步、产业结构和制度变迁的影响。这些理论也完全适用于非洲国家。

一　外国直接投资的资本形成效应

一般而言，平均收入或人均产值的增长由"广义资本"的增长来实现。

[①] 参见桑百川、李玉梅主编《国际直接投资》，北京师范大学出版社，2008，第38~39页。
[②] 西蒙·库兹涅茨：《现代经济增长：发现与思考》，《美国经济评论》1973年第6期，转引自张培刚主编《发展经济学教程》，经济科学出版社，2001，第116~117页。

广义资本不仅包括物质资本（如机器、工厂和存货），而且包括人力资本（如增加教育和训练、卫生、研究与开发等投资引起的人的知识和能力的提高）。在一国经济处于现代工业发展的早期，即"起飞"阶段时，经济增长主要依赖于资本积累。国内储蓄和引进外资是国内投资的两个来源。对于发展中国家来说，由于发展所需的投资往往超过国内储蓄能力，从国外引进资本有助于摆脱"低经济增长和低储蓄"的恶性循环。因此引进外资对填补国内投资和储蓄之间的差额具有相当重要的作用。至于可以引进多少资本，则取决于国内和国外资本市场的预期投资报酬率的差异。[①]

关于利用外国直接投资弥补东道国物质资本缺口方面的重要理论是"双缺口"模型。这一理论是以"哈罗德—多马模型"为基础发展而来的。哈罗德—多马模型是最早的经济增长模型，由英国经济学家哈罗德（Roy F. Harrod）和波兰裔美国经济学家多马（Evsey D. Domar）分别于1939年和1946年提出。这一模型在发展中国家流行多年，被广泛应用到发展中国家政策制定的过程中。

哈罗德—多马模型的表达式是：$g = \dfrac{i}{v}$

其中，g代表增长率，i代表投资率，v代表资本—产出比率。这个模型的一个基本假定是v保持不变，这样一个国家的产出总量大小就取决于资本存量的多少，产出增长的快慢取决于投资率的高低。[②] 在"哈罗德—多马模型"的基础上，1966年美国发展经济学家钱纳里（Hollis B. Chenery）和斯特劳特（A. M. Strout）提出"双缺口"模型。根据这一理论，当发展中国家实现经济发展目标所需的资源数量与其国内的有效供给之间存在缺口时，利用外资可以有效地填补这些缺口。钱纳里等人认为，发展中国家在其经济发展中主要受到三种形式的约束，即技术约束、储蓄约束、外汇约束。发展中国家只有克服这些约束，才能顺利地实现发展。"双缺口"模型主要是考察了储蓄约束（主要是国内储蓄不能满足投资的扩大）和外汇约束（有限的外汇不能满足进口的需要）。

从国民经济核算的基本恒等式总收入等于总支出中可以得出：

---

① 〔日〕速水佑次郎：《发展经济学——从贫困到富裕》，李周译，社会科学文献出版社，2003，第33、37、39、152页。

② 吴敬琏：《中国增长模式抉择》（增订版），上海远东出版社，2009，第30～31页。

总收入 $Y = C + S + T$，其中：Y 为国民生产总值（GNP）或国内生产总值（GDP），C 为消费，S 为储蓄，T 为政府收入。

总支出 $Y = C + I + G + (X - M)$，其中：I 为投资，G 为政府支出，X 为出口，$X - M$ 为净出口。

假设政府收支相抵，即预算平衡，$T = G$，则总收入等于总支出可以简化为：$S = I + (X - M)$，即 $I - S = M - X$。

$I - S$ 是投资与储蓄的差额，即储蓄缺口，$M - X$ 是进口与出口的差额，即外汇缺口。根据经济均衡发展的要求，储蓄缺口必须等于外汇缺口。但是由于储蓄、投资、进口和出口都是独立变动的变量，两个缺口不一定相等，这就需要对两个缺口进行适当的调整，以促成两个缺口的平衡。利用外资来平衡这两个缺口，既能解决国内资金不足的问题，又能减轻外汇不足的压力，从而满足国内经济增长对投资和进口的需求。[①]

"双缺口"理论提出，发展中国家积极引进和利用外资来促进国内经济增长具有现实的指导意义。但是这一理论将资本作为经济增长的决定因素，忽视了技术、知识等重要的内生因素，具有很大的局限性。

关于外国直接投资能够提高东道国人力资本的主要理论为内生增长理论。这一理论由多个经济学家提出的增长模型构成，侧重于从经济体内部寻找影响增长的关键性因素。1962 年，阿罗（Kenneth J. Arrow）提出"干中学"模型，阿罗认为，随着物质资本投资的增加，"干中学"会导致人力资本水平相应提高，技术进步内生化就得以实现。阿罗认为经验的积累可以形成人力资本，即使不通过正规或不正规的学校教育，在工作经验中也可以积累形成人力资本，从而可以带来递增收益。1986 年，罗默（Paul Romer）以"干中学"为基础建立了一个模型，强调知识积累的外部性。罗默模型中的关键假设是每个企业的知识都是公共产品，其他任何企业都可以无成本地获得，即知识一经发现就会外溢到整个经济范围内。由于整个经济随着知识边际生产率上升呈现出规模经济效应，"干中学"和外溢效应能够超过单个企业内部的边际收益递减造成的对经济增长负面效应，从而保持经济增长率递增状况。1988 年，卢卡斯（Robert Lucass）提出的增长模型，也强调人力资本在经济增长中的重要性。他将人力资本作为独立因素

---

① 参见张培刚主编《发展经济学教程》，经济科学出版社，2001，第 455～457 页。

纳入经济增长模型，将舒尔茨的人力资本和索洛的技术进步概念结合起来，具体化为"专业化的人力资本"，认为这是经济增长的原动力。①

1997年，鲁茨·德梅罗（Luiz de Mello）分析了内生增长模型中外国直接投资对经济增长的影响。他认为外国直接投资是资本、知识和技术的混合体，外国直接投资对经济增长产生积极影响的方式有以下几种。一是，外国直接投资是发展中国家人力资本和先进技术的一个重要来源。外国直接投资可以帮助国内企业采用更先进的技术，并使其获得可以提高劳动生产率的知识和技能。二是，外国直接投资通过推动新技术和新材料的使用，促进了发展中国家经济的增长。外国直接投资不仅对其投资的企业产生影响，而且通过技术外溢效应等外部效应对其他经济部门产生影响。外国直接投资导致的知识和技术的转移使国内企业在生产同类产品时也会运用新技术，从而提高了生产率和经济增长率。三是，外国直接投资促进了竞争，致使低效的企业破产，鼓励更多有效率的企业增加物质资本和人力资本的投资以保持竞争力。

内生增长理论首次将知识和人力资本引入经济增长模型，突破了传统的新古典增长理论中经济不可能实现持续增长的结论，因此具有重大的理论意义。尽管这一理论显示了外国直接投资具有内生性地促进经济增长，并可能在长期内强化增长的作用，但是这一理论没有细化外国直接投资促进东道国技术、知识和人力资本形成的具体途径，以及在何种程度上促进东道国的经济增长。尽管如此，这一理论仍为之后研究外国直接投资的东道国效应指引了方向。

总体来说，外国直接投资对于东道国资本形成的影响有互补效应和替代效应两种。一方面，外国直接投资从母国和国际资本市场带来了东道国急需的资金和技术，同时还促进了东道国基础设施等投资环境的改善，这对东道国的资本形成起到了补充和促进作用。外国直接投资还通过在产品市场上的相互补充，或通过先进技术的转移或外溢提高东道国企业的生产率，从而支持东道国企业的扩张。这些正面的促进作用称为外国直接投资的互补效应。另一方面，如果外资企业凭借其竞争优势，夺走了东道国企

---

① 参见高波、张志鹏《发展经济学——要素、路径与战略》，南京大学出版社，2008，第53~62页。

业原有的和潜在的市场份额，使东道国企业投资收益降低乃至破产，外国直接投资对于东道国资本形成就产生了消极作用，这些负面作用称为外国直接投资的替代效应。外国直接投资对于东道国资本形成产生的替代效应体现在两个层次：一是外国直接投资者将更好的产品投放市场使东道国的生产者遭受利润损失而被迫退出生产，从而挤出了国内投资者的当期投资；二是外国直接投资者可以直接采用国外现有的技术而不用像东道国投资者那样去开发新的技术，或者在研究和开发投资方面比东道国企业有更高的生产率，这使得东道国的生产者继续进行技术创新和产品升级的投资变得无利可图，从而东道国企业的后续投资被挤出了。[1] 现实世界中，外国直接投资对于东道国资本形成的互补效应和替代效应均会发生。

二 外国直接投资的技术外溢效应

一般来说，除了生产要素投入量的增加推动经济增长之外，技术进步是经济增长的另一个关键性因素。技术进步分为广义和狭义两方面，狭义的技术进步主要指在硬技术应用的直接目的方面所取得的进步，包括技术进化和技术革命。广义的技术进步指产出增长中扣除劳动力和资金投入数量增长的因素后，所有其他产生作用的因素之和，又称为"全要素生产率"（Total Factor Productivity，TFP）。广义技术进步的内涵有：资源配置的改善、生产要素的提高、知识进步、规模经济、政策的影响、管理水平提高。技术进步的具体表现形式为：（1）给定同样的投入可以生产更多的产品，即生产率的提高；（2）现有产品质量的改进；（3）生产出全新的产品。[2] 一国的经济增长离不开生产率的提高，而生产率的提高又与技术进步密切相关。通过外国直接投资的技术外溢效应，能够将跨国公司的先进技术和管理经验扩散到整个经济体。

外国直接投资对东道国的技术外溢效应，指的是跨国公司将所具有的研发产品的技术、先进的管理经验向东道国企业的非自愿扩散的效应，客

---

[1] 中国 21 世纪议程管理中心可持续发展战略研究组：《发展的外部影响：全球化的中国经济与资源管理》，社会科学文献出版社，2009，第 66~67 页。

[2] 〔美〕斯图亚特·林恩：《发展经济学》，王乃辉等译，格致出版社、上海三联书店、上海人民出版社，2009，第 75 页；张培刚、张建华主编《发展经济学》，北京大学出版社，2009，第 235~236 页。

观上促进了东道国技术和管理水平的提高。它是跨国公司经济正外部性的表现。技术外溢效应从跨国公司向东道国企业传导的渠道主要有以下几种。（1）示范和模仿效应。前者指跨国公司在东道国的运作与活动所产生的示范效应，后者指本地公司主动学习或模仿跨国公司的先进技术和管理知识。（2）市场竞争效应。跨国公司的进入增加了本地企业的竞争压力，本地企业不得不提高技术水平和生产效率，以维护自己原有的市场份额。（3）企业的关联效应。跨国公司的子公司或分支机构与当地企业之间在技术与管理方面的合作所产生的外溢效应。跨国公司与东道国企业的关联效应，包括前向联系和后向联系。前向联系指东道国企业通过购买跨国公司的产品，能够提高自身产品的质量和生产效率；后向联系指跨国公司向当地企业购买加工原料和零部件，间接影响东道国的产业结构。（4）人力资本的外溢效应。跨国公司对其在东道国当地员工进行的培训提高了他们的技术和管理水平，如果这些员工后来受雇于本地公司，就可以提高本地公司的技术和管理水平。[①] 通过外国直接投资，可以实现先进技术、管理经验从跨国公司的转移，带动东道国当地技术和管理经验的提高。

　　外国直接投资对东道国技术外溢效应的大小主要受到以下几方面因素的影响。（1）东道国经济发展水平。布罗思托姆等利用101个经济体进行跨国研究，结果表明外溢作用集中在中等收入水平的发展中国家，没有证据表明在最贫穷的发展中国家存在外溢效应。这表明东道国市场竞争状况和当地企业的竞争力对外溢效应的影响。在贫穷国家很少有当地企业能与跨国公司直接竞争，也很少有吸收跨国公司技术外溢所需要的技术能力。只有打破人力资本和基础设施瓶颈，并提供稳定经济环境的东道国才能从技术外溢中受益。[②]（2）东道国企业与跨国公司技术差距。1991年和1993年，哈达德（Haddad）和哈里逊（Harrison）两度考察了1985～1989年摩洛哥制造业中FDI的"外溢效应"并得出结论：外资进入的确有利于提高部门的生产效率，但并非所有产业都存在"外溢效应"，在技术相对简单或

[①] 参见江小娟等《全球化中的科技资源重组与中国产业技术竞争力提升》，中国社会科学出版社，2004，第77～78页；何春燕、钟慧中：《FDI对我国的技术溢出效应及其提升策略》，《商业研究》2005年第11期。

[②] 转引自韩燕《FDI对东道国外溢效应及影响因素研究综述》，《产业经济研究》2004年第5期，第62页。

东道国当地企业的能力足以掌握该技术的情况下，FDI 容易促进当地企业大幅提高生产率，但如果外资带来的是最先进的或东道国难以掌握的技术，则这种 FDI 不会对当地企业产生太大的技术和生产效率的促进作用。[1]（3）东道国人力资本素质。1997 年，蒂斯（Teece）认为即使东道国企业和跨国公司的技术差距很大，如果东道国的人力资本素质高，技术外溢仍然有助于当地企业的技术进步，但如果技术差距大而人力资本匮乏，跨国公司将会挤占当地企业的市场份额，产生市场挤占效应（market-stealing）。（4）跨国公司因素。跨国公司在东道国市场进行生产一般有两种市场倾向：一是面向东道国市场进行服务；二是利用东道国廉价的资源优势进行生产并服务全球市场。以国内市场为导向的子公司可能对相关质量和技术要求更低，从而使当地供应商更容易为跨国公司服务，然而服务全球市场的子公司可能会提出严格的成本要求和质量标准，东道国供应商可能无法满足其要求。2002 年，迪梅利斯和劳瑞（Dimelis and Louri）认为小型跨国公司比大型跨国公司更易产生外溢效应。大型跨国公司本身具有更高的效率，因此有能力依赖自身力量在相对孤立的环境下经营，而小型跨国公司经常要更多地与东道国企业接触并转换新技术，从而产生更大的外溢效应。[2]

根据内生增长理论，外国直接投资对东道国的技术外溢效应主要体现在以下方面。其一，外国直接投资作为资本、专门知识和技术的一揽子转移，能够成为东道国经济增长的内生决定因素。外国直接投资可以通过创造新产品、新工序，采用新的管理方法和组织结构，以及提高劳动者技能等方法，扩增东道国的知识存量。通过知识转移、劳动培训和技术扩散，外国直接投资对东道国可能产生很强的知识和技术外溢效应，被视为促进东道国经济增长的最重要手段之一。其二，外国直接投资企业的产品附加值和生产力的溢出效应越大（能够使国内生产的收益增加），对东道国经济增长的影响就越大。外国直接投资带来的资本和技术改变了东道国的生产函数，强化了东道国的经济增长态势。就新增外国直接投资来说，由于东

---

[1] Mona Haddad, Ann Harrison, "Are There Positive Spillovers from Direct Foreign Investment?", *Journal of Development Economics*, Vol. 42, 1993, pp. 51–74，转引自庄芮《FDI 流入的贸易条件效应：发展中国家视角》，对外经济贸易大学出版社，2005，第 66 页。

[2] 韩燕：《FDI 对东道国外溢效应及影响因素研究综述》，《产业经济研究》2004 年第 5 期，第 63 页。

道国与其相关联的生产行为可能会增加较多的中间投入品,从而促进产出的增长。① 可见,外国直接投资的技术外溢效应对东道国经济增长的促进作用显著。鉴于此,东道国政府可以通过制定合理有效的外资政策,增强政府行为对经济增长的影响。

三 外国直接投资与产业结构升级

国际经验表明,伴随着经济的持续增长,产业结构也会呈现优化升级的态势。一般来说,与经济快速增长相伴随的结构转换和升级过程具有三个特点:(1)在经济总量中,第一产业的产值比重和就业比重持续下降,第二产业和第三产业相继成为增长的主导产业;(2)相继出现一些高速增长的新兴行业,带动经济持续快速增长;(3)工业中资金技术密集、高附加值的行业所占比重持续上升。②

1992年,日本学者小泽辉智(Ozawa)提出一体化国际投资发展理论。这一理论认为任何一个国家的比较优势都不是一成不变的,当一国的比较优势发生变化后,其产业结构和投资结构也会随之变化。根据这一理论,发展中国家国际直接投资的动态演变可以分为几个阶段:吸引外国直接投资阶段→从外资流入向对外直接投资转型阶段→从劳动力导向型对外直接投资向贸易支持型和技术导向型对外直接投资过渡阶段→资本密集型的外资流入和资本导向型的对外直接投资交叉发生的阶段。③ 小泽辉智认为,发展中国家通过利用外资,不断增强本国的比较优势并保持经济竞争力,逐步实现从纯外资流入国转向对外直接投资活动。各国之间在经济发展阶段上的差异性和动态比较优势的互补性,为发展中国家通过国际直接投资实现产业结构升级提供了机会。④

外国直接投资对东道国产业结构升级的促进作用体现在三个层面:一是产业部类升级,即指东道国产业结构从第一产业向第二产业、再向第三产业转变;二是产业内部升级,即指东道国产业结构从低生产率、低技术含量、劳动密集型工业向高生产率、高技术含量、技术和资本密集型工业

---

① 参见杨先明等《中国西部外资问题研究》,人民出版社,2008,第9~11页。
② 江小涓:《产业结构优化升级:新阶段和新任务》,《财贸经济》2005年第4期,第3页。
③ 陈漓高等:《中国企业跨国经营环境与战略研究》,人民出版社,2009,第32页。
④ 马亚明、郑飞虎:《动态模式的对外投资理论评述》,《国外社会科学》2001年第1期。

转变；三是行业内部升级，即指东道国产业结构从低技术含量、低附加值的产品和服务生产向高技术含量、高附加值的产品和服务生产转变。需要明确的是，外国直接投资虽然有助于发展中国家建立和增加一些现代化工业部门及企业，促进产业结构升级，但发展中东道国从外国直接投资产业转移中所得到的利益与代价未必对等。发展中国家有可能从某些外国直接投资中得到产业升级的效应，但如果这些产业属于发达国家有害工业转移，以环境恶化为代价，则将产生严重的外部不经济。①

综上可知，尽管根据一体化国际投资发展理论，东道国可以通过利用外资实现比较优势的动态演进，从而为产业结构升级创造可能性。但是，东道国政府不可能通过盲目地吸引外资来促成产业结构的实质性升级，而是要规划产业结构升级的长期发展战略，并以此为基础制定吸引外资的相关政策，同时规避外资企业对产业发展可能造成的潜在隐患，最终通过政策的合理引导，使外国直接投资能够促进东道国的产业结构升级。

四　外国直接投资的制度变迁效应

制度是人为设计的、型塑人们互动关系的约束，它界定并限制了人们的选择集合，构造了人们在政治、社会或经济领域里交换的激励。制度约束包括两个方面：一方面是禁止人们从事某种活动；另一方面是界定在何种条件下某些人可以被允许从事某种活动。从根本上说，不同经济体的长期绩效差异就是受到制度演化方式的影响。制度变迁被视为一个复杂的过程，通常是渐进的，而非连续性的。②

制度作为一切经济活动和经济关系产生和发展的框架，是影响经济增长的关键性变量。外国直接投资的进入可以通过多种途径推动东道国的经济制度变迁。首先，外国直接投资对东道国经济制度具有示范和扩散效应。制度是一种公共产品，一旦某种制度被验证行之有效，就可以在另一个国家被移植、模仿及创新，节约制度创新成本和时间。当某一个经济制度创新能够提高经济效率，就会在东道国诱发模仿行为。跨国公司通过对外直接投资能够起到将先进的制度安排，如产权制度、企业制度、分配制度和

---

① 崔新健：《外国直接投资下的产业结构升级》，《当代财经》2002 年第 10 期，第 44~45 页。
② 〔美〕道格拉斯·诺思：《制度、制度变迁与经济绩效》，杭行译，格致出版社、上海三联书店、上海人民出版社，2008，第 3、4、7 页。

资源配置制度等，向东道国进行示范和扩散。其次，外国直接投资会使得东道国市场竞争日趋激烈，从而推动东道国经济制度的创新和变迁。制度是博弈的规则，当组织作为参与者时，组织之间的竞争就会成为制度变迁的关键。在经济全球化的背景下，为了争取利用跨国公司直接投资来促进本国经济发展，各国在吸引外资的区位优势方面展开竞争。而吸引外国直接投资的区位优势不仅包括资源禀赋，还包括制度安排。由此，为了获得更多的外国投资，竞争的焦点之一就是制度竞争，这必然会推动制度创新。最后，由于外国直接投资会促进东道国的经济增长，进而为制度变革创造更佳的经济环境。经济增长会导致社会变革，从而需要新的制度安排重新进行资源配置，调整收入或财富分配模式，为经济可持续发展创造条件。经济增长导致东道国原有的制度安排在某种程度上失效，需要与经济发展新阶段相适应的新的制度安排，这就必然导致制度创新的出现。[①] 综上可知，外国直接投资可以通过各种途径直接或间接作用于东道国的经济制度，推动或影响东道国的制度变迁。

五 外国直接投资的吸收能力理论

假定经济体的运作是有效率的，有两种方式能够带来经济增长：一种是增加生产过程中的资源投入总量，即外延式增长；另一种是通过技术进步，提高资源的使用效率，即内涵式增长。对于东道国来说，利用外国直接投资不仅能够实现资本存量的增加，还可以提升技术水平，实现整个经济体的生产可能性边界的扩张，整个边界朝着远离原点的曲线移动，而且社会可以生产和消费比以前更多的商品和服务，进而提升总体福利水平。

外国直接投资对总体福利的影响取决于东道国对外资的吸收能力（Absorptive Capacity）。外资的吸收能力是指一个国家或地区所具备的使外资发挥正效应的能力，也就是东道国从外国直接投资流入中获取的资本、技术、管理和市场手段等收益的能力，这种能力的大小是东道国利用外资以及跨国公司在东道国经济参与程度大小的决定性因素，同时也是东道国在外资流入中得到长期经济发展效应的基础。具体来说，外资的吸收能力包括三

---

① 崔新健主编《中国利用外资三十年》，中国财政经济出版社，2008，第 196~197 页。

种渐次推进的能力,即吸引能力、利用能力、开发能力。外资的吸引能力主要指宏观因素,如区位因素、市场规模、发展水平、资源禀赋等。外资的利用能力主要指中观因素,即产业因素,如东道国产业技术、产业配套、产业出口等对外资技术的利用能力,主要从外资产业转移角度衡量的东道国产业技术的吸收能力。外资的开发能力主要是微观因素,即企业和个人因素,如东道国企业关联、信息交流、知识学习等对外资中知识技术的改进和发展,并应用到当地相关行业的能力,主要是突出外资的知识转移与技术外溢效应。总之,外资的吸收能力与东道国所处经济发展阶段密切相关,与国内的制度体系、人力资本素质、贸易的开放程度、东道国企业的能力、基础设施状况等均有关联。[①] 根据布罗思托姆等(Blomstrom et al., 1993)和波兰兹坦等(Borensztein et al., 1995)的研究表明,只有当一个国家的发展程度跨越了"发展程度门槛"(development threshold)后,外国直接投资的正面影响才会显现。这些经济学家认为投资接受国必须拥有一定教育水准的人力资本和良好的制度法律基础,外国直接投资才会起到作用。[②]

根据经济理论,一国吸收外资的能力取决于利用外资的边际成本及边际收益的比较。当一国利用外资的边际成本过高时,就需要控制其利用外资规模。加斯贝森(Gasbeson,1991)认为影响外资吸收能力的因素主要有庞大而快速扩张的国内市场、良好的基础设施水平、健全的商业金融体系、丰富的自然资源、良好的人员素质、开放的贸易与资本市场、公开的汇率制度等。加塔克(Ghatak,1996)认为在国际金融市场资本供给及其流动格局相对稳定的条件下,一国外资吸收能力主要取决于收入水平及其增长率、劳动力供给、平均储蓄率、边际储蓄率等。加塔克认为外资吸收规模为:

$$F_{AN} = \sum I - \sum S = (ky - s) \sum Y + sY_0 - S_0$$

其中,I、S、k、y、s、Y、Y_0 与 S_0 分别表示每年投资、每年储蓄、资本—产出比率、国民收入的增长率、边际储蓄率、国民收入、年初国民收

[①] 参见赵果庆《中国西部国际直接投资吸收能力研究》,中国社会科学出版社,2004,第 31~32 页;刘正良:《中国 FDI 吸收能力研究》,江苏人民出版社,2008,第 43~44 页。
[②] 〔西班牙〕圭拉姆·德拉德赫萨:《全球化博弈》,董凌云译,北京大学出版社,2009,第 17~18 页。

入与年初的储蓄总额。①

由上可知，不同的经济发展阶段及国内经济环境决定了各国对外国直接投资的吸收能力必然存在差异。若要使外国直接投资对国内总体福利水平的促进作用显著，就要采取与东道国外资吸收能力相匹配的适度引资规模。

国际经验表明，经济增长不仅需要动员国内资金，也离不开外部资金支持。在非洲大陆，尤为如此。这是因为，非洲国家大多储蓄率水平低，且负债率较高，仅仅依靠国内资金无法满足经济快速增长的需求。从理论上说，外国直接投资对东道国的资本形成、技术进步、产业结构升级和制度变迁都起到正面的促进作用。外国直接投资不仅能够给非洲国家带来稀缺的资金、先进的技术，还能够带来企业家的创新精神、管理经验和市场营销诀窍，促进产业结构升级，实行更加符合国际规范和行之有效的制度变革。有鉴于此，非洲国家对待外资普遍采取积极鼓励的姿态，重视吸引外国直接投资，努力使之成为经济增长的重要推动力。值得注意的是，由于非洲国家众多，各国对外国直接投资的吸收能力也会有所不同，这就需要非洲国家依托自身的比较优势，制定出合适的吸引外资规模区间。

---

① 马翔、聂名华：《湖北省利用外商直接投资规模战略：理论与实证研究》，《湖北经济学院学报》2011年第4期，第70页。

第二章 非洲外国直接投资发展溯源及现实特征

1500年以后的时代是一个意义重大的时代,随着西方资本主义国家不断进行海外扩张和殖民统治,传统意义上生活在地区相对隔绝状态中的人类,开始自愿或不自愿地移居到新的大陆,全球范围的融合逐步形成。① 到19世纪末期,这种全球融合的趋势日渐明显,形成了历史上最早的全球化进程。尽管两次世界大战的爆发使得第一轮全球化进程严重受挫,但在第二次世界大战之后开始的新一轮全球化进程,借助于突飞猛进的交通和信息技术,以势不可挡的速度愈演愈烈,现成为当今世界经济最根本特征。在经济全球化背景下,国际投资的发展较之国际贸易的发展更为迅猛,成为经济全球化最主要的纽带。而国际投资的发展主要表现在外国直接投资的迅猛发展上。本章重点论述全球化初期以来非洲外国直接投资发展概况。非洲国家从独立初期普遍实行的"外资国有化政策"及"进口替代战略",转变为20世纪90年代中期以来日趋深化的"经济自由化改革",并对外资普遍采取鼓励和开放的态度,努力使本国经济发展参与到全球化浪潮中,从中谋求具有自身独特优势的发展道路。

第一节 殖民时期非洲外国直接投资历史回溯

英国著名历史学家巴兹尔·戴维逊认为,非洲的新历史来源于非洲的旧历史,殖民时期并非一部插曲。因为后来的帝国主义并不是在一个真空

---

① 〔美〕斯塔夫里阿诺斯:《全球通史——从史前史到21世纪》,吴象婴等译,北京大学出版社,2006,第473页。

地带，而是在持续发展的非洲社会庞杂舞台上表演的。① 对于这种理解的赞同，本章从殖民时期的非洲外国投资状况进行论述。

大多数历史学家承认，当非洲和欧洲在15世纪相遇时，它们大致处于均势。但是到了19世纪，它们的差距明显了。② 早期的关系主要是非洲和欧洲的"国王、权贵和富贾"之间相互结盟和协商的关系。这种关系是由地位平等的谈判双方达成协议的。之后，由于西欧在技术上的发展，这种协议日渐为欧洲一方所控制。非洲旧的政治实体尽管大致保持着独立地位，却日益感到面临的危险。③ 在19世纪70年代早期，尽管欧洲人推进到了非洲西部沿海地区，但是总体上他们还是承认非洲人的权威，其活动也是通过与当地非洲统治者合作展开的。除了英国人和布尔人在南部非洲，法国人在阿尔及利亚以及奥斯曼帝国在北非维持名义上的统治外，外国势力在撒哈拉以南非洲的侵略大体上限制在小范围的沿海地带。也就是说，到19世纪70年代，尽管有欧洲人入侵，非洲大陆的绝大多数地区还是处在非洲人自己的统治之下。但是，在1880~1900年间，非洲与欧洲的关系发生了巨大变化。比起欧洲新型武器的发展，非洲军队已经大为落后了，欧洲强国开始大规模入侵非洲国家，将非洲大陆绝大多数地区并入欧洲殖民帝国的范围之内。④ 1875年，非洲有11%的领土处在欧洲人的控制之下，到了1902年，则达到90%，以英国和法国为主的欧洲国家（还包括德国、比利时、意大利、葡萄牙、西班牙）在非洲建立了殖民统治。⑤

一 欧洲霸权殖民非洲的主要诱因：工业革命

19世纪初的欧洲主要是农业国，由于工业革命的成功，在一百年间实

---

① 〔英〕巴兹尔·戴维逊：《现代非洲史：对一个新社会的探索》，舒展、李力清、张学珊译，中国社会科学出版社，1989，第5页。
② 〔美〕埃里克·吉尔伯特、乔纳森·T. 雷诺兹：《非洲史》，黄磷译，海南出版社、三环出版社，2007，第168~169页。
③ 〔英〕巴兹尔·戴维逊：《现代非洲史：对一个新社会的探索》，舒展、李力清、张学珊译，中国社会科学出版社，1989，第8页。
④ 〔美〕凯文·希林顿：《非洲史》，赵俊译，中国出版集团东方出版中心，2012，第378~379页。
⑤ 〔美〕菲利普·李·拉尔夫、罗伯特·E. 勒纳、斯坦迪什·米查姆、爱德华·伯恩斯：《世界文明史》（下卷），赵丰等译，商务印书馆，1999，第440页。

现了工业文明取代农业文明。在西方文明发展进程中，工业领域出现过多次革命，以后还会有很多次。但从历史上看，第一次工业革命的影响最为深远。这次革命发生在1780~1880年间，是由农业、手工业经济步入一个由城市的、机器驱动的制造业为主导经济的第一个突破性进展。在欧洲，英国首先爆发了工业革命，这是因为伴随着商业阶级的兴起和海外市场的开拓，英国资本家拥有足够的资金去承担和维持一场工业革命，同时交通运输体系的不断完善也促进了制成品的自由流通，为工业革命提供了坚实的基础。1815年以后，比利时、法国、德国等欧洲国家也陆续沿着英国走过的工业化道路前进。在这次工业革命中，有三种产业举足轻重，它们因其增长率和推动作用，成为了推动性产业，即棉纺、炼铁和铁路（表2-1）。工业革命最先出现在棉纺工业。随着一系列棉纺机械的发明，英国的棉织品产量剧增，从18世纪80年代起，英国的棉织品充斥了世界市场。不断扩大的棉纺工业引起了革命性变化。1760年，英国出口的棉织品价值不足25万英镑，到1800年，出口额增加到500万英镑以上。1760年，英国进口了250万磅原棉，而到1837年增加到36600万磅。尽管棉织品价格急剧下降，但由于市场规模迅速扩大，利润仍在增长。[1] 随着炼铁业的发展，英国的生铁产量从1800年的20万吨，猛增到1860年的380万吨。英国修建的铁路长度从1850年的1.05万公里，增加到1870年的2.45万公里（见表2-2）。

表2-1 欧洲主要国家的推动性行业

		棉 纺	炼 铁	铁 路
英国	a	1780~1789年	1790~1799年	1830~1839年
	b	1780~1869年	1780~1889年	1830~1879年
法国	a	1815年之后	1850~1859年	1840~1849年
	b	c	1830~1959年	1840~1889年
德国	a	1830~1839年	1850~1859年	1840~1849年
	b	c	1850~1959年	1840~1889年

注：a 增长率最大期；b 该行业被评估为国家工业推动性行业的时期；c 该行业未达到足够的分量而无法起到推动性作用。

资料来源：〔法〕米歇尔·波德：《资本主义的历史：从1500年至2010年》，郑方磊、任轶译，上海辞书出版社，2011，第104页。

---

[1] 参见〔美〕菲利普·李·拉尔夫、罗伯特·E.勒纳、斯坦迪什·米查姆、爱德华·伯恩斯《世界文明史》（下卷），赵丰等译，商务印书馆，1999，第232~258页。

在工业革命时期，欧洲工业化布局与有煤矿和铁矿蕴藏的地区紧密相连，特别是从威尔士经英格兰中部地区至顿涅茨河流域这个地带，以及英国北部，法国—比利时边境，鲁尔区及西里西亚，同时作为革命化能源的蒸汽被迅速采用。生产集中于工厂，有利于节省运输费用，重新组织劳动，使用更好的设备，建立劳动纪律及工期概念。1850 年，英国蒸汽机产生的能量占欧洲产量的一半以上，制成品占领了 1/2 的世界市场，成为名副其实的"世界工厂"。比利时是欧洲大陆较早进行工业革命的国家。与英国一样，比利时拥有丰富的煤炭、矿石储量，以及繁荣的贸易中心。在 1830～1850 年间，比利时的煤炭产量由 200 万吨增至 600 万吨，工业中使用的蒸汽机由 354 台增至 2300 台。在法国，技术革新最早触及的是巴黎和里昂等大城市、北部和中部山区的煤矿以及西北部的纺织工业区。当时法国的亚麻工业十分昌盛，丝绸工业产品在 19 世纪上半叶增长了 4 倍。1850～1870 年间，法国的煤炭与钢铁产量增长了 3 倍。在德国，工业首先沿莱茵河流域发展，然后迅速扩至北部。武珀河流域是德国最初的工业中心之一，以出口纺织工业、煤炭和炼铁工业闻名。① 到了 19 世纪末期，英国虽然仍保持西方头号工业强国的地位，但是法国和德国也具备了挑战者的地位。

表 2-2 欧洲主要国家的工业生产状况

国家 项目	英 国	法 国	德 国
棉纱（百万磅）			
1830 年	250	68	16
1850 年	588	140	46
1870 年	1101	220	147
煤（百万吨）			
1800 年	10	1	1
1830 年	16	2	1.7
1850 年	49	5	6.7
1870 年	110	13	26

---

① 〔法〕德尼兹·贾亚尔、贝尔纳代特·德尚等：《欧洲史》，蔡鸿滨、桂裕芳译，海南出版社，2000，第 490～495 页。

续表

项目 国家	英 国	法 国	德 国
生铁（千吨）			
1800 年	200	60	40
1820 年	400	140	90
1840 年	400	350	170
1860 年	3800	900	500
建造铁路（千公里）			
1850 年	10.5	3	6
1870 年	24.5	17.5	19.5

资料来源：〔法〕米歇尔·波德：《资本主义的历史：从 1500 年至 2010 年》，郑方磊、任轶译，上海辞书出版社，2011，第 104~105 页。

除了上述三个推动性产业之外，在欧洲工业革命的一百年中，其他工业部门也出现了深刻变革，如化学工业改良了肥皂和玻璃制造方法，并发展出新的染色和漂白方法；制陶业和五金器具之类的工业部门为了满足人们需求而进一步扩大，逐步采取削减成本、加快生产进度的方法等。在工业革命后期，欧洲无疑是全球拥有最发达工业的地区。1860 年，英国、法国和德国的工业生产占全球工业生产的比重分别为 21%、16% 和 15%。为了维持其世界生产者的地位，欧洲尤其是英国立意不让其他任何地区有计划参与竞争。因此欧洲利用其经济力量，必要时运用其军事力量确保世界分化为制造品生产者（欧洲）与原材料供应者（其他所有人）两类。[1]

正是由于工业革命带给欧洲资本主义国家的巨大变化，使得它们在非洲建立殖民地或"保护区"，保障欧洲对非洲的贸易和投资利得，切合了欧洲殖民者的利益。欧洲国家在非洲建立殖民地的原因如下：第一，由于工业革命的蓬勃兴起，欧洲国家的工业技术和制造业发展突飞猛进，制成品数量日益增多，远远超出了其本国民众的需求，欧洲制造商需要将越来

---

[1] 参见〔美〕菲利普·李·拉尔夫、罗伯特·E. 勒纳、斯坦迪什·米查姆、爱德华·伯恩斯《世界文明史》（下卷），赵丰等译，商务印书馆，1999，第 242~258 页；〔法〕米歇尔·波德：《资本主义的历史：从 1500 年至 2010 年》，郑方磊、任轶译，上海辞书出版社，2011，第 105 页。

多的布匹、服装、酒、枪炮和金属制品等产品销售到非洲等海外市场。第二，大规模机器生产导致欧洲国家对资源和原材料的需求成倍增加（包括黄麻、橡胶、石油和各种金属），而非洲国家拥有丰富的自然资源，且有大量尚未开发的财富，如西非热带森林、象牙、橡胶、钻石和黄金等，这更加激起了欧洲对非洲掠夺的野心。第三，由于国内市场接近饱和状态，欧洲国家的垄断资本在当地的投资利润率很低，为提高盈利空间，迫切需要寻求新的海外投资场所。

尽管究其根源，欧洲资本主义国家瓜分非洲的主要动机是经济上的攫取，但若不借助于工业革命创造的新式武器，欧洲国家也很难实现对非洲实施快速的殖民征服。在工业革命之前的几个世纪，非洲统治者一般还能够倾其所有来抵抗入侵的欧洲军队。那时候，非洲人建有自己的前膛枪兵工厂，并可以熟练使用更加传统的武器和游击战术。然而，在19世纪80年代，由于欧洲武器工业的发展，非洲军队已经大为落后了。首先是后膛多发来福枪的出现，之后是1889年出现的马克沁机枪（Maxim-gun），这是世界上首次出现的高度自动化的近代机械枪支，能够在一秒钟内射出11发子弹。马克沁机枪的出现改变了欧洲人在非洲的军事要塞。在镇压抵抗的最后关头，使用马克沁机枪对欧洲人来说至关重要。[1] 尽管老式、落伍的欧洲枪支已经自由出售给非洲很多年了，但最新式枪支则被限制出售，以此保持欧洲在军事技术上的巨大优势。此外，工业革命还推动了医学研究。1796年，英国医生爱德华·詹纳发明了抗天花的疫苗。19世纪末，随着欧洲化学和制药工业的发展，预防和治疗疟疾的新药奎宁开始大量生产，其他热带疾病的治疗水平也大大提高，从而减少了欧洲人在非洲患病的风险，可以大胆地深入到热带雨林。可见，欧洲工业革命带来的科学技术上的突破，演变成了帝国主义对非洲进行殖民征服和统治的重要工具。

二 西方资本对非洲的垄断性经营

随着工业革命的发展，在欧洲产生了越来越多的大型企业，它们垄断了欧洲重要工业部门的生产经营。此外，银行机构的发展壮大，使得金融

---

[1] 〔美〕凯文·希林顿：《非洲史》，赵俊译，中国出版集团东方出版中心，2012，第381页。

资本规模增加，又进一步促进了实体工业的规模扩张。19 世纪 70 年代以后，欧洲资本主义逐渐发展到垄断资本主义的阶段，表现在以下两个方面。其一，工业革命促进了欧洲国家生产力的不断提高，伴随着生产规模的迅速扩大，19 世纪末期欧洲资本主义的组织结构开始进行调整，组建大型公司。在那之前，大部分厂商都是小型的，至多属于中型，随着工厂的发展以及对资本需求的增加，中小型厂商开始进行合并。当时欧洲大部分国家都鼓励中小型厂商合并，组成大型公司。正是由于大型公司的出现，使得欧洲国家出现了许多垄断资本。其二，大型银行的建立促进了工业企业的规模扩张。早年的欧洲银行几乎都是个人经营的，只接待少数有钱的大客户和大商人，很少与工业界建立业务关系。到了 19 世纪 30 年代，比利时人开的两家大银行领风气之先，以公司的方式组织经营，吸收了许多大大小小的股东。这样，银行扩大了资金来源，储备充盈，形成了大规模的金融资本，从而便有了投资工业的能力，这类银行被称为工业银行。19 世纪 60 年代，工业银行在法国和德国也开始变得举足轻重。它们投资兴建铁路，贷款给大工厂发展重工业。这类银行中最著名的是巴黎工业信贷银行，它投资兴建的铁路遍布法国和欧洲。许多类似的工业银行也将资金投放到工厂和铁路建设，以 19 世纪 80 年代最盛。利用工业银行的金融资本，银行家为欧洲国家提供了实现工业化所需的资金，同时也为自己积聚起大量财富。[①] 例如在德国，大银行推动了高水平的集中，银行促进了卡特尔和纵向、横向一体化的发展，对原料价格施以更有力的控制，并且对出口行为加以协调。到 19 世纪 70 年代为止，德国的钢铁工业已经比英国更加集中了。这一模式在其他部门也得以成功施行。到 1896 年时，银行已经建立起 39 家经营电器产品的公司。其后，银行将产业理顺为两大公司——扩大的通用电力公司和西门子公司。[②]

正是由于大型企业的建立和壮大，使得西方垄断资本具备了海外扩张的实力。在 19 世纪，几乎所有欧洲国家都依赖大量原材料进口来维持其工业生产，因此进口额比出口额要多，为了避免由此产生的日益增多的贸易

[①] 〔美〕约翰·巴克勒、贝内特·希尔、约翰·麦凯：《西方社会史》（第二卷），霍文利、赵燕灵等译，广西师范大学出版社，2005，第 551～552 页。

[②] 〔美〕赫尔曼·M. 施瓦茨：《国家与市场：全球经济的兴起》，徐佳译，江苏人民出版社，2008，第 131 页。

赤字，欧洲国家纷纷进行海外投资，以获取更多的收益来源。① 大约从1840年开始，欧洲资本家开始在国外进行巨额投资。到1914年，欧洲已经在海外投资超过40亿美元。英国、法国和德国是主要的投资国。在1914年以前的20年里，英国将其年均国民生产总值的7%投往海外，超过了它在整个国内的投资。富有而稳健的中产阶级将巨额资金输往海外，以谋求更多的利益。然而，当时大部分欧洲国家的海外投资并没有流向其殖民地或受保护地区，整个欧洲大约3/4的投资都流向了其他欧洲国家、美国和加拿大、澳大利亚和新西兰，以及拉丁美洲。这是因为，欧洲资本所有者发现在这些地方建设铁路、港口等最有利可图，例如在1890年美国修建的铁路中，欧洲人投资占了总资本的1/3。②

尽管如此，殖民时期流入非洲的外国投资仍然主要来自欧洲宗主国。在1917年英美公司成立以后，美国资本也渗入到非洲大陆。据统计，从1870~1936年，西方资本在撒哈拉以南非洲的投资累计为14.56亿英镑，其中对英国殖民地的投资占总投资的77%，对比利时殖民地的投资占11.7%，对法国殖民地的投资占5.7%。③ 在整个殖民时期，法国的海外投资中，流入非洲的占比为9.3%；英国海外资本中流入非洲的占比为21%，其中有15%的英国资本流入到南非。在英国和法国对非洲的投资中，政府投资的比重超过了私人投资。据估算，在英属非洲，英国政府的公共投资占到总投资的47.7%，在法属非洲，法国政府的公共投资占到总投资的61.2%。而比利时对非洲的投资则是以私人投资为主。例如在1956~1958年间，比利时在非洲的私人投资为5.23亿美元，而同期的政府投资为4.44亿美元。④ 毋庸置疑，欧洲殖民宗主国对非洲的"投资"不具有"互利"性质，而是以攫取更多经济利益为首要出发点，欧洲资本纷纷致力于掌控非洲国家的经济命脉，对矿业、农业、对外贸易、金融

---

① 〔美〕菲利普·李·拉尔夫、罗伯特·E. 勒纳、斯坦迪什·米查姆、爱德华·伯恩斯：《世界文明史》（下卷），赵丰等译，商务印书馆，1999，第425~432页。
② 〔美〕约翰·巴克勒、贝内特·希尔、约翰·麦凯：《西方社会史》（第三卷），霍文利、赵燕灵等译，广西师范大学出版社，2005，第161页。
③ 谈世中主编《反思与发展——非洲经济调整与可持续性》，社会科学文献出版社，1998，第4页。
④ Peter Duignan, L. H. Gann, eds., *Colonialism in Africa 1870–1960*, Vol. Four: *The Economics of Colonialism*, Cambridge University Press, 1975, p. 26.

业、交通运输业等关系国计民生的重要行业实行垄断性经营，主要采取如下手段。

（一）通过获得专属开采权实现矿业垄断经营

在前殖民时期，矿业生产是非洲社会经济发展的有机组成部分。但到了殖民时期，随着非洲钻石、黄金等矿产资源的大规模发现，矿业成为外国垄断投资的重要领域。1869~1871 年，在今天南部非洲的金伯利地区发现大量钻石，到 1871 年末，这个后来成为世界上最富产钻石的地方成为英国殖民地西格里夸兰（Griqualand West）。1889 年，由英国移民塞西尔·罗德斯开办的戴比尔斯（De Beers）公司买断了所有其他竞争者的矿井，获得了在金伯利开采钻石的专属权。戴比尔斯公司凭借其垄断权，压低矿工的工资，从中牟取暴利。1886 年，在南部非洲德兰士瓦中部威特沃特斯兰德（Witwatersrand）发现大量黄金，很快来自金伯利的矿业资本家和来自欧洲的银行家就买断了采掘黄金的专有权，并组建了公司。由于开采金矿需要大量的资本和技术投入，这为实力雄厚的矿业资本家实现行业垄断提供了可能。到 19 世纪 90 年代早期，威特沃特斯兰德的采金业就控制在少数几个大公司手中，其中就有塞西尔·罗德斯所有的联合金矿公司。[1]

在尼日利亚，殖民时期的工业生产主要以出口导向的采矿业为主，主要矿产资源包括锡矿、煤炭、黄金等。外国企业控制了采矿部门，它们获取了大量的利润且没有被要求纳税。例如，英国企业联合非洲公司垄断了尼日利亚北部的采矿权。[2] 采铜业是赞比亚国民经济的支柱行业，独立前铜的生产经营控制在以英国和南非资本为主的罗得西亚英美铜矿公司和美国资本的罗昂选矿托拉斯两大公司手中。在塞拉利昂和黄金海岸，钻石业被联合非洲精选托拉斯所垄断，这是一家开采数种矿产资源的跨国公司。塞拉利昂精选托拉斯被授予勘探、开采和处理所有钻石的权利。而殖民当局屈从于国际资本，将当地非洲人排挤出钻石开采这个在当时赚钱最多的产

---

[1] 〔美〕凯文·希林顿：《非洲史》，赵俊译，中国出版集团东方出版中心，2012，第 400~404 页。

[2] 〔美〕托因·法洛拉：《尼日利亚史》，沐涛译，中国出版集团东方出版中心，2010，第 73 页。

业，直至20世纪50年代，政府才使非洲人参与开采钻石合法化。① 西方殖民宗主国的垄断投资彻底切断了矿业生产与当地社会的有机联系，使矿业成为仅面向国外市场的"飞地"活动。

(二) 通过掠夺殖民地土地建立大型农场垄断农业生产

殖民时期，欧洲殖民者从非洲人手里抢夺了大量的肥沃土地，建立大型白人农场，对当地的农业生产实行垄断经营，例如20世纪50年代初，在肯尼亚的白人农场主达到了4000人，占地730万英亩；1953年，阿尔及利亚境内的葡萄园达到了37.8万公顷，其中90%的葡萄园为欧洲人所有。当时阿尔及利亚主要出口产品为本国人不喝的葡萄酒，因此阿尔及利亚成为其殖民宗主国法国的一个"出口生产飞地"。这严重影响了当地粮食作物的生产。到20世纪50年代中期，阿尔及利亚的谷物生产仍旧停留在19世纪80年代的水平上，而人口已经增加了两倍。谷物是阿尔及利亚人的主要食粮，这就意味着饥馑日益严重。举例来说，如果每个居民在1871年全年可以得到5公担（1公担=100公斤）的谷物，到1940年则减少了一半。德国人在喀麦隆、多哥和坦噶尼喀的政策主要就是为了建立白人所有和经营的大型种植园。② 在一些非洲殖民地，非洲人被禁止种植某些作物，以防止威胁到欧洲农场主的垄断地位。例如，在肯尼亚，非洲人不得种植该国最赚钱的经济作物——咖啡，直到20世纪50年代的茅茅运动才打破了欧洲人的这一垄断。

在殖民时期，欧洲人经营的种植园是一些非洲国家经济的重要组成部分，它们将大规模的资本与大量劳动力结合起来，例如，德属东非的西沙尔麻种植园由得到工业和银行资本支持的德国大公司主宰。当地殖民政府给予种植园主以不可估量的帮助，便于它们用压低的工资获得劳动力供应，从而获得超额利润。由于在非洲东部、南部和中部的特定地区内不存在可以赚得货币收入的其他形式，种植园吸引了众多当地劳动力。③ 在非洲，一

---

① 〔加纳〕A. 阿杜·博亨主编《非洲通史第七卷：殖民统治下的非洲1880～1935年》，中国对外翻译出版公司，1991，第325页。
② 〔英〕巴兹尔·戴维逊：《现代非洲史：对一个新社会的探索》，舒展、李力清、张学珊译，中国社会科学出版社，1989，第126～129页。
③ 〔加纳〕A. 阿杜·博亨主编《非洲通史第七卷：殖民统治下的非洲1880～1935年》，中国对外翻译出版公司，1991，第277～278页。

些大型商业公司雇佣欧洲经理来运营其种植园，例比属刚果的联合利华的棕榈油庄园、莫桑比克北部地区的莫桑比克公司的糖料种植园。但是，这些公司主要以压榨当地劳动力获取盈利空间，生产效率不高，也很少在研究、科技和交通领域进行投资。

（三）通过建立大型商业公司垄断非洲的对外贸易

在19世纪80年代之前，非洲繁荣的对外贸易完全掌握在非洲商人手中，包括购买当地物产的商人和向欧洲货运商卖出所购物产的商人，只有少数例外情况。但是从19世纪90年代至20世纪20年代，欧洲对非洲的殖民制度在贸易领域的主要特征就是将非洲人在对外贸易上的垄断权逐步转到欧洲人手中，例如，在英属西非地区，1886年成立的皇家尼日尔公司得到特许权控制了尼日尔河下流一带新宣布的英国保护地，并控制了当地的进出口贸易。1895年成立的西非航运集团，把持着西非的对外贸易。1902年，利弗兄弟买下了皇家尼日尔公司，在1929年将37家公司合并成联合非洲公司，实现了对进出口贸易的控制。一位英国经济学家在20世纪40年代指出，这家公司成了一个庞然大物，连殖民政府也无力与它较量。到1936年，联合非洲公司已经把持了尼日利亚56%以上的棕榈油、棕榈仁、可可和花生等产品的出口贸易。在法属西非地区，欧洲人也逐步把持了当地的对外贸易。1887年成立了法国西非公司（CFAO），其资产达到3000万法郎。1906年成立了西非商业公司（SCOA），初建时期比法国西非公司的规模要小得多。这两家公司的分支机构遍布整个西非。到1940年，西非商业公司拥有的机构达到250家，1939年法国西非公司拥有的机构为411家。[①]

到20世纪40年代前后，非洲地区的对外贸易基本上掌握在少数欧洲大商业公司手里，它们通过给非洲生产者以最低的收购价格，再将产品以高价卖到欧洲市场，从中获取差价。种植经济作物的农民，在过秤、运输、计算收入或预付金方面都有受到欺骗的可能。在殖民经济和宗主国之间存在明显不平等的交换关系，这种不平等的交换反映在非洲农民所得的报酬

---

① 〔英〕巴兹尔·戴维逊：《现代非洲史：对一个新社会的探索》，舒展、李力清、张学珊译，中国社会科学出版社，1989，第133~139页。

很低，而进口的制成品价格相对很高，两者相差悬殊。如果从欧洲进口的产品价格上升，这些商业公司会将上升的部分转嫁到非洲购买者那里。因此，在20世纪初，非洲农民所获得的收入很少，却不得不为进口产品支付高价。

由于经济多样化尚未真正开展，工业化基本上还不存在，传统的贸易经济构成了非洲经济活动的主体，因此在1929~1933年欧美国家经济大萧条时，非洲无力抗拒世界商品价格体系的崩溃，受到的负面影响格外严重。大多数殖民领地都受到了冲击，出口贸易出现大幅下降。举例来说，1929~1933年间，莫桑比克的出口额下降了一半。这种状况一直到20世纪30年代后期才出现真正的转机。由于出口贸易的下降，非洲农民的实际收入急剧减少，但还要承受向殖民政府缴税的巨大压力，因此不得不将更多的土地用于种植经济作物，以获得现金收入来缴纳税款，这也导致了粮食作物种植面积的减少，一旦遇到干旱，就会爆发饥荒。例如，1931年在尼日尔一些地区，饥荒几乎造成了当地一半人口的死亡。①

（四）通过设立银行机构垄断非洲的金融业务

银行是早期垄断资本主义最有权力的机构。殖民时期，银行业是欧洲资本在非洲垄断投资的重要领域。在西非地区，1894年第一家开业的银行是英属西非银行，随后于1926年巴克莱银行开业。在整个殖民统治时期，英属西非的银行业务完全被这两家银行所控制。在英属东非和中非，国民银行和格林德利银行相继出现，不久便控制了当地的金融业。这些银行在非洲垄断金融业务在以下三个方面阻碍了非洲的经济发展：第一，这些银行将所有的资金，包括非洲人的储蓄存款都用于对英国的投资。这意味着，这些银行以牺牲贫穷的殖民地为代价，促进了欧洲宗主国的资本积累，推动了本就富有的宗主国的经济发展。第二，所有这些银行的贷款政策都是歧视非洲企业家而有利于英国人和亚洲人的。第三，由于欧洲人垄断了非洲的银行业，非洲人完全被剥夺了在这一至关重要的领域开拓和实

---

① 〔美〕凯文·希林顿：《非洲史》，赵俊译，中国出版集团东方出版中心，2012，第443页；〔加纳〕A. 阿杜·博亨主编《非洲通史第七卷：殖民统治下的非洲1880~1935年》，中国对外翻译出版公司，1991，第305页。

践的机会。①

到 19 世纪 30 年代，西方资本主义国家在非洲均设立了银行分支机构，包括英国的英属西非银行、巴克莱银行、南非标准银行，法国的西非银行、兴业银行，比利时的华比银行总行、布鲁塞尔银行等。这些西方银行在当时垄断了非洲的金融业务，控制了所在非洲国家的政府财政，成为殖民宗主国对非洲资本输出的执行机构，并通过贷款政策支持西方国家在非洲投资的企业，打击非洲民族工业的兴起。② 通过经营海上保险和支持大资本家的投资企业，银行主宰了殖民经济。它们贷款给当地白人移民和非洲人以外的零售商，并拒绝贷款给非洲人，殖民地的信贷限制法令有力地证明了这种状况。

此外，西方国家的大型银行机构还直接投资于殖民地的实体产业。例如，在比属刚果，1929 年法国兴业银行的投资达到 30 亿金法郎，它控制着 3 家铁路公司、3 家百货公司、2 家银行、12 家矿业公司、6 个种植园、3 家金融公司、11 家工商企业和 1 家房地产公司，也就是说，它控制了几乎所有的矿业生产（铜矿、钻石矿、镭矿和相当一部分金矿）、所有的水泥业和最重要的水电设施。③

（五）通过奴役非洲劳工兴建基础设施进行垄断经营

在非洲的殖民经济中，资本并不是用来调动劳动力并由此获得盈利的唯一手段。相反，利用强制手段的劳动力使用起到了主要作用。在欧洲，随着封建主义的衰落和资本主义的兴起，产生了工人阶级，农民的独立性遭到破坏，失地农民为获得工资收入成为雇佣劳动力。这种资本家和工人的雇佣关系有一种成形的社会机制作为支撑因而比较稳固。而在非洲，殖民主义虽然猛烈地破坏了当地乡村经济的自主性，却没有形成一种社会机制使劳动力成为获取工资的雇用工人。加上欧洲资本家愿意为雇佣劳动力

---

① 〔加纳〕A. 阿杜·博亨主编《非洲通史第七卷：殖民统治下的非洲 1880~1935 年》，中国对外翻译出版公司，1991，第 327 页。
② 谈世中主编《反思与发展——非洲经济调整与可持续性》，社会科学文献出版社，1998，第 5~6 页。
③ 〔加纳〕A. 阿杜·博亨主编《非洲通史第七卷：殖民统治下的非洲 1880~1935 年》，中国对外翻译出版公司，1991，第 303 页。

支付的工资很低，也无法吸引到足够的劳动力参与生产，为获得足够的非洲劳动力，必须要采取强制的手段，或是披着新的殖民政权的法律外衣。在非洲，欧洲宗主国修建铁路等基础设施，若没有强制征用非洲劳动力是无法建成的。最初，非洲殖民地政府采用公开的强迫劳动形式，但是这种残酷的方式容易遭到当地民众反抗。后来殖民地政府便采取一些经济手段来实现征用劳动力，运用税收手段驱使非洲人接受工资劳动，如征收人头税。在整个东非地区，每个强壮成年男子（看上去满18岁者），每年缴纳2先令6便士到5个先令的人头税，但是他一年的现金收入也许还不到40先令甚至低于20先令，这样欠税人将被迫参与修建铁路等基础设施（或在矿山、种植园中劳动）。

为了方便非洲的农矿初级产品运输到海外市场，欧洲宗主国在非洲相继投资兴建铁路、港口等交通基础设施。由于矿业在非洲殖民地经济中占据主导地位，为保证从中持续获取利益，殖民地政府积极地为矿业投资和矿业公司雇佣劳工提供政治和法律保障，并致力于发展必要的交通基础设施。在第二次世界大战之前的数十年里，撒哈拉以南非洲地区超过一半的公共基础设施投资都用于修建交通设施，特别是与矿区相连接的铁路。修建铁路就是为了加强矿区的"飞地"与外部世界的联系。[1]

在非洲殖民地，绝大多数铁路都是由欧洲政府或官方机构投资修建、拥有和掌管，且绝大多数的铁路从海岸直通内地经济作物或矿产资源产地，连接殖民地之间的铁路只修建了几条，而在南罗得西亚和南非修建了一些比较高级的铁路交通网，主要目的是把散布很广的矿区和白人移民农业区连成一片，并为这两种地区服务。英属西非的第一条铁路是19世纪90年代在塞拉利昂修建的，之后不久，其他领地也纷纷效仿。尽管殖民时期非洲的铁路基础设施主要由殖民政府投资建造，但是也并不排除私人公司的参与。例如，贯穿南、北罗得西亚的南北走向的主干线是南非铁路系统的延伸，由英国南非公司修建，主干线于1905年修抵利文斯顿（当时北罗得西亚德首府），翌年修达布罗肯希尔。在塞拉利昂，1933年以来一直在马兰帕开采铁矿的塞拉利昂开发公司，在20世纪30年代初期修建了一条从马兰帕

---

[1] Economic Commission for Africa & African Union, *Minerals and Africa's Development: The International Study Group Report on Africa's Mineral Regimes*, November 2011, pp. 12–13.

至其公司装卸码头佩佩尔的83公里长的铁路，此线路为该公司专用。在比属刚果，投资建设铁路的资金从1920年的4.8亿金法郎增至1935年的5.35亿金法郎，永久性铁路长度达到2410公里。1934年，获得的运输收费达到了1.03亿金法郎。由于获益较大，当时人们把修建铁路视为不可多得的投机事业而不是公共服务事业，其目的不是提高运输量，而是增加利润，达到此目的的途径就是拼命提高运费率。

航运是交通基础设施的一个组成部分，它在非洲殖民时期以前已经存在，但在殖民统治时期增加了其重要性。在英属西非，航运业到1900年时被名为老登普斯特航运有限公司的英国公司所控制。这家公司是所有在非洲西海岸经营的英国航运公司于1890年合并的产物。1895年，该航运公司与一家名为沃尔曼的德国航运公司达成彼此不展开竞争的协议，因而得以制定较高的运费标准以获得更多利润。在东非和南部非洲，控制航运业的是联合卡斯尔航运公司。[①] 可见，殖民时期在非洲兴建交通基础设施的初衷并不是促进经济增长，而是为了实现垄断经营，从收取运费中牟取巨额利润。

综上所述，殖民时期西方资本对非洲关键性行业采取垄断经营，旨在从中攫取巨额利润。这种短期内大规模的掠夺和开发，彻底打断了非洲国家民族资本的孕育和发展，当地民众也被拖入贫困的深渊。正是如此赤裸裸的剥削和压榨，使独立之后的非洲国家谋求自主发展道路增添了无尽的苦难和艰辛。

第二节　独立以来非洲外国直接投资发展特征

第二次世界大战后，非洲民族主义运动风起云涌，争取独立的斗争此起彼伏。1951~1959年，有7个非洲国家率先独立，分别是利比亚（1951年）；埃及（1951年）；摩洛哥、苏丹、突尼斯（1956年）；加纳（1957年）；几内亚（1958年）。更多非洲国家的独立时间集中在1960年之后，其中1960年被称为"非洲独立年"，因为这一年有17个非洲国家获得独立。

[①] 本部分内容参见〔加纳〕A.阿杜·博亨主编《非洲通史第七卷：殖民统治下的非洲1880~1935年》，中国对外翻译出版公司，1991，第274、275、306、331、332页；〔英〕巴兹尔·戴维逊：《现代非洲史：对一个新社会的探索》，舒展、李力清、张学珊译，中国社会科学出版社，1989，第117页。

一 外资政策演变

在非洲历史的发展长河中，非洲受到欧洲人的入侵与统治的年代只是一个短暂的插曲。但是非洲在这短暂的时间里所经历的变化对它的影响比它以往所经历的要更深远也更加迅速。[①] 独立以来，非洲经济发展战略经历了从"内向封闭发展"到"对外开放市场"的转变；相应地，非洲政府对待外国投资也出现了从排斥到鼓励的政策转变。

（一）1960~1979年：实行"极度排斥和严格限制"的外资政策

殖民时期留给独立后非洲国家的"经济遗产"主要表现在国民经济过度依赖于少数几种初级产品的生产和出口，工业化水平极低。由于殖民时期非洲国家的经济发展主要是为了配合殖民宗主国的需要，生产的产品，无论是可可、咖啡等经济作物，还是铜、钻石等矿产品，都是未经加工就出口到了欧洲市场；相应地，殖民地则从国外，主要是宗主国进口制成品。[②] 这种分工模式决定了非洲国家无法建立强大的民族工业，只能在经济上依附于欧洲国家。

在殖民时期，欧洲大公司垄断非洲国家的经济命脉，大多数非洲本土企业的经营范围仅限于最低水平的商业活动，私人企业从事的多是一些小规模的商业活动，只有很少数的非洲人建立了较大的民族企业，而且掌握管理技能的非洲人非常少，商业银行也不愿意向非洲人提供信贷便利。这种状况延迟了独立前非洲本土中产阶级的发展。为了摆脱外国资本对国民经济的过度控制，从20世纪60年代初期起，非洲国家开始实施经济社会主义改造，实行公有制和国有化战略，采用行政命令或是法律干预的手段，将原本外国人所拥有的贸易、矿山与工业、银行与保险公司、农场与其他资产收归国有。独立初期非洲国家建立起很多国营企业。[③] 非洲国家对外国

---

① 〔英〕罗兰·奥利弗、安东尼·阿特莫尔：《1800年以后的非洲》，李广一等译，商务印书馆，1992，第338页。
② 〔英〕威廉·托多夫：《非洲政府与政治》（第四版），肖宏宇译，北京大学出版社，2007，第7~8页。
③ 〔英〕威廉·托多夫：《非洲政府与政治》（第四版），肖宏宇译，北京大学出版社，2007，第39页。

企业和农场实行国有化政策,大力发展国营经济,目的是为了加强政府对国民经济的控制,尽快建立自己的经济体系。在这方面,埃及、几内亚、马达加斯加、马里、坦桑尼亚、苏丹等国家都很突出。埃及从1956年起对英国和法国的资产实施国有化,不久便将整个经济命脉掌握在国家手中。赞比亚在独立后的十年中,将矿业、交通运输等外国企业收归国有。坦桑尼亚在1967年发表《阿鲁沙宣言》后,大力推行国有化运动,先后把所有的私人银行和保险公司、部分进出口公司和剑麻种植园国有化。大多数非洲国家对外资企业采取了赎买和参股的温和方式,使这些原来的外资企业逐步改造成为以国家资本为主的企业。在对外资实行国有化的同时,非洲国家投资建立了一批国营企业,并且使国营企业在国民经济中逐步占据主导地位。[①]

在独立初期,尽管非洲国家为改造殖民主义遗留下来的单一经济结构采取了许多措施,但是难以在短期内彻底改造。单一经济结构由于过度依赖于变幻莫测的世界市场,一旦贸易条件恶化,出售的初级产品价格下跌,国民经济便容易陷入困境。尤其是在国际经济形势低迷时期,发达国家为了转嫁危机,一方面压低初级产品价格,另一方面又提高工业制成品价格,使得非洲国家的贸易条件更加恶化,蒙受双重损失。为此,独立初期许多非洲国家领导人努力寻求改变这一不利地位的新途径,以实现经济多样化发展,改变依靠单一经济作物或矿产品出口的局面。

尽管经过了几十年的殖民统治后,非洲国家纷纷取得了独立,但欧洲国家在非洲已经建立了以工业革命为基础的牢固的经济制度,这种制度在独立之后没有真正受到影响。人们将这种经济制度称为发展。独立初期的非洲国家认为发展就是要赶超欧洲发达国家,这种理念扎根到非洲领导人的内心深处。当时许多非洲国家试图以工业化带动整个经济的增长,千方百计地加快工业化速度。[②] 20世纪60年代,非洲第一代领导人在谈到发展经济时,设想要用高速度赶上西方国家,当时流行着一句话:"它们(西方国家)走路,我们要学会奔跑。"为推动本国工业的发展,非洲国家政府纷

---

① 舒运国:《失败的改革——20世纪末撒哈拉以南非洲国家结构调整评述》,吉林人民出版社,2004,第18页。
② 参见〔法〕勒内·杜蒙、玛丽-弗朗斯·莫坦《被卡住脖子的非洲》,隽永、纪民、晓非译,世界知识出版社,1983,第27页。

纷提倡实施进口替代工业化发展战略。

进口替代工业化发展战略是内向型工业化发展战略，其基本内容是：通过保护政策，发展满足国内市场需要的制造业，以本国生产的工业制成品取代进口产品，为最终实现工业化奠定基础。进口替代工业化是后进国家追赶先进国家采用过的一种保护国内工业的传统政策。独立初期的非洲国家选择进口替代工业化发展战略，试图以此赶超发达国家，争取经济上的独立自主。埃及早在1957年就成立了国家计划委员会，制订了经济发展计划，1957～1975年连续执行了三个五年发展计划，重点是发展基础工业，以实现工业制成品进口替代目标。尼日利亚在独立后推行进口替代工业化发展战略，在投资、税收、进口等方面对本国工业予以保护。1979年尼日利亚颁布了促进本国工业发展的法令，其中规定360多种产品禁止进口，政府还特别鼓励本国企业投资于新兴工业部门，给予它们3～5年的免税期。从独立到20世纪80年代中期，尼日利亚连续实施了四项经济发展计划，推进工业化进程，总计投资1306亿奈拉，重点发展石油工业、电力工业、运输业和钢铁等工业。[①]

经过多年发展，进口替代工业化战略对推动非洲工业化和市场经济的发展起到了一定作用。到20世纪80年代，许多非洲国家的民族经济体系初步建成，工业部门实现了较快的发展。例如，阿尔及利亚从1967年开始推行进口替代工业化发展战略以来，工业产值占国内生产总值的比重由独立之初的35%提高到1980年的57%。这期间，工业生产年增长率保持在10%以上。尼日利亚已经能够生产纺织、食品、饮料、药品、家用电器等日常消费品，减少了对进口的依赖，消费品进口额占进口总额中的比例由1960年的61%下降至1974年的29.2%。尽管进口替代工业化战略取得的成果不少，但不良影响也很多，表现如下：第一，由于受到国家的过度保护，进口替代工业的发展与外部竞争环境相隔离，缺乏来自国外同类产品的竞争压力，缺乏利用先进技术，更新设备，降低生产成本和提高产品质量的动力，因而经济效益较差、缺乏活力。第二，为保护民族工业，对外资实行过严的限制政策，不利于对外部资源的利用，造成资金短缺，特别是随着

---

① 陆庭恩：《非洲问题论集》，世界知识出版社，2005，第491～492页；〔英〕威廉·托多夫：《非洲政府与政治》（第四版），肖宏宇译，北京大学出版社，2007，第4页。

进口替代向纵深发展，替代工业向资本密集型转移时，资金供求矛盾愈加突出。第三，进口替代以满足国内市场为目的，忽视了对国际市场的利用和开拓，随着国内市场日趋饱和，产品销售趋于困难，甚至难以扩大再生产，导致经济停滞。第四，进口替代虽然减少了某些产品的进口，但是每个国家都需要进口一些本国无法供应的产品，如原料、机器和零件等。一个国家工业化水平越高，对这些进口产品的需求就越多，这就是经济学家卡洛斯·迪亚兹·阿莱扬德罗所说的"进口替代的进口强化"。贸易保护和估值过高的汇率提高了国内商品的价格，使得出口商品缺乏竞争力，导致国际贸易和收支长期不平衡。第五，对进口替代工业的过分保护和扶植，势必忽视了农业和其他工业的发展，导致国民经济部门和工业内部发展不平衡，使各集团、各阶层间收入分配更加不均。①

综上所述，独立初期的非洲国家政府是经济活动的主体，采用行政或法律手段来干预经济生产，政府指导国内投资并制定汇率、价格、利率和进出口配额，市场对经济的调节作用被严重忽视。政府对私人资本从事的生产和服务领域加以限定，并且禁止私人资本直接从事特定商品（如咖啡、可可、香蕉）的海外贸易。政府对国民经济的过度干预政策，导致非洲国家的公共部门规模庞大，而私人部门难以发展壮大。② 由于过度排斥外国资本和国有化程度过高，一些非洲国家的私营资本无法充分发挥市场调节作用，最终给国家经济带来了灾难性的后果。

（二）1980~1995年："从过度排斥到逐渐开放"的外资政策转变

20世纪60年代至70年代，非洲国家政府对经济干预过多及片面追求工业化发展的政策，造成了许多严重阻碍经济发展的弊端。例如，许多非洲国家的国有经济在国民经济中的比重过大，限制了私人资本的发展，而且国有经济效益低下，许多国营企业长期亏损；许多国家不顾国力、不顾效益，片面追求工业化带来的低效率、高浪费，对经济发展造成严重的负

---

① 谈世中主编《发展中国家经济发展的理论和实践》，中国金融出版社，1992，第409~411页；〔美〕杰弗里·弗里登：《20世纪全球资本主义的兴衰》，杨宇光等译，上海人民出版社，2009，第322~323页。
② George Saitoti, *The Challenges of Economic and Institutional Reforms in Africa*, Ashgate Publishing Limited, 2002, pp. 9 – 10.

面影响；由于轻视农业导致了农业生产出现严重问题，农产品结构单一问题没有解决，粮食自给率低等。

尽管工业化战略的实施在短期内实现了经济增长，但由于未能实现经济多样化，导致非洲经济增长的动力和后劲不足。非洲工业增长率从1965～1973年的8%，下降到1973～1980年的4%。[1] 在20世纪60年代，初级产品出口占非洲出口总额的80%，到了20世纪80年代，这一数字仍然没有多大变化。[2] 工业化发展战略并没有帮助非洲国家实现出口结构的多元化。欧洲国家在工业革命之前，就实现了农业革命，农业生产取得了很大的发展，劳动生产率也大大提高，这为工业革命提供了资本和劳动力的坚实基础，工业革命随后得到顺利发展。而农业作为非洲最重要的基础部门却被长期忽视，在1965～1985年间，非洲农业增长率低于人口增长率，又在这期间受到多次旱灾的影响农业生产进一步倒退，粮食自给率在20世纪80年代下降到50%，进口需求剧增。正是由于农业发展的滞后，非洲的工业化也未取得实质性的进展。由于非洲国家人均收入水平低，储蓄率低，国内资本形成水平也很低。工业化水平低和国内资本形成水平低，导致非洲国家面临严峻的内部发展约束。

20世纪70年代末到80年代初，非洲国家仍然面临着严峻的外部发展约束。一是世界市场对初级原料产品的需求下降，非洲国家的出口损失巨大，财政状况恶化。二是许多非洲国家认为当时全球经济衰退是个短期现象，很快就会恢复，因此为了弥补财政赤字和贸易赤字，资金短缺严重的非洲国家纷纷举借外债，导致外债快速增长，非洲国家的外债负担加重。三是发达国家对非洲的官方发展援助下降，对援助依赖程度高的非洲国家影响很大。四是非洲国家普遍经济增长率低，人均收入水平低，经济结构不合理，这些对外国直接投资决策具有决定性影响的因素在非洲均处于劣势。因此，外资流入非洲的规模很低，且集中在少数资源型国家，很难成为替代外援和外债的新的增长动力来源。

正是由于在20世纪70年代末到80年代初非洲所面临的内部和外部的

---

[1] UNCTAD, *Economic Development in Africa—Rethinking the Role of Foreign Direct Investment 2005*, New York and Geneva, 2005, p. 28.

[2] George Saitoti, *The Challenges of Economic and Institutional Reforms in Africa*, Ashgate Publishing Limited, 2002, p. 11.

发展约束，非洲国家经济普遍陷入低迷乃至倒退（见图2-1）。非洲实际GDP增长率从1979年的4.7%一路下滑至1981年的-0.3%，1970~1980年，非洲实际人均GDP增长率为1.43%。[1] 为应对日益严峻的经济形势，非洲国家在20世纪80年代开始纷纷进行市场导向的经济调整战略，逐步放松政府对经济的行政管制，让市场发挥作用，将部分国有企业私有化，并且实行对外开放和吸引外资的政策，力争促进经济可持续健康发展。20世纪80年代中期以后，大多数非洲国家进行了大范围的经济调整计划，包括实现政治和宏观经济的稳定，贸易和投资的自由化，国有企业的私有化，减少政府的行政干预等。到1988年，超过20个国家修改或引入了新的外国投资法。[2]

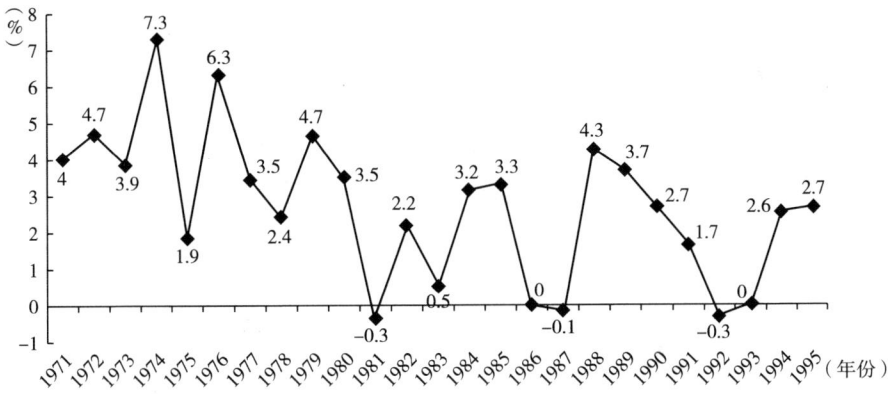

图2-1 1971~1995年非洲实际GDP增长率变动
资料来源：联合国贸易与发展会议数据库，http://unctadstat.unctad.org/。

尽管如此，由于非洲经济增长面临的内部约束很难在短期内打破，外部约束受制于世界经济形势的低迷，因此即便实行了经济结构调整战略，大多数国家的经济状况也未能在短期内出现实质性的改观，仍然经历了超过10年的经济低迷期。

（三）1996年至今：趋向"自由开放和制度化"的外资政策

20世纪90年代中期以来，非洲经济状况持续好转，地区冲突和战乱逐

---

[1] 联合国贸易与发展会议数据库，http://unctadstat.unctad.org/TableViewer/tableView.aspx。
[2] Ludger Odenthal, "FDI in Sub-Saharan Africa", *OECD Working Pakper No. 173*, March 2001, p. 14.

渐平息，政治民主化进程在加快。为应对全球化挑战，非洲国家加快了经济改革和区域一体化的步伐，努力改善投资环境。1990年以来，非洲经济出现了持续增长的态势。1990~1995年，非洲年均经济增长率仅为1.55%，到1996~2000年，提高到3.58%，2000~2005年提高至4.98%，2005~2012年为4.65%（见图2-2）。概括来说，非洲大陆快速的经济增长主要受益于以下因素的驱动：（1）许多国家政府完善了宏观经济管理，宏观经济稳定性提高；（2）国际市场对于非洲主要出口商品的强劲需求带动了出口价格的走高，特别是原油、金属等矿产品价格的不断攀升，改善了非洲国家的贸易条件；（3）大部分非洲国家的政治稳定性加强，地区冲突和战乱有所平息；（4）非洲国家的商业环境有所改善，私人资本流入增加；（5）非洲区域一体化进程加快，非洲大陆内部的跨国投资快速增长。

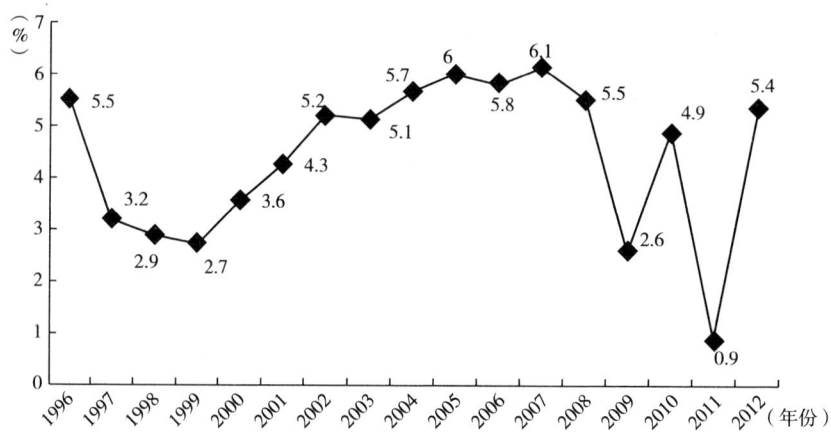

图2-2　1996~2012年非洲实际GDP增长率变动
资料来源：联合国贸易与发展会议数据库，http://unctadstat.unctad.org/。

这一时期，有更多的非洲国家加入到吸引外资的行列中来，对待外资的政策趋于自由开放和制度化。为了达到吸引外资的目的，非洲国家政府致力于建立稳定的法律和财政体系，包括稳定的法律体系、合同的公信力、有保证的财政体制、利润返还和外汇留成等。当然政府也期望在增加的收入中得到合理的份额。[①] 到1997年，非洲最不发达国家对外国资本和股息

---

① UNCTAD, *Economic Development in Africa—Rethinking the Role of Foreign Direct Investment 2005*, New York and Geneva, 2005, p.42.

汇出采取了自由和相对自由的政策。截至1998年，已经有45个非洲国家建立了针对外国直接投资的制度框架，包括建立投资促进机构、便利外国投资的政策措施、建立特定的区域吸引外国直接投资（如出口加工区）。非洲国家还重视签订国际协定，为外国投资者提供法律保障。非洲国家签订的双边投资协定（BITs）的数量从1970年的41个，增加到2009年的772个；签订的避免双重征税协定（DTTs）的数量从1970年的68个，增加到2009年的516个。[1]

尽管许多非洲国家的投资环境仍然充满着复杂性和变动性，为了持续而稳定地吸引外国直接投资，各国政府纷纷致力于改善制度环境，制定并完善对外资的鼓励政策，努力改善商业环境。许多非洲国家进行了经济体制改革，经济自由化、私有化进程在加快，吸引外资的商业环境逐步改善。例如，佛得角、莫桑比克、尼日利亚、塞内加尔、坦桑尼亚和乌干达在国际货币基金组织的政策支持工具（PSI）[2]指导下，成功实行经济改革，国家经济得到快速发展。莫桑比克、加纳、乌干达等国非常重视推动经济的私有化和自由化，以激励外国直接投资的大规模流入。2004年，许多非洲国家采取经济改革措施，改善投资环境，以吸引更多的外国直接投资。阿尔及利亚、刚果（金）、埃及、加纳、马达加斯加、毛里塔尼亚、毛里求斯、塞内加尔、坦桑尼亚和乌干达普遍简化了外国直接投资的规章制度，其中包括建立更为透明的外国直接投资管理体制。肯尼亚通过了投资促进法。埃及启动了包括简化投资程序在内的许多措施，并通过了反托拉斯法。2007年有10个非洲国家修订了关于外国直接投资的法律法规，以提供更加便利的投资环境。佛得角简化了批准外国投资的程序，并且所有的工业领域都对外国投资开放，其中重点领域为轻工业、旅游和渔业。埃及简化了建立特别投资区的程序。2008年，布隆迪制定了新的投资法规以吸引更多的外国投资。毛里求斯颁布执行了竞争法，对垄断行为进行限制。在世界

---

[1] M. M. Sichei & G. Kinyondo, "Determinants of Foreign Direct Investment in Africa: A Panel Data Analysis", *Global Journal of Management and Business Research*, Vol. 12, 2012, p. 85.

[2] PSI 是指，IMF 在不提供任何资金的情况下，针对低收入国家而制定的新型政策支持工具，它通过为这些国家提供技术援助和经济政策监控，从而帮助受援国强化政府支出政策及公共支出管理系统，让政府支出更有效率和透明化及提升政府治理效能等。该项政策工具所要实现的目标包括宏观经济稳定、债务可持续承受、金融部门深化改革和改善公共部门金融管理等。

银行 2010 年的营商环境报告中，46 个非洲国家中有 29 个国家实行了 67 项改革政策，其中有接近一半集中在使开办企业更加便利或者跨境贸易更加容易。世界银行的研究表明，在矿业、农林业、轻工制造业和电力行业，撒哈拉以南非洲地区外国投资者的持股比例平均超过 90%，在尼日利亚这些行业的外资持股比例更高达 100%。（见表 2-3）

表 2-3 撒哈拉以南非洲地区的外资股权指数

外资股权指数 （100.0 = 100% 外资股权所有）	尼日利亚	撒哈拉以南非洲地区 平均值（21 个国家）	全球平均值 （87 个国家）
矿业	100.0	95.2	92.0
农业和林业	100.0	97.6	95.9
轻工制造业	100.0	98.6	96.6
电信业	100.0	84.1	88.0
电力行业	100.0	90.5	87.6
银行业	70.0	84.7	91.0
保险业	100.0	87.3	91.2
运输业	100.0	86.6	78.5
传媒业	100.0	69.9	68.0

资料来源：The World Bank, *Investing Across Borders 2010: Indicators of Foreign Direct Investment Regulation in 87 Economies*, 2010。

当然为了阻止跨国公司长驱直入本国经济，非洲国家仍然对引进外资施加一些必要的限制，在外资持股比例、雇佣本地员工、本土企业参与度等方面做出强制性规定。例如，2009 年尼日利亚对外资加强了限制，增加了本地化程度的要求，阿尔及利亚对特定行业的外资所有权做出了限定。但是这种政策限制不能简单地理解为是对外资的排斥，而是政府更加理性地对待外资流入，让其更好地适应当地经济发展的一种政策引导。总体而言，非洲国家对待外国直接投资的政策趋势是更加自由开放和制度化，并期待通过利用外资获取长期的经济利益。

二　外资流入规模

大多数非洲国家在 1970 年都实现了独立。根据联合国贸易与发展会议数据库的统计年限，在此以 1970 年作为起点，对独立以后的非洲外国直接投资状况进行论述。按照1970年以来非洲外国直接投资流入规模变动情况，大致可以分为三个发展阶段：

第一阶段：1970~1989年，非洲外国直接投资流入规模低水平徘徊时期。20世纪80年代，随着科学技术的突飞猛进，特别是交通和通信技术的发展，全球资本流动出现快速增长的态势。全球外国直接投资流入额从20世纪70年代的年均239.7亿美元，猛增至20世纪80年代的年均929.3亿美元，增长了2.87倍。反观非洲国家，20世纪70~80年代，由于大多数非洲国家的经济状况低迷甚至濒临崩溃，人均收入水平停滞不前，加之对外资采取限制和排斥的政策，外国直接投资流入的绝对数额很低，1970~1979年、1980~1989年的外资年均流入额分别仅为11.24亿美元和22.02亿美元，处于低水平徘徊时期。

第二阶段：1990~1999年，非洲外国直接投资流入规模缓慢上升时期。20世纪90年代，全球外国直接投资流入额继续呈现飞速发展的态势，年均流入额达到4027.1亿美元，比20世纪80年代增长了3.3倍。1990~1999年间，由于非洲国家经济形势普遍有所好转，经济调整取得初步成效，投资环境有所改善，非洲外资流入额呈现稳步增长的态势，年均外资流入额为67.41亿美元。这一时期，尽管非洲外国直接投资流入量有所增长，但是由于增速远不及其他发展中国家，导致非洲外资流入额占世界和发展中国家的比重出现大幅下滑。非洲占世界和发展中国家外资流入总额的比重分别从20世纪80年代的2.4%和10.7%，下降到20世纪90年代的1.7%和5.7%。

第三阶段：2000年以来，非洲外国直接投资流入规模迅猛增长时期。跨入21世纪以来，随着全球化浪潮的日趋深入，全球外国直接投资流入额继续保持高速增长，2000~2005年和2006~2011年的年均流入额分别高达8667.1亿美元和15960.3亿美元。发展中国家在世界经济中的融合度逐步加深，资本全球化的迅速蔓延使得发展中经济体的外资流入急剧增加。受益于21世纪初全球经济的普遍繁荣，非洲大陆改变了20世纪80~90年代经济增长缓慢的状况，宏观经济形势整体趋好，许多非洲国家采取鼓励外资流入的政策，吸引了全球投资者的关注，非洲大陆的外资流入规模也显著增加。非洲外资流入规模从2000年的96.2亿美元，迅速提升至2008年的588.9亿美元，增长了4倍。随后受国际金融危机的负面影响出现下降，

2012年非洲外资流入额为500.4亿美元。这一时期，非洲外资流入数额的大幅增加主要有两方面原因：第一，随着发展中经济体的繁荣，石油、矿产品等初级产品在国际市场上的需求量日益增加，导致非洲资源驱动型的外资流入日趋增多；第二，一些非洲国家的私有化进展较快，商业环境逐步改善，市场驱动型的外资流入也不断增加。

自2000年以来，外国直接投资对非洲资本形成和经济总量的贡献有所增加。2000年，非洲外国直接投资流入量占资本形成总额的比重为9.2%，2008年提升至15.7%。2009年以后，受全球经济危机的冲击，非洲外国直接投资流入量出现下滑，随之外资流入量占资本形成总额的比重也有所下降，2012年为10.8%。2000年以来，非洲外国直接投资流入存量占国内生产总值的比重呈现出增长态势，从2000年的25.6%，提高到2009年的33.2%（见表2-4和图2-3）。2001~2011年，外国直接投资占到非洲固定资本形成总额的16%，而全球范围内，这一比重平均为11%。[①] 总体来说，外资流入对非洲资本形成的重要性不断上升。当前外国直接投资已经成为非洲大陆外部资金流入的重要来源。

表2-4 1980~2012年非洲FDI流入状况

年份	GDP总额（百万美元）	资本形成总额（百万美元）	FDI存量（百万美元）	FDI流量（百万美元）	FDI存量/GDP总额（%）	FDI流量/资本形成总额（%）
1980	434443	119932	41097	400	9.5	0.3
1985	398556	79971	42898	2442	10.8	3.1
1990	495089	100735	60675	2846	12.3	2.8
1995	536042	102858	89308	5907	16.7	5.7
2000	599609	104884	153742	9621	25.6	9.2
2005	1010166	199677	262455	30913	26.0	15.5
2006	1151294	233686	316345	36575	27.5	15.7
2007	1340463	294534	394051	51274	29.4	17.4
2008	1580731	374358	394528	58894	25.0	15.7
2009	1493719	360517	495898	52964	33.2	14.7

---

① African Development Bank, OECD, UNDP, *African Economic Outlook 2014*, 2014, p.52.

续表

年份	GDP总额（百万美元）	资本形成总额（百万美元）	FDI存量（百万美元）	FDI流量（百万美元）	FDI存量/GDP总额（%）	FDI流量/资本形成总额（%）
2010	1747851	409249	566660	43582	32.4	10.6
2011	1912609	415119	582004	47598	30.4	11.5
2012	2028320	463282	629632	50041	31.0	10.8

资料来源：联合国贸易与发展会议数据库，http://unctadstat.unctad.org/。

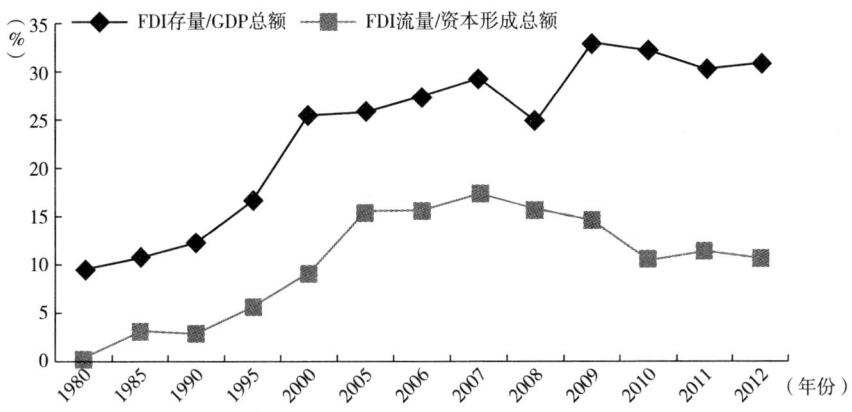

图2-3 非洲FDI流入量占资本形成总额和GDP总额的比重变动

资料来源：联合国贸易与发展会议数据库，http://unctadstat.unctad.org/。

尽管2000年以来非洲外资流入的绝对数额呈现了较大幅度的提升（见图2-4），但是非洲在世界外资流入格局中的地位却仍不及20世纪70年代的水平。20世纪70年代非洲外资年均流入额占世界和发展中国家外资年均流入额的比重分别为4.7%和19%，但是到2012年这两个比例分别下降为3.7%和7.1%。而同期，亚洲发展中国家占世界和发展中国家外资流入总额的比例分别从20世纪70年代的7.9%和32.1%，一跃上升到2012年的30%和57.9%（见表2-5）。这种状况的产生受到政治环境、安全形势、宏观政策、商业潜力等多重因素的影响。从外资政策角度来说，非洲国家比其他发展中国家实施外资鼓励政策的时间都要晚。独立以来，许多非洲国家对私人资本采取排斥的政策，对于外国直接投资更是如此，一度以"国有化"政策来抵制外国投资。尽管在其他发展中国家也曾出现过类似的状况，但是都在相对较短的时间内转变了外资政策，也就是说从抵制到鼓励外资流入的政策转变比起非洲国家来说要早得多。例如，非洲国家大规模的私有化进程发生在 20 世纪 90 年代中期以后，比很多发展中国家要晚得多，而且许多非洲国家的政府官员仍然对私有化存有疑虑。① 直到 20 世纪 90 年代中期以后，非洲国家才转向积极鼓励外资流入的政策措施。

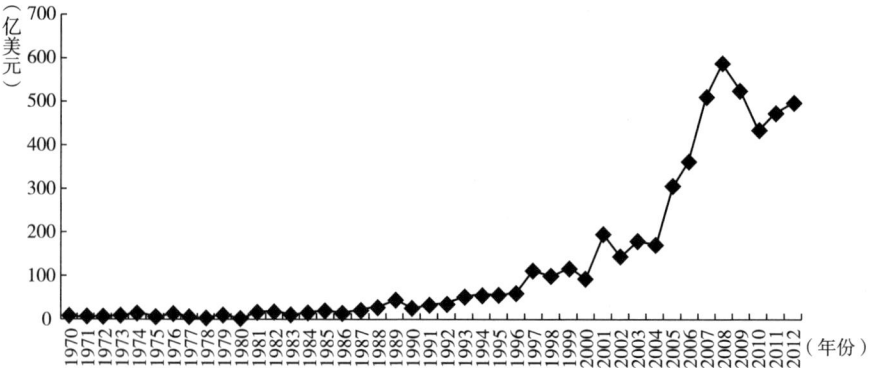

图 2-4　1970~2012 年非洲外国直接投资流量变动

资料来源：联合国贸易与发展会议数据库，http://unctadstat.unctad.org/。

表 2-5　1970~2012 年非洲在全球 FDI 流入格局中的地位

单位：百万美元

年份 类别	1970~ 1979	1980~ 1989	1990~ 1999	2000~ 2005	2006~ 2011	2012
全球 FDI 流入总额	23969	92928	402709	866712	1596034	1350926
发展中国家	5921	20627	118673	244393	598758	702826
非洲	1124	2202	6741	18436	48481	50041
美洲	2818	6576	42006	76596	178390	243861
亚洲	1902	11696	69651	148998	369750	406770
其中：中国	0	1619	29043	54480	99711	121080
大洋洲	—	—	275	363	2137	2154
发展中国家占全球比重（%）	24.7	22.2	29.5	28.2	37.5	52.0
非洲占全球比重（%）	4.7	2.4	1.7	2.1	3.0	3.7

---

① Ludger Odenthal, "FDI in Sub-Saharan Africa", *OECD Development Centre*, March 2001, p. 13.

续表

年份\类别	1970~1979	1980~1989	1990~1999	2000~2005	2006~2011	2012
美洲占全球比重（%）	11.8	7.1	10.4	8.8	11.2	18.1
亚洲占全球比重（%）	7.9	12.6	17.3	17.2	23.2	30.0
其中：中国占全球比重（%）	0	1.7	4.1	6.3	6.2	9.0
大洋洲占全球比重（%）	—	—	0.1	0.1	0.1	0.2
非洲占发展中国家比重（%）	19.0	10.7	5.7	7.5	8.1	7.1
美洲占发展中国家比重（%）	48.6	31.9	35.4	31.3	29.8	34.7
亚洲占发展中国家比重（%）	32.1	56.7	58.7	61.0	61.7	57.9
其中：中国占发展中国家比重（%）	0	7.8	24.5	22.3	16.7	17.2
大洋洲占发展中国家比重（%）	—	—	0.2	0.2	0.4	0.3

资料来源：联合国贸易与发展会议数据库，http://unctadstat.unctad.org/。

综上所述，尽管自2000年以来，在世界外资流入格局中发展中经济体的外资流入量在急剧增加，并且成为带动全球直接投资增长中的重要力量，但是非洲作为发展中国家最为集中的大陆，其外资流入额的增幅却远低于亚洲等发展中国家的增长速度，由此引致其在世界和发展中国家外资流入格局中处于边缘化的地位。

三 外资来源结构

长期以来，发达经济体都是非洲大陆最重要的外国直接投资主体。近年来，以金砖国家为代表的新兴经济体迅速崛起为非洲外国直接投资的新兴投资主体。随着区域一体化的稳步推进，非洲大陆内部的跨国投资潜力日益增加。

（一）发达经济体

在发达经济体中，英国、法国、美国、德国是非洲传统的外国直接投资来源国。1980~1995年流入非洲的外国直接投资主要来自法国和英国，这两个国家占非洲外资流入总额的50%以上。[1] 2000年以前，流入非洲的

---

[1] UNCTAD, *Economic Development in Africa——Rethinking the Role of Foreign Direct Investment 2005*, New York and Geneva, 2005, p.9.

FDI 中，绝大多数来自美国、法国和英国等少数几个发达国家。在 1996~2000 年，仅美国一国就占来自发达国家总投资流量的 37% 以上，法国和英国分别占 18% 和 13%。1996~2000 年，美国在北非和撒哈拉以南非洲地区的 FDI 都有所增长：美国在北非的投资从以前两个时期的大量撤资（1986~1990 年为 -5.81 亿美元，1991~1996 年为 -4.54 亿美元），转变为 38 亿多美元；而在撒哈拉以南非洲地区的投资也从长期以来相对较低的水平（1986~1990 年 9.86 亿美元，1991~1996 年 1.06 亿美元），增加到 1996~2000 年的累计近 50 亿美元。美国跨国公司在南非的投资非常活跃，频繁购回它们在种族隔离时期撤出该国时所出售的子公司。与此同时，来自美国的 FDI 也进入了撒哈拉以南非洲的其他国家。例如，安哥拉和非洲西海岸地区新发现的石油和天然气资源勘探与开发中，美国跨国公司就充当了先行者。20 世纪 90 年代中后期，除了传统投资主体之外，日本、加拿大、荷兰、挪威、葡萄牙和西班牙等国也加大了对非洲投资的力度，成为发达经济体中对非洲投资的新劲旅（见表 2-6）。1996~2000 年间，葡萄牙继美国之后成为发达国家在北非的第二大投资国。法国曾是该地区历史上最重要的 FDI 来源国，但在这一时期它在北非的投资流量仅为 6.05 亿美元，尽管与 1991~1995 年的 4.92 亿美元相比也有增长，但是其排名却跌到了第三位。葡萄牙投资的增长主要发生在 2000 年，当年葡萄牙对非洲直接投资流量超过 10 亿美元。西班牙是北非第四大投资国，在撒哈拉以南非洲地区的投资却只排在第十位，然而西班牙对南部非洲地区的投资增长速度则快于对北非的投资增长速度。[①] 可见，发达经济体对非洲直接投资群体在扩大。这些国家对非洲投资的主要动力有在于：第一，20 世纪末，非洲几内亚湾地区油气勘探取得突破性进展，其在世界资源开发经济格局中的地位上升，油气资源开发潜力剧增；第二，非洲国家纷纷调整投资法规，对外资采取更加开放积极政策，加之宏观环境有所改善，非洲国家的商机增多。

自 2000 年以来，发达经济体依然占据对非投资的主力地位。2000~2008 年，发达经济体对非洲直接投资占非洲外资流入总额的 72%。尽管发达经济体在非洲外国直接投资中所占比重很大，但是却集中于少数的非洲

---

① 联合国贸易与发展会议：《2002 年世界投资报告：跨国公司与出口竞争力》，中国财政经济出版社，2003，第 49~50 页。

国家。2007~2009年,OECD国家对非洲直接投资中有60%流入了南非、埃及和尼日利亚三个国家。英国、法国和美国是OECD国家中对非洲投资额最高的三个国家,投资领域集中在采矿业。[①] 2010年,发达经济体占非洲外国直接投资流量的68%,占当年非洲外国直接投资存量的77%(见表2-7)。

表2-6　1981~2000年非洲来自主要发达国家的FDI的累积流量

单位:百万美元

年份 国家	1981~1985	1986~1990	1991~1995	1996~2000
奥地利	72	33	7	221
比利时	99	40	-47	242
加拿大	27	37	146	626
丹　麦	19	24	1	340
法　国	1239	1001	2066	4362
德　国	504	332	402	2475
意大利	455	217	213	678
日　本	350	1143	201	340
荷　兰	94	153	297	816
葡萄牙	—	—	96	1560
西班牙	—	—	50	476
英　国	882	2193	2376	3269
美　国	1866	404	278	9249

资料来源:联合国贸易与发展会议:《2002年世界投资报告:跨国公司与出口竞争力》,中国财政经济出版社,2003,第50页。

表2-7　2010年非洲外国直接投资流量和存量估计

	FDI流量		FDI存量	
	流量 (百万美元)	占非洲流量 比重(%)	存量 (百万美元)	占非洲存量 比重(%)
世界	39540	100	308739	100
发达经济体	26730	68	237841	77
欧盟	16218	41	155972	51

① African Development Bank, *African Economic Outlook 2011*, 2011, p.47.

续表

	FDI 流量		FDI 存量	
	流量 （百万美元）	占非洲流量 比重（%）	存量 （百万美元）	占非洲存量 比重（%）
北美	9281	23	53412	17
发展中经济体	12635	32	68890	22
亚洲	9332	24	50077	16
金砖国家	10007	25	42583	14
东南欧和独联体	175	0	2007	1

资料来源：UNCTAD, *Global Investment Trends Monitor: The Rise of BRICS FDI and Africa*, March 25, 2013。

2012 年，在非洲外国直接投资流入流量中，来自 OECD 国家的数额出现下降，从 2008 年的 340 亿美元，下降到 2012 年的 157 亿美元。这表明 OECD 国家在非洲 FDI 流入中的重要地位出现下降。2012 年，OECD 国家中对非洲 FDI 流入额最多的四个国家为：英国（74 亿美元）、美国（37 亿美元）、意大利（36 亿美元）和法国（20 亿美元）。2012 年，美国、英国和法国占非洲 FDI 流入存量的 64%，这三个国家对非洲外国直接投资的存量分别为 614 亿美元、589 亿美元，和 579 亿美元。[1] 2011 年，美国对非洲直接投资存量最多的国家依次为毛里求斯（73.30 亿美元）、南非（65.46 亿美元）、安哥拉（56.96 亿美元）、尼日利亚（49.94 亿美元）、加纳（23.34 亿美元）和赤道几内亚（20.76 亿美元）。[2]

（二）发展中经济体

尽管发达经济体仍然在非洲外国直接投资的流量和存量中占有相当大的份额，近年来发展中经济体对非洲的外国直接投资有显著增长（见表 2-8）。究其原因，一方面是源于国际初级产品价格高昂和新兴经济体对自然资源需求量的快速增长；另一方面是伴随经济实力的显著提升，新兴经济体跨国公司开始加速投资国际化进程。目前，中国和印度已经成为撒哈拉以南

---

[1] African Development Bank, OECD, UNDP, *African Economic Outlook 2014*, 2014, p. 53.
[2] Vivian C. Jones, Brock R. Williams, *U. S. Trade and Investment Relations with Sub - Saharan Africa and the African Growth and Opportunity Act*, November 2012, p. 13.

非洲国家外国直接投资的重要来源国。为了增强原材料的供应链并掌握战略性资源，俄罗斯的跨国公司对非洲直接投资也呈现出扩张的态势。

表 2-8 非洲外国直接投资流入存量和流量分布格局（估计值）

单位：%

来源地	外资流入流量占比		外资流入存量占比	
	1995~1999 年	2000~2008 年	1999 年	2008 年
世界	100.0	100.0	100.0	100.0
发达经济体	79.0	72.1	89.0	91.6
发展中经济体	17.7	20.8	6.9	7.4
非洲	5.1	4.9	2.3	2.9
拉美和加勒比	5.5	0.7	1.3	1.3
亚洲	6.7	15.2	3.1	3.2
东南欧和独联体	0.3	0.0	0.0	0.0

资料来源：UNCTAD, *World Investment Report 2010*, New York and Geneva, 2010, p. 34。

近年来，新兴经济体越来越成为非洲外国直接投资的重要投资来源地。由中国、印度、俄罗斯、巴西、南非组成的金砖国家对非洲外国直接投资增长很快。金砖国家对非洲绿地投资占非洲外国直接投资中绿地投资项目总额的比重从 2003 年的 19%，提高到 2012 年的近 25%。绝大多数金砖国家对非洲直接投资的项目集中在制造业和服务业。[①] 金砖国家对非洲 FDI 流入存量占非洲 FDI 流入存量的比重从 2009 年的 8%，提高到 2012 年的 12%。2012 年金砖国家对非洲 FDI 流入存量达到了 677 亿美元。[②] 马来西亚、南非、中国和印度是对非洲直接投资最多的几个发展中国家。2012 年，马来西亚对非洲直接投资存量达到 159.6 亿美元，几乎覆盖了所有行业，包括在农业和金融领域的较大规模投资。马来西亚对非洲农业领域的投资集中在东部和西部非洲，金融领域投资主要集中在毛里求斯。毛里求斯是马来西亚在非洲直接投资最多的国家（见表 2-9）。印度对非洲直接投资额从 1996 年的 0.38 亿美元增长到 2008 年的 25.6 亿美元。[③]

---

① UNCTAD, *Global Investment Trends Monitor: The Rise of BRICS FDI and Africa*, March 25, 2013.
② African Development Bank, OECD, UNDP, *African Economic Outlook 2014*, 2014, pp. 53-54.
③ Anusree Paul, "Indian Foreign Direct Investment in Africa", CUTS CCIER Working Paper No. 1, 2012, p. 10.

2010年达到51.2亿美元；2012年印度对非洲直接投资存量达到132.6亿美元，毛里求斯占印度对非洲投资存量的93%（见表2-10）。印度对非洲投资为市场驱动和资源驱动型投资，涉及矿业、制造业和服务业等众多领域。印度对非洲直接投资集中在毛里求斯、利比亚、摩洛哥、尼日利亚、南非等国家。

表2-9 马来西亚对非洲直接投资的流量与存量

单位：百万美元

		2008年	2009年	2010年	2011年	2012年
流量	非洲	2220	819	718	3595	-412
	毛里求斯	1735	1081	430	2082	-732
存量	非洲	15000	16188	17064	19727	15958
	毛里求斯	3329	4869	5756	7159	6922

资料来源：UNCTAD, Bilateral FDI Statistics。

表2-10 印度对非洲直接投资的流量与存量

单位：百万美元

	流量			存量		
	2010年	2011年	2012年	2010年	2011年	2012年
非洲	5116	2661	1829	11886	13103	13261
毛里求斯	5098	2582	1762	11051	12063	12355
南非	—	—	—	217	217	180
尼日利亚	—	—	—	129	160	185
摩洛哥	—	—	—	134	101	115
利比亚	—	—	—	92	84	113

资料来源：UNCTAD, Bilateral FDI Statistics。

值得关注的是，受全球经济危机的影响，2009年以来发达国家对非洲直接投资额有所下降，而中国对非洲直接投资仍然保持良好的发展势头。2009~2012年，中国对非直接投资流量由14.4亿美元增至25.2亿美元，年均增长20.5%，存量由93.3亿美元增至217.3亿美元，增长了1.3倍（见表2-11）。目前在非洲投资的中国企业超过2500家，集中在南非、苏丹、尼日利亚、赞比亚、阿尔及利亚、刚果（金）和安哥拉等国家。

表 2-11　2007~2012 年中国对非洲直接投资的流量与存量

单位：百万美元

		2007 年	2008 年	2009 年	2010 年	2011 年	2012 年
流量	非洲	1574	5491	1439	2112	3173	2517
	安哥拉	41	-10	8	101	73	392
	刚果（金）	57	24	227	236	75	344
	尼日利亚	390	163	172	185	197	333
	赞比亚	119	214	112	75	292	292
	阿尔及利亚	146	42	229	186	114	246
	南非	454	4808	42	411	-14	-815
	苏丹	65	-63	19	31	912	-2
存量	非洲	4462	7804	9332	13042	16244	21730
	南非	702	3049	2307	4153	4060	4775
	赞比亚	429	651	844	944	1200	1998
	尼日利亚	630	796	1026	1211	1416	1950
	阿尔及利亚	394	509	751	937	1059	1305
	安哥拉	78	69	196	352	401	1245
	苏丹	575	528	564	613	1526	1237
	刚果（金）	104	134	397	631	709	970

资料来源：UNCTAD，Bilateral FDI Statistics。

随着越来越多的发展中经济体日益重视并跻身于非洲投资市场，非洲外资流入的来源国日趋多样化。发展中经济体的外国直接投资为非洲发展提供了新机遇。这些新增加的投资和更广阔的融资来源帮助非洲国家降低了来自国际金融危机的负面影响。国际金融危机爆发以来，中国、印度等新兴发展中经济体比起发达经济体更具经济增长的潜力和活力，对未来非洲外资增长的带动作用也将会更加突出。

（三）非洲国家

随着非洲经济一体化的逐步深入和一些地区性大国经济的持续增长，非洲大陆内部的跨国投资也在快速增长。2007~2012 年，按新增投资项目数量为指标来衡量，非洲内部跨国投资项目数量的增长速度几乎相当于发达国家的 4 倍，超过非洲大陆以外新兴经济体的 2 倍。非洲外国直接投资新增项目数量最多的20个投资来源国中,南非、肯尼亚和尼日利亚分别位居第5位、第11位和第16位(见表2-12)。按照绿地投资的项目数量来衡量,2003~2008年,非洲内部绿地投资项目数量占非洲大陆绿地投资项目总数的10%,2009~2013年间这一比例猛增至18%,南非、肯尼亚和尼日利亚是非洲内部绿地投资项目数量最多的投资国(见图2-5)。

表2-12 2007~2012年对非洲外国直接投资新增项目数量最多的20个来源国

单位:个

投资来源国	新增项目数量	投资来源国	新增项目数量
美 国	516	肯 尼 亚	113
英 国	456	日 本	105
法 国	398	瑞 士	105
印 度	237	意 大 利	94
南 非	235	加 拿 大	86
阿 联 酋	210	尼 日 利 亚	78
西 班 牙	194	澳 大 利 亚	69
德 国	173	荷 兰	58
中 国	152	韩 国	57
葡 萄 牙	137	沙特阿拉伯	56
其他国家	844		

资料来源:Ernst & Young, *EY's Attractiveness Survey Africa 2013: Getting Down to Business*, 2013, p.34。

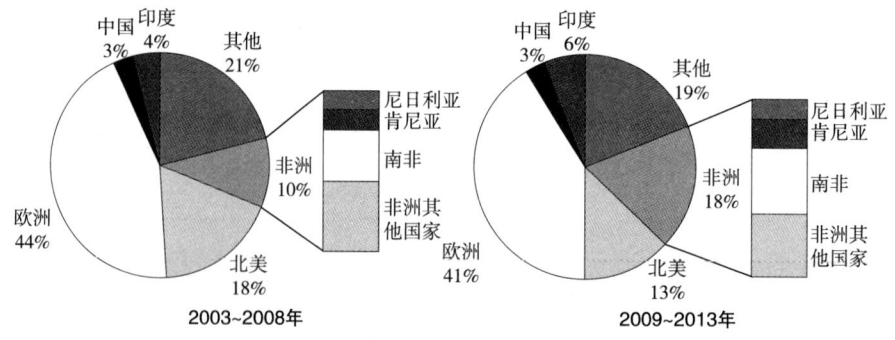

图2-5 非洲绿地投资项目数量的来源地占比

资料来源:UNCTAD, *World Investment Report 2014*, New York and Geneva, 2014, p.41。

在非洲大陆内部的跨国投资中，南非是最重要的投资来源国。南非对非洲直接投资遍及多个国家，以毛里求斯、加纳、博茨瓦纳、纳米比亚、莫桑比克和津巴布韦为主。2012 年南非对非洲直接投资存量达到 235.8 亿美元（见表 2 - 13）。南非对外直接投资存量中非洲国家所占有的份额从 2000 年以前的不足 5%，上升到 2008 年的 22%。许多非洲国家的外国直接投资流入存量中，来自其他非洲国家的比例很高，如博茨瓦纳占 32%（2007 年），马达加斯加占 21%（2005 年），马拉维占 27%（2004 年），坦桑尼亚占 43%（2005 年），乌干达占 18%（2003 年）。在坦桑尼亚，最重要的外国投资者来自南非、毛里求斯和肯尼亚。[①]

表 2 - 13 南非对非洲直接投资存量

单位：百万美元

年份 国家/地区	2007	2008	2009	2010	2011	2012
非　　洲	12500	11060	15804	18524	22789	23579
博茨瓦纳	137	165	361	433	958	1113
加　　纳	454	534	734	855	1376	1951
毛里求斯	4864	4733	6682	8051	9915	10622
莫桑比克	840	836	867	1158	2926	2175
纳米比亚	107	55	95	201	1439	1119
尼日利亚	4649	3050	4115	3618	1775	2171
津巴布韦	152	74	372	856	1199	906

资料来源：UNCTAD, Bilateral FDI Statistics。

2003 ~ 2012 年，南非对非洲其他国家直接投资的项目总数增长了 536%，在非洲其他国家创造了 45776 个就业岗位。2007 ~ 2012 年，南非对非洲直接投资新增项目增长了 57%，其中 2012 年，南非对非洲直接投资新增投资项目数量有 75 项，仅低于英国和美国。[②] 肯尼亚对非洲其他国家的直接投资主要集中在银行业、零售商店、水泥行业和市场营销。东非共同体国家是肯尼亚在非洲最主要的投资目的地。[③] 尼日利亚对非洲直接投资集

---

① UNCTAD, *World Investment Report 2010*, New York and Geneva, 2010, p. 37.
② Ernst & Young, *EY's Attractiveness Survey Africa 2013: Getting Down to Business*, 2013, pp. 35 - 36.
③ UNCTAD, *Report on the Implementation of the Investment Policy Review: Kenya*, 2013, p. 4.

中在金融领域。非洲大陆内部跨国投资迅速增长的态势，表明了非洲国家对自身未来发展的强烈信心。

四 外资国别分布

长期以来，外国直接投资在非洲国家的分布都比较集中，矿产资源丰富的国家及工业化水平比较高的国家吸引了大部分外国资本。1970年，非洲前5位和前10位国家的外资流入国占非洲外资流入总额的比重分别达到77.5%和84.6%，其中南非、利比亚和尼日利亚三国的外资流入额占非洲外资流入总额的比重高达67.7%。2012年非洲外资流入前5位的国家占比为46.8%，比1970年下降了30多个百分点，但是非洲外资流入前10位的国家占比仍然高达72.7%（见表2-14）。2000～2009年，非洲15个石油出口国占到非洲外国直接投资流入总额的75%，占到来自OECD国家外资流入总额的85%。[1] 由此可见，非洲外资流入的国别高度集中。

表2-14 非洲外资流入额前10位的国家

1970年	2000年	2006年	2009年	2012年
南非	尼日利亚	埃及	安哥拉	尼日利亚
利比亚	埃及	尼日利亚	埃及	莫桑比克
尼日利亚	南非	苏丹	尼日利亚	南非
加纳	安哥拉	突尼斯	南非	刚果（金）
利比里亚	突尼斯	摩洛哥	苏丹	加纳
科特迪瓦	摩洛哥	利比亚	阿尔及利亚	摩洛哥
津巴布韦	苏丹	刚果（布）	利比亚	埃及
喀麦隆	坦桑尼亚	阿尔及利亚	刚果（布）	刚果（布）
肯尼亚	阿尔及利亚	乌干达	突尼斯	苏丹
赞比亚	毛里求斯	赞比亚	加纳	赤道几内亚
前5位在非洲占比77.5%	前5位在非洲占比52.9%	前5位在非洲占比66.3%	前5位在非洲占比58.7%	前5位在非洲占比46.8%
前10位在非洲占比84.6%	前10位在非洲占比70.1%	前10位在非洲占比85.5%	前10位在非洲占比77.5%	前10位在非洲占比72.7%

资料来源：联合国贸易与发展会议数据库，http://unctadstat.unctad.org/。

---

[1] African Development Bank, *African Economic Outlook 2011*, 2011, p.45.

从地区分布来看，北非地区一直是最重要的外资流入地，占据非洲外资流入总额的 1/3 左右（见表 2-15）。2004~2010 年，北部非洲地区的外资流入额位居全非之首。北非地区丰富的石油和天然气资源是吸引外资流入的重要因素，阿尔及利亚、埃及、利比亚、苏丹和突尼斯都是油气资源国。除此之外，北非国家政府采取更加开放的经济政策也是推动外资流入额增长的动力来源。2011 年，北非地区政治动荡导致外国直接投资锐减。传统上北非地区外资流入额最多的两个国家埃及和利比亚，在 2011 年出现了大规模的资本外流。2012 年，受益于埃及外资流入的增加，北非地区外资流入额大幅增长。摩洛哥政府的改革举措及国内政局的稳定，增强了投资者信心，外资流入也有所增加。

表 2-15 非洲外国直接投资流入的地区分布

单位：百万美元

年份 地区类别	2005	2006	2007	2008	2009	2010	2011	2012
北部非洲	12236	23143	23936	23114	18224	15709	8496	11502
西部非洲	7126	6976	9554	12479	14709	119705	17705	16817
中部非洲	2675	3051	5639	5022	6028	9389	8120	9999
东部非洲	1424	2588	4027	4358	3875	4460	4555	6324
南部非洲	14699	10501	8117	13921	10129	2047	8722	5400

资料来源：UNCTAD, *World Investment Report 2011*, New York and Geneva, 2011, pp. 187-188; UNCTAD, *World Investment Report 2013*, New York and Geneva, 2013, pp. 213-214。

西部非洲也是非洲外资流入额较多的地区。2011 年和 2012 年，西部非洲地区外资流入额超过北部非洲，成为全非之首。资源领域吸收了西部非洲绝大多数的外国直接投资。尼日利亚一直是西非地区外资流入最集中的国家，其次是加纳，这两个国家占据了西部非洲外资流入额的 3/4 左右。中部非洲地区的外国直接投资绝大部分流入了 3 个资源富国，它们分别是石油出口国刚果（布）和赤道几内亚，及矿产出口国刚果（金），这 3 个国家占中部非洲外资流入额的 80% 左右。东部非洲地区受益于近年来新发现的石油和天然气，外国直接投资流入额显著增加，主要集中在坦桑尼亚和乌干达。近几年，莫桑比克的天然气大发现也吸引了大量外国直接投资。南部非洲地区外资流入额最多的国家是南非。

根据新增外国直接投资项目的数量来衡量，自 2003 年以来，非洲最具外国投资吸引力的 10 个国家分别是南非、埃及、摩洛哥、尼日利亚、突尼斯、阿尔及利亚、安哥拉、肯尼亚、加纳和坦桑尼亚。这 10 个国家吸引了自 2003 年以来非洲新增外国直接投资项目中 71% 的份额。如果按照新增外国直接投资项目数量的增长水平来衡量，2007~2012 年，非洲对外资吸引力增加最快的 10 个国家分别是加纳、刚果（布）、肯尼亚、科特迪瓦、坦桑尼亚、莫桑比克、赞比亚、津巴布韦、喀麦隆和尼日利亚。[1]

随着非洲外资流入总规模的日益增加，外资流入额超过 10 亿美元的国家不断增加。2000 年只有埃及和尼日利亚两个国家超过了 10 亿美元，到 2001 年增加到 5 个非洲国家（南非、摩洛哥、尼日利亚、阿尔及利亚和安哥拉），2005 年增加到 8 个非洲国家，2009 年进一步增加到 12 个非洲国家（除了前 10 位国家外，还有赤道几内亚和摩洛哥）。2009 年安哥拉的外资流入达到 131 亿美元，为非洲国家之首，埃及、尼日利亚和南非均超过 55 亿美元。[2] 2012 年有 13 个国家外资流入额超过 10 亿美元，其中尼日利亚、莫桑比克超过 50 亿美元，南非、刚果（金）和加纳超过 30 亿美元，摩洛哥、埃及、刚果（布）、苏丹和赤道几内亚均超过 20 亿美元，突尼斯、阿尔及利亚和利比里亚超过 10 亿美元。

五　外资产业布局

20 世纪 80 年代至 21 世纪初，非洲吸收的外国直接投资高度集中于自然资源开发领域。1980~1995 年，流入非洲的外资主要投向了第一产业（主要是采掘业），占外资流入的 54.6%，另有 20.6% 的外资投向了第二产业，24.8% 的外资投入了第三产业（主要是银行、金融、运输和贸易部门）。[3] 1996~2000 年，有 55% 的外国直接投资流入了非洲第一产业。[4]

1996~2000 年，主要发达国家（包括法国、德国、日本、荷兰、瑞

---

[1] Ernst & Young, *EY's Attractiveness Survey Africa 2013: Getting Down to Business*, 2013, pp. 31-32.
[2] UNCTAD, *World Investment Report 2010*, New York and Geneva, 2010, p. 32.
[3] "Financing Investment in Africa at the Corporate Council on Africa Summit", http://www.botswanembassy.org.
[4] UNCTAD, *Economic Development in Africa—Rethinking the Role of Foreign Direct Investment 2005*, New York and Geneva, 2005, p. 9.

士、英国和美国）在对非洲直接投资的产业分布中，第一产业占 54.6%（主要是对石油产业的投资），第二产业占 20.6%，第三产业占 24.8%。制造业不是非洲外国直接投资的重要产业门类。食品、钢铁和金属制品在非洲制造业 FDI 中所占份额最大。电气与电子设备、纺织品以及摩托车等产业的 FDI 则微不足道，而这些产业在其他发展中国家和地区对吸引 FDI 所起的作用却非常突出。应该指出的是，即使制造业和服务业在非洲整体外国直接投资流量中非常有限，这些投资对一些国家（如博茨瓦纳和毛里求斯）发展当地产业仍然相当重要。值得注意的是，不同国家对非洲直接投资的产业结构是不同的。1996～2000 年，对石油产业的投资占美国对非洲 FDI 流入总量的 60%。荷兰对非洲直接投资绝大部分流向了第一产业。德国、日本和英国对非洲的 FDI 多数投向了服务业。英国的跨国公司在非洲银行和金融业以及贸易等领域特别活跃，德国企业则集中于建筑和房地产业；日本主要投向运输业。① 投资国的产业结构差异在很大程度上导致了非洲吸收的 FDI 在产业结构上的不同。例如，英国的金融业拥有强大实力，因此，在英国对非洲直接投资中，金融业所占比重很大。美国拥有为数众多的石油公司，在美国对非洲直接投资存量中，矿业至今仍是第一大产业门类（见图 2-6）。

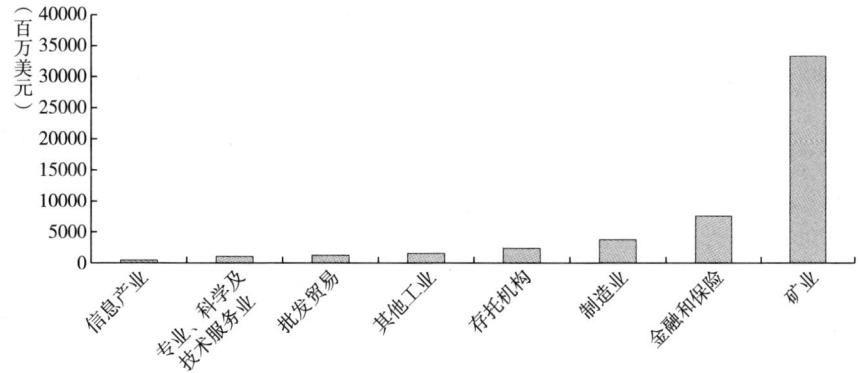

图 2-6　2011 年美国对非洲直接投资存量的产业分布

资料来源：Vivian C. Jones, Brock R. Williams, *U. S. Trade and Investment Relations with Sub-Saharan Africa and the African Growth and Opportunity Act*, November 2012, p. 14.

---

① 联合国贸易与发展会议：《2002 年世界投资报告：跨国公司与出口竞争力》，中国财政经济出版社，2003，第 51 页。

长期以来有一种普遍的认识，即非洲经济增长是靠资源产业拉动的，资源类产业一直是非洲外资流入最多的产业。最初流入非洲的外国直接投资绝大多数都集中在自然资源领域，英国石油、雪佛龙、埃克森美孚和道达尔等跨国公司在非洲投入了巨资来开发非洲石油资源。2004年，从石油产业占FDI流入量的比重来看，安哥拉为93%、埃及为64%、赤道几内亚为94%、尼日利亚为90%。①但是从2004年以来，非洲第一产业（采掘业为主）吸收的外国直接投资呈现大幅下降的趋势，相比之下，制造业和服务业的外国直接投资流入量呈现上升的趋势。2003年，以采掘业为主的第一产业占到非洲外国直接投资流入总量的63%（401亿美元），2004年这一比例下降到57%（235亿美元），到了2005年，第二产业的外国直接投资流入量超过了第一产业，到2012年，第三产业的外国直接投资流入量也超过了第一产业（见图2-7）。

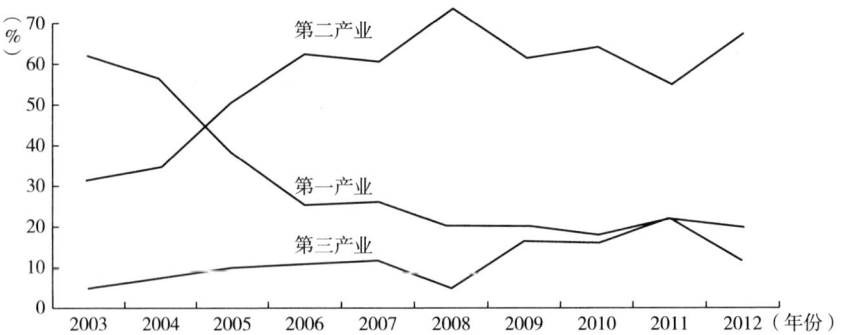

图2-7 2003~2012年非洲外国直接投资（FDI）流入产业变化趋势
资料来源：Jones Lang Lasalle, *Perspectives on Investor Opportunities*, July 2013。

2003~2012年，资本密集型的石油和天然气产业占到非洲FDI流入中的绿地投资总额的40%，但是仅占非洲绿地投资项目总数的7.8%。近几年非洲吸引的绿地投资有逐步向其他产业加速扩展的态势，尤其是服务业、制造业和基础设施相关领域。例如，2003年，煤、石油、天然气和金属矿业部门占据非洲外国直接投资项目总数的28.5%，到2012年下降到7.2%。金融、商业服务和通信等领域的外国直接投资新增项目的增长较快（见表2-

---

① UNCTAD, *World Investment Report 2005*, New York and Geneva, 2005, pp. 40-42; UNCTAD, *World Investment Report 2006*, New York and Geneva, 2006, p. 40.

16)。这表明，非洲经济正在出现多样化的趋势，在价值链中的地位也在变化。外国投资者在非洲的基础设施、零售业、商业和金融服务、制药、消费品和科技等领域都看到了良好的商机。①自2004年以来，非洲第一产业的绿地投资额呈现下降的态势，到2013年仅占绿地投资总额的11%（2004年为53%）。服务业的绿地投资占非洲绿地投资总额的比重呈现快速增长态势，从2004年的13%，猛增至2013年的63%（见图2-8）。需要明确的是，非洲大陆作为一个整体，对外国直接投资的吸引力在显著增强，但是不同非洲国家对外国投资者的吸引力并不一致。在苏丹、索马里和马里等国家仍然存在较严重的暴力和冲突，这些国家的经济前景具有很大的不确定性，也面临巨大风险，外国直接投资流入较少。北非国家的政治动荡也导致外国直接投资减少。

表2-16 非洲外国直接投资项目最集中的10个产业部门

单位:%

产业部门	占非洲FDI项目总数的比例		
	2003年	2012年	2003~2012年
金融服务	11.0	17.9	16.2
商业服务	3.9	12.8	7.9
煤、石油和天然气	17.2	3.0	7.8
金属矿业	11.3	4.2	7.1
通信	3.0	12.2	6.9
软件和IT服务	5.9	6.3	6.0
食品和烟草	5.9	6.4	5.3
酒店与旅游	3.9	1.8	4.1
汽车OEM	4.2	2.4	3.3
运输	2.1	3.9	3.3

资料来源：Ernst & Young, *EY's Attractiveness Survey Africa 2013: Getting Down to Business*, 2013, p.37。

中国对非洲直接投资集中在矿业、金融业、制造业和建筑业领域（见图2-9）。印度对非洲直接投资的主要领域为制药、电信、建筑和油气产业。在非洲大陆内部的跨国投资中，有很大比例都进入了服务业和制造业部

---

① Jones Lang Lasalle, *Perspectives on Investor Opportunities*, July 2013.

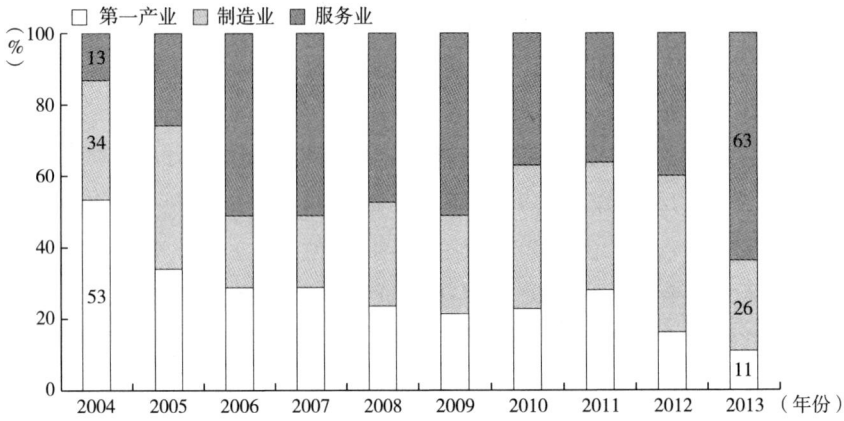

图 2-8　2004~2013 年非洲 FDI 流入中绿地投资的产业分布

资料来源：UNCTAD, *World Investment Report 2014*, New York and Geneva, 2014, p.11。

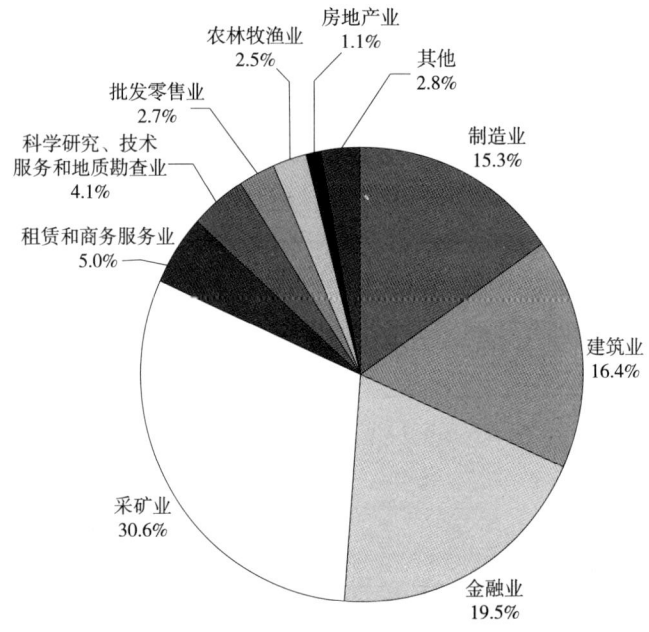

图 2-9　截至 2011 年底中国对非洲直接投资存量的产业分布

资料来源：中国国务院新闻办公室：《中国与非洲的经贸合作 2013》，2013 年 8 月。

门。2003~2012 年，非洲内部的绿地投资项目数量年均增加 20%。这期间，在非洲内部跨国投资中，所占比重最高的产业部门是金融服务（28%）、建筑和建材（28%），其后是通信（22%）、电子元器件

（18%）、化工（18%）和消费产品（18%）。同时，2003~2012年，南非、毛里求斯、埃及、尼日利亚和肯尼亚依次占非洲内部跨国投资前五位。① 近几年西部非洲国家的银行部门在全非洲迅速扩张。大规模的泛非金融机构利用地区金融市场的快速开放，扩大了跨国间资本和投资的流动。总部设在多哥的非洲经济银行（Ecobank）是在西非经济共同体管理下的商业银行，已经在30多个国家设立了分支机构，是非洲本土最具影响力和竞争力的商业银行之一。尼日利亚的银行也在不断扩张，在西非地区开设分支机构，为邻近的西非国家提供创新性的金融服务，已经成为非洲金融市场的主要融资来源，并为非洲企业的跨国并购提供资金支持。在电信领域，南非的MTN公司、埃及的Orascom公司和毛里求斯的Seacom公司在非洲大陆扩张速度最快。

综上分析可知，独立以来，非洲国家的外资政策实现了从"极度排斥和严格限制"到趋向于"自由开放和制度化"的重大转变。近年来，越来越多的非洲国家重视利用外资来助推经济增长，并制定了鼓励外资的优惠政策，非洲外资流入额也呈现出快速增长的态势。尽管非洲大陆外国直接投资流入额仍远低于亚洲和美洲的发展中国家，但是随着宏观经济和制度环境的逐步改善，非洲对外资的吸引力正在显著增强。

从外资来源结构来说，发达经济体一直是非洲大陆最主要的投资主体。国际金融危机之后，发达经济体普遍遭遇经济复苏缓慢、增长动力不足的困境；以金砖国家为代表的新兴经济体则成为全球经济增长的重要动力，并成为非洲外国直接投资的新兴主体。随着非洲区域一体化进程的加快，非洲大陆内部跨国投资亦呈现出快速增长态势。从外资的国别分布来说，非洲外资流入的国别高度集中，矿产资源丰富的国家以及工业化水平较高的国家一直都是主要的外资目的国。2013年，外资流入额在30亿美元以上的国家有南非、莫桑比克、尼日利亚、埃及、摩洛哥、加纳和苏丹；外资流入额在20亿~29亿美元的国家有刚果（金）和刚果（布）。这些国家均有丰富的自然资源，其中南非、埃及和摩洛哥还是非洲工业化水平相对较高的国家。从外资产业布局来说，资源类产业吸收的外国直接投资趋于下降，而制造业和服务业的外国直接投资流入量呈现上升态势。虽然自然资

---

① African Development Bank, OECD, UNDP, *African Economic Outlook 2014*, 2014, p.55.

源禀赋一直是非洲大陆吸引外国直接投资的主要决定因素,但近年来出现了其他吸引外资的重要驱动因素,如中产阶级规模的扩大、城市化进程的加快、与新兴经济体经贸关系的加强等。这些因素正在扩大消费基数,改变消费者的行为模式,同时也吸引到了渴望全球投资的新兴经济体。在非洲制造业、服务业和基础设施的外国直接投资显著增多。非洲大陆的"市场驱动型"投资正在蓬勃兴起,未来将会有更多外国直接投资流入到非资源型行业。由于制造业和服务业的外国直接投资能够比采掘业的外国直接投资创造更多就业机会,这对于缓解非洲贫困和失业状况将大有裨益。

第三节 非洲外国直接投资运行的制度环境

在过去的20年里,非洲与亚洲和美洲发展中经济体相比,吸引外国直接投资的规模要小得多。究其原因,非洲国家落后的制度环境是吸引外资的重大障碍。制度因素对于吸引外国直接投资来说至关重要,从某种程度来说比经济因素或硬件环境更重要,因为制度建设和观念改变需要更长的时间,很难在短期内出现实质性改变,从而会对外国直接投资的决策产生至关重要的影响。在此重点介绍非洲国家的全球竞争力、营商便利程度、经济自由度、政府腐败程度、国家政策和政府治理状况等制度环境,这些都是与经济和政治制度直接相关的指标,同时也会对外国直接投资的决策产生重大影响。

一 全球竞争力

世界经济论坛将竞争力定义为决定一个经济体生产率水平的制度、政策以及其他要素的集合。生产率水平反过来会影响一个经济体实现可持续繁荣的水平。换言之,更具竞争力的经济体往往能为它的公民创造出更高水平的收入。生产率水平还决定一个经济体的投资回报率,而投资回报率是一个国家经济增长率的基本决定因素。从长远来看,一个更具竞争力的经济体,更有可能实现较快的经济增长。[①] 全球竞争力指数的组成要素由

---

① 世界经济论坛:《2007~2008年全球竞争力报告》,杨世伟等译,经济管理出版社,2009,第3页。

12种不同支柱组成，称为"竞争力的12大支柱"，分别为制度、基础设施、宏观经济、健康与基础教育、高等教育与培训、商品市场效率、劳动力市场效率、金融市场成熟度、技术准备状况、市场规模、企业成熟度和创新。这里的制度指的是在一个经济社会中形成的包含个人、公司和政府，以及通过它们之间的相互作用来创造收入和财富的一种结构。制度的重要性不仅在于法律条文的约束力，还在于政府对于市场和自主权的态度以及政府的运作效率也非常重要。例如，当某个经济体存在过分的官僚作风和形式主义、管制过度、贪污腐败、政府合同中有欺诈行为、缺乏透明度和可信度以及司法系统的政治化等方面的弊端时，就会产生大量的经济成本分摊到企业头上，使得经济发展过程放缓。需要明确的是，这些支柱之间并不是相互独立的，它们是相互关联、相互影响，并相辅相成的。

根据经济发展理论，全球竞争力指数将经济发展分为三个阶段，分别是要素驱动阶段、效率驱动阶段和创新驱动阶段。在发展的最初阶段，即要素驱动阶段，经济的发展受要素驱动，国家间的竞争建立在要素禀赋、简单的手工劳动以及自然资源的基础之上。企业间的竞争建立在价格的基础之上，销售的多是日用品，因为它们生产率低，支付的工资也低。在这一发展阶段，保持竞争力的关键在于运作良好的政府和企业制度，健全的基础设施，稳定的宏观经济体系，及健康且受过基础教育的劳动者。随着经济的发展，工资也随之上升，当企业意识到它们必须开发更高效的生产流程，必须提升产品质量的时候，国家就进入了效率驱动的发展阶段。这一阶段上的竞争力受到以下因素的驱使：高等教育和培训、高效的商品市场、运行良好的劳动力市场、成熟的金融市场、利用现有技术获取利润的能力，及大规模的国内或国外市场。最后，随着国家向创新驱动阶段发展，这时，只有当它们的企业有能力制造出独特的新产品与其他企业竞争时，国家才有能力去维持这一阶段的高工资及相应的生活水准。在这一阶段，企业必须通过创新来竞争，通过使用最成熟的生产流程来制造各种各样不同的新产品。[①]

[①] 世界经济论坛：《2007~2008年全球竞争力报告》，杨世伟等译，经济管理出版社，2009，第4~7页。

这12大支柱，在一定程度上与所有国家的发展都是有关联的，但是每个支柱的重要性，则取决于某一国家所处的发展阶段。基本条件因子、效率增强因子、创新和成熟度影响因子分别将那些处在要素驱动阶段、效率驱动阶段和创新驱动阶段的国家最重要的支柱归为一起，并分别赋予不同的权重（见表2-17和表2-18）。

表2-17 竞争力的12大支柱

	要素驱动型经济	效率驱动型经济	创新驱动型经济
关键支柱	基本条件因子： 支柱1：制度 支柱2：基础设施 支柱3：宏观经济 支柱4：健康与基础教育	效率增强因子： 支柱5：高等教育与培训 支柱6：商品市场效率 支柱7：劳动力市场效率 支柱8：金融市场成熟度 支柱9：技术准备状况 支柱10：市场规模	创新和成熟度影响因子： 支柱11：企业成熟度 支柱12：创新

资料来源：World Economic Forum, *The Global Competitiveness Report 2013-2014*, 2014, p.9。

表2-18 发展阶段中三大类支柱的权重

单位：%

支柱分类	要素驱动	过渡阶段	效率驱动	过渡阶段	创新驱动
基本条件因子	60	40~60	40	20~40	20
效率增强因子	35	35~50	50	50	50
创新和成熟度影响因子	5	5~10	10	10~30	30

资料来源：World Economic Forum, *The Global Competitiveness Report 2013-2014*, 2014, p.10。

世界经济论坛《2013~2014年全球竞争力报告》对148个经济体的全球竞争力指数（Global Competitiveness Index, GCI）进行排名，其中毛里求斯排名第45位，位居非洲国家之首，其次是南非、卢旺达和博茨瓦纳（见表2-19）。根据全球竞争力指数，非洲国家没有创新驱动型经济体，仅有塞舌尔一个国家处在效率驱动向创新驱动过渡的发展阶段，佛得角、埃及、毛里求斯、纳米比亚、南非、斯威士兰和突尼斯这七个国家处在效率驱动的发展阶段，绝大多数国家集中在要素驱动的发展阶段（见表2-20）。

表 2-19 非洲国家的全球竞争力指数排名

非洲国家	GCI 排名（148 个经济体）	非洲国家	GCI 排名（148 个经济体）
毛里求斯	45	莱索托	123
南非	53	斯威士兰	124
卢旺达	66	坦桑尼亚	125
博茨瓦纳	74	科特迪瓦	126
摩洛哥	77	埃塞俄比亚	127
塞舌尔	80	利比里亚	128
突尼斯	83	乌干达	129
纳米比亚	90	贝宁	130
赞比亚	93	津巴布韦	131
肯尼亚	96	马达加斯加	132
阿尔及利亚	100	马里	135
利比亚	108	马拉维	136
加蓬	112	莫桑比克	137
塞内加尔	113	布基纳法索	140
加纳	114	毛里塔尼亚	141
喀麦隆	115	安哥拉	142
冈比亚	116	塞拉利昂	144
埃及	118	布隆迪	146
尼日利亚	120	几内亚	147
佛得角	122	乍得	148

资料来源：World Economic Forum, *The Global Competitiveness Report 2013 - 2014*, 2014, p. 15。

表 2-20 各个发展阶段中的非洲国家

发展阶段	非洲国家
要素驱动阶段	贝宁 布基纳法索 布隆迪 喀麦隆 马拉维 乌干达 卢旺达 加纳 埃塞俄比亚 冈比亚 几内亚 肯尼亚 莱索托 赞比亚 马里 马达加斯加 利比里亚 科特迪瓦 津巴布韦 尼日利亚 乍得 毛里塔尼亚 莫桑比克 塞内加尔 塞拉利昂 坦桑尼亚
要素驱动向效率驱动过渡阶段	阿尔及利亚 安哥拉 博茨瓦纳 加蓬 利比亚 摩洛哥
效率驱动阶段	佛得角 埃及 毛里求斯 纳米比亚 南非 斯威士兰 突尼斯
效率驱动向创新驱动过渡阶段	塞舌尔
创新驱动阶段	无

资料来源：World Economic Forum, *The Global Competitiveness Report 2013 - 2014*, 2014, p. 11。

二 经济自由度

《华尔街日报》和美国传统基金会发布的年度报告《经济自由度指数》（Index of Economic Freedom），涵盖全球170多个国家和地区，是全球权威的经济自由度评价指标之一。该指数通过十项指标评定经济自由度，分别是营商自由、贸易自由、财政自由、政府开支、货币自由、投资自由、金融自由、产权保障、廉洁程度和劳工自由。经济自由度指数分为如下五个等别：完全自由（80~100分）、比较自由（70~79.9分）、有限度自由（60~69.9分）、比较压制（50~59.9分）和受压制（49.9分或以下）。从表2-21中可以看到，毛里求斯和博茨瓦纳是非洲国家中经济自由度最高的两个国家，属于比较自由经济体；卢旺达、佛得角、马达加斯加、南非、加纳、乌干达和纳米比亚是有限度自由经济体，其他非洲国家都属于比较压制和受压制经济体。

表2-21 2013年非洲国家的经济自由度指数

非洲国家	经济自由度指数	非洲国家	经济自由度指数
比较自由		比较压制	
毛里求斯	76.9	塞舌尔	54.9
博茨瓦纳	70.6	埃及	54.8
有限度自由		科特迪瓦	54.1
卢旺达	64.1	吉布提	53.9
佛得角	63.7	尼日尔	53.9
马达加斯加	62.0	喀麦隆	52.3
南非	61.8	毛里塔尼亚	52.3
加纳	61.3	几内亚	51.2
乌干达	61.1	几内亚比绍	51.1
纳米比亚	60.3	中非	50.4
比较压制		受压制	
布基纳法索	59.9	阿尔及利亚	49.6
摩洛哥	59.6	埃塞俄比亚	49.4
冈比亚	58.8	利比里亚	49.3
赞比亚	58.7	布隆迪	49.0

续表

非洲国家	经济自由度指数	非洲国家	经济自由度指数
比较压制		受压制	
坦桑尼亚	57.9	多哥	48.8
加蓬	57.8	塞拉利昂	48.3
贝宁	57.6	莱索托	47.9
斯威士兰	57.2	科摩罗	47.5
突尼斯	57.0	安哥拉	47.3
马里	56.4	乍得	45.2
肯尼亚	55.9	刚果（布）	43.5
塞内加尔	55.5	赤道几内亚	42.3
马拉维	55.3	刚果（金）	39.6
尼日利亚	55.1	厄立特里亚	36.3
莫桑比克	55.0	津巴布韦	28.6

资料来源：The Heritage Foundation & The Wall Street Journal, *2013 Index of Economic Freedom*。

三 营商便利度

世界银行《2014年营商环境报告》中，对推动和限制商业活动的法规进行考察，报告就商业法规和产权保护提供量化指标，从而可以对全球189个经济体进行横向和纵向比较。报告覆盖了影响企业生命周期的10个领域的监管法规，它们是开办企业、办理施工许可、获得电力、登记财产、获得信贷、保护投资者、交纳税款、跨境贸易、执行合同、办理破产。通过对这十项指标进行逐项评级，得出综合排名。营商环境指数排名越靠前，表明在该国从事企业经营活动条件越宽松，反之则表明在该国从事企业经营活动越困难。

根据2014年营商环境报告，非洲营商便利度最高的国家是毛里求斯，位居全球189个国家中的第20位，排名在德国之前（21位），其次是卢旺达（32位）、南非（41位）、突尼斯（51位）、博茨瓦纳（56位）、加纳（67位）。与此同时，世界上营商环境最差的20个国家中有16个在非洲，包括津巴布韦、马拉维、毛里塔尼亚、贝宁、几内亚、尼日尔、塞内加尔、安哥拉、几内亚比绍、刚果（金）、厄立特里亚、刚果（布）、南苏丹、利比亚、中非、乍得（见表2-22）。

表 2-22　2014 年非洲国家营商便利度排名情况

非洲国家	营商便利度排名	非洲国家	营商便利度排名
毛里求斯	20	布基纳法索	154
卢旺达	32	马里	155
南非	41	多哥	157
突尼斯	51	科摩罗	158
博茨瓦纳	56	吉布提	160
加纳	67	加蓬	163
塞舌尔	80	赤道几内亚	166
赞比亚	83	科特迪瓦	167
摩洛哥	87	喀麦隆	168
纳米比亚	98	圣多美和普林西比	169
佛得角	121	津巴布韦	170
斯威士兰	123	马拉维	171
埃塞俄比亚	125	毛里塔尼亚	173
埃及	128	贝宁	174
肯尼亚	129	几内亚	175
乌干达	132	尼日尔	176
莱索托	136	塞内加尔	178
莫桑比克	139	安哥拉	179
布隆迪	140	几内亚比绍	180
塞拉利昂	142	刚果（金）	183
利比里亚	144	厄立特里亚	184
坦桑尼亚	145	刚果（布）	185
尼日利亚	147	南苏丹	186
马达加斯加	148	利比亚	187
苏丹	149	中非共和国	188
冈比亚	150	乍得	189
阿尔及利亚	153		

资料来源：The World Bank, *Doing Business 2014*, 2014, p.3。

四　政府腐败状况

自 1995 年起，世界著名非政府组织"透明国际"（Transparency International）每年发布清廉指数（Corruption Perceptions Index），反映的是一个国

家政府官员的廉洁程度和受贿状况，以企业家、风险分析家、一般民众为调查对象，根据他们对当地腐败状况的主观感知程度予以评估及排名。清廉指数采用 100 分制，100 分为最高分，表明最廉洁；0 分表明最腐败；80~100 表明比较廉洁；50~80 表明轻微腐败；25~50 表明腐败比较严重；0~25 表明极端腐败。博茨瓦纳是非洲国家中最清廉的国家，其次是佛得角、塞舌尔、卢旺达和毛里求斯，这些国家属于轻微腐败国家，其余非洲国家均属于腐败比较严重和极端腐败的情况。利比亚、南苏丹、苏丹和索马里在 2013 年全球清廉指数排名中处于最后四位（见表 2-23）。

表 2-23　2013 年非洲国家的清廉指数

非洲国家	全球排名	清廉指数	非洲国家	全球排名	清廉指数
博茨瓦纳	30	64	塞拉利昂	119	30
佛得角	41	58	多哥	123	29
塞舌尔	47	54	科摩罗	127	28
卢旺达	49	53	冈比亚	127	28
毛里求斯	52	52	马达加斯加	127	28
莱索托	55	49	马里	127	28
纳米比亚	57	48	科特迪瓦	136	27
加纳	63	48	肯尼亚	136	27
南非	72	42	乌干达	140	26
塞内加尔	77	41	喀麦隆	144	25
突尼斯	77	41	中非	144	25
斯威士兰	82	39	尼日利亚	144	25
布基纳法索	83	38	几内亚	150	24
利比里亚	83	38	安哥拉	153	23
赞比亚	83	38	刚果（布）	154	22
马拉维	91	37	刚果（金）	154	22
摩洛哥	91	37	布隆迪	157	21
阿尔及利亚	94	36	津巴布韦	157	21
贝宁	94	36	厄立特里亚	160	20
吉布提	94	36	乍得	163	19
加蓬	106	34	赤道几内亚	163	19
尼日尔	106	34	几内亚比绍	163	19

续表

非洲国家	全球排名	清廉指数	非洲国家	全球排名	清廉指数
埃塞俄比亚	111	33	利比亚	172	15
坦桑尼亚	111	33	南苏丹	173	14
埃及	114	32	苏丹	174	11
毛里塔尼亚	119	30	索马里	175	8
莫桑比克	119	30			

资料来源：Transparency International, *Corruption Perceptions Index 2013*。

五　国家政策和政府治理

世界银行在《国家政策和制度评估》(Country Policy and Institutional Assessment, CPIA) 报告中，根据四组中的 16 个标准，对国家政策和制度的质量进行评级。这四组标准分别为：(1) 经济管理，包括宏观经济管理、财政政策和债务政策；(2) 结构性政策，包括贸易政策、金融部门发展以及营商监管环境；(3) 促进社会包容和公平的政策，包括性别平等、公共资源公平使用、卫生和教育、劳动力和社会保障、环境可持续性；(4) 公共部门管理和制度，包括财产权和基于规则的治理、预算和金融管理质量、收入管理效率、公共管理质量，以及公共部门的透明度、问责制和腐败。CPIA 评分标准为 1~6 分，6 分最高。2012 年，对 39 个撒哈拉以南非洲国家的 CPIA 平均评分为 3.2 分，其中佛得角、肯尼亚评分为 3.9 分，加纳、布基纳法索、卢旺达、塞内加尔、坦桑尼亚为 3.8 分，处于领先位置；评分最低的是南苏丹和厄立特里亚，仅为 2.1 分（见图 2-10）。总体来说，撒哈拉以南非洲国家的宏观经济政策对增长起到了推动作用，货币政策侧重于治理通货膨胀，财政政策侧重于扶贫支出和基础设施建设，这些国家债务水平虽然有所上升，但仍然保持温和水平。

有关撒哈拉以南非洲国家宏观政策和制度建设方面的成就与不足主要有以下几个方面。[①]

第一，对外贸易政策进步很小。20 世纪 90 年代至 21 世纪初，撒哈拉以南非洲国家大幅降低了关税税率。但是自 2005 年以来，撒哈拉以南非洲

---

① The World Bank, *CPIA Africa: Assessing Africa's Policies and Institutions*, June 2013, pp. 8-18.

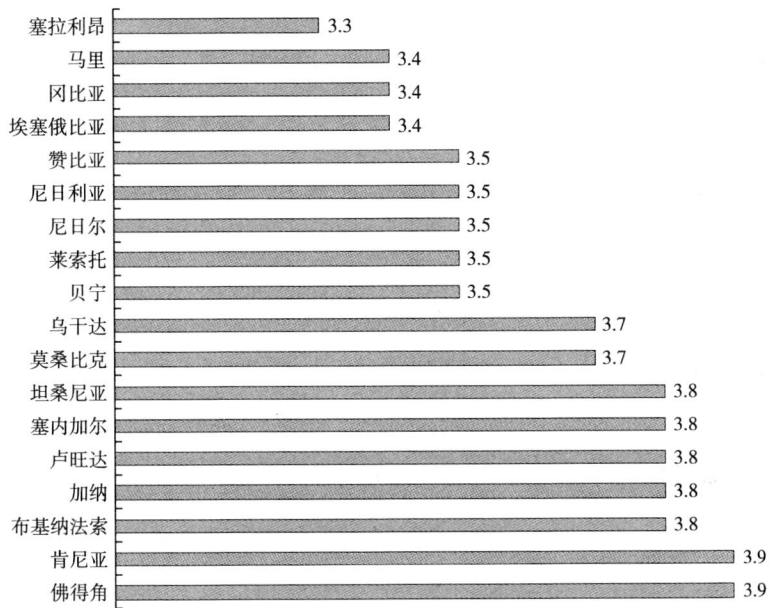

图 2-10　2012 年 CPIA 评分较高的撒哈拉以南非洲国家

资料来源：The World Bank, *CPIA Africa: Assessing Africa's Policies and Institutions*, June 2013, p.5。

地区的平均关税水平基本没有变化，且高于除北非和中东之外的世界其他地区。撒哈拉以南非洲国家未加权的最惠国（MFN）平均关税为 11.6%，高于东亚地区（7.2%）、拉丁美洲和加勒比海地区（9.5%）和南亚地区（10.6%）的平均水平。而且有些非洲国家的关税制度设计仍然很复杂，与其他国家相比有更多的税率等级。随着关税水平的下降，其他非关税壁垒对贸易的限制作用更加显著，如进出口禁令、数量限制、难以获得许可证且成本高昂、技术法规和标准的设计不合理、原产地限制规则等。低效率的交通、海关（道路、边境和港口检查时的拖延，以及治理不善）和物流都增加了贸易的成本。这些障碍对非洲内部贸易的影响尤其严重。近年来，非洲国家在贸易政策和贸易便利化方面的进步很小，关税和非关税壁垒降低的幅度有限。

第二，撒哈拉以南非洲地区出现了金融深化，尽管进展缓慢。继尼日利亚和南非的银行对外扩张之后，肯尼亚等金融市场比较活跃的国家的银行业开始在周边国家扩张，建立分支机构。为了规范日益国际化的金融市场，非洲国家建立了相应的金融监管的法律法规。许多国家实现了金融支付系统的现代化，并且努力完善制度框架和金融基础设施的技术支持（信用信息报告、产权登记等等）。尽管有这些改进，撒哈拉以南非洲国家的金融中介水平仍然很低，对私人部门的信贷很少。商业银行的主要收入来源是持有政府公债或从事外汇交易，而不是发放贷款。例如在利比里亚，非信贷业务占银行收益的58%。外资银行的资产结构与当地银行相比区别并不大。对于非洲国家来说，还需要较长时期的努力才能使新生的资本市场成为经济增长和减贫的重要资金来源。

第三，大多数国家在商业环境改善方面进展较大。由于认识到吸引私人投资是促进经济长期增长的关键驱动力，绝大多数撒哈拉以南非洲国家都已经开始进行改善商业环境的相关改革。2009~2012年，大多数国家在降低私人资本进入和退出门槛，以及促进市场竞争方面的改革力度最大。许多国家在降低设立企业的成本和时间方面取得的成果最显著。其中加纳和卢旺达的商业环境改善成效最显著。近几年，许多非洲国家的商业环境逐步得到改善（包括投资、竞争、农村金融服务和关税程序），其中利比里亚、卢旺达、塞拉利昂、毛里求斯和塞内加尔的改善最为显著。[1] 2005~2012年非洲国家改善营商环境的行政监管措施数量最多的国家有卢旺达（34项）、布基纳法索（20项）、布隆迪（21项）、埃及（23项）、马里（16项）、塞拉利昂（20项）、加纳（12项）、科特迪瓦（14项）、毛里求斯（23项）、马达加斯加（19项）、摩洛哥（18项）。[2] 需要明确的是，尽管迄今为止，非洲国家的商业环境改革取得了良好开端，但距离实现持续的或者产生广泛影响的改革成果还有很大距离，而且那些经历了旷日持久战乱冲突的国家商业环境仍然很差。

第四，撒哈拉以南非洲国家的制度建设仍然滞后。2012年，撒哈拉以南非洲国家公共部门管理和制度指标中表现最差的是，财产权和基于规则的治理（2.7分），以及公共部门的透明度、问责制和腐败（2.7分），其次是公共管理质量（2.8分）、预算和金融管理质量（3.0分），表现最好的是财政收入管理效率（3.4分）。由于财产权的保护和司法制度的加强都具有

---

[1] African Development Bank, OECD, UNDP, *African Economic Outlook 2014*, 2014, p.116.
[2] The World Bank, *Doing Business 2014*, 2014, p.16.

高度政治敏感性，容易导致政治精英的抵制，这类改革在经济脆弱国家和资源富国都进展缓慢。由于对公共服务和行政体系的现代化改革，也牵扯到既得利益阶层和其他政治经济关系，在经济脆弱国家和资源丰富国家的进展更加缓慢。

跨入21世纪以来，非洲国家的政府治理有所改善，表现为政治选举更多以和平方式进行；非洲各国民主化程度虽然有差异，但是总体在稳步提高；税收征收和管理水平也在提高；政府打击腐败和货币非法流出的决心更加强烈（即使这两种问题仍然盛行）等。在过去的十年里，有数据来源的52个非洲国家中，41个国家在筹集财政收入和公共管理上取得了进展，其中刚果（金）、多哥、安哥拉、莫桑比克和赞比亚取得了实质性进展。非洲国家的政府在尊重人权、公民自由、政治权利和言论自由方面表现出不同程度的进步。在一些国家取得了较大幅度的进步，其中以肯尼亚、佛得角和毛里求斯表现最为突出。尽管如此，非洲国家政府治理仍然面临挑战，主要表现在以下两方面：第一，非洲国家的政治硬化仍然是令人担忧的领域。政治硬化指的是政府及其代理机构的暴力行为，即在突发事件时逮捕公民、发布禁令、宵禁等行为。自2000年以来，政治硬化在一些国家呈现恶化的趋势，尤其是在2010年之后更是如此。近几年呼吁提高工资和增加就业机会等公众抗议活动有所增加，其中以民主转型国家最为突出。政治硬化的增加在很大程度上受到"阿拉伯之春"的影响，是非洲各国政府在应对民众日益增长的不满时所实施的。第二，非洲国家的武装冲突有跨国界蔓延的趋势。尽管自2000年以来非洲大陆武装冲突的数量和残酷程度都有所降低，但是出现了国内冲突跨越国界日益蔓延的新挑战。非洲地区组织和国际社会已经开始应对这些威胁。非洲联盟，欧洲联盟和联合国等国际组织正在加强合作，建立维和特派团来完成新的更艰巨的任务。[1] 政府治理水平直接关系到国家的政治稳定性、经济增长质量和持续性，及公众抗议和社会暴力的状况，同时也会对外国投资者的决策产生至关重要的影响。因此，无论是致力于国家长远发展，还是大力吸引外国直接投资，在未来，非洲国家都需要竭尽所能继续提高政府治理水平。

---

[1] African Development Bank, OECD, UNDP, *African Economic Outlook 2014*, 2014, pp. 106, 113, 115.

综上所述，无论从全球竞争力、经济自由度、营商便利度，还是政府的公共政策、治理水平、腐败状况来说，非洲国家都存在阻碍外国直接投资大规模流入的制度性因素。这些制度环境的改善并非可以一蹴而就，而是要立足于长远，循序渐进地实现各项指标的彻底改观，以激励非洲外国直接投资的大规模涌进。

第三章　跨国公司和非洲国家的利益博弈：冲突与合作

　　世界经济活动在通信技术和资本运营网络的推动下，义无反顾地朝着全球化的方向发展。跨国公司在世界经济的全球化中扮演了中心角色，其投资行为超越了地域的制约遍及世界各大洲。随着跨国公司的活动范围跨越国家间边界，其经济影响力与日俱增。当前许多大型跨国公司比很多民族国家掌握更多的经济资源。虽然这些跨国公司缺少某些类型的权力，如军队，但是其在全球经济格局中的影响力却广泛而深远。2010年，至少有192家跨国公司的年销售额比世界上过半数的国家国内生产总值要大。从经济上说，对比利时而言IBM公司的重要性要大于比利时的前殖民地布隆迪。按购买力平价计算，2010年沃尔玛的总销售收入已经超过了除埃及和南非以外的所有非洲国家的国内生产总值。荷兰皇家壳牌、埃克森美孚、英国石油公司、雪佛龙、道达尔、康菲石油公司等跨国石油公司均位居2010年世界100大经济体之列。[①] 这些跨国石油公司在非洲国家投资众多，在非洲国家的影响力不容小觑。

　　随着世界经济和政治的相互依存度与日俱增，跨国公司凭借其雄厚的经济实力积累了相当程度的政治权利，对民族国家主权形成越来越严峻的挑战。美国著名学者罗伯特·吉尔平曾经指出：强有力的经济和技术力量正在创造一个高度相互依赖的世界经济体系，同时也削弱了国家边界的传统意义。尽管如此，民族国家仍然是政治决策的基本单元，控制着人们的忠诚。这种政治和经济组织日渐疏离的现实，形成了与之相对应的两类竞争性观点。一类赞同缩小民族国家的权力以便让跨国公司的生产潜力自由

---

① 〔美〕小约瑟夫·奈、〔加拿大〕戴维·韦尔奇：《理解全球冲突与合作：理论与历史》（第九版），张小明译，上海世纪出版集团，2012，第14页。

发挥，另一类认为强有力的民族主义可以抗衡跨国公司的支配。① 这也意味着跨国公司与民族国家之间存在着相互竞争经济和政治权力的博弈关系。那么作为经济实力相对弱小的非洲国家，在面对财力雄厚的跨国公司的投资时，将会呈现出何种类型的博弈过程呢？非洲国家能否在跨国公司的投资中真正受益，而非过分让渡民族利益？非洲国家与跨国公司最终是何种博弈结果？本章将围绕这些问题论述跨国公司对非洲国家直接投资行为引发的双方利益博弈的冲突和合作，以及博弈双方采取的策略。

第一节　跨国公司和非洲国家在博弈中的利益诉求

跨国公司在对东道国进行直接投资时，双方的利益诉求并不一致，跨国公司的全球扩张活动对于东道国社会既会产生积极影响，也会有负面影响。如果跨国公司与东道国政府都是秉持长期合作的态度，那么双方利益合作将成为博弈过程的均衡结果。否则，双方将面临利益冲突，并分别采取维护自身利益却有可能危害对方利益的行为，博弈过程中就可能出现冲突和对抗，乃至终止博弈的不良结果。

一　跨国公司和东道国政府的利益博弈理论

跨国公司主要通过对外直接投资向海外扩张，其目的是部分或完全地控制别国的生产、销售等其他方面。跨国公司对外直接投资通常是公司为了在另一个国家中建立起永久性地位而采取的国际化战略的一部分。② 跨国公司代表了强大的市场势力，其对外直接投资一般是由市场竞争、效率和降低成本的逻辑所驱动的，其谋求的是获取尽可能多的商业利润。对于东道国来说，吸引跨国公司直接投资的主要动机是获取资金、技术和就业机会，提升国际竞争力，谋求的是长期发展战略。显然，跨国公司作为对外直接投资的行为主体，东道国作为投资行为的接受客体，它们之间的利益诉求有所差异。

---

① 〔美〕罗伯特·吉尔平：《跨国公司与美国霸权》，钟飞腾译，东方出版社，2011，第15页。
② 〔美〕罗伯特·吉尔平：《全球政治经济学：解读国际经济秩序》，杨宇光、杨炯译，上海人民出版社，2006，第251页。

跨国公司在对东道国进行直接投资时,双方的利益诉求并不一致,这体现出"市场"与"权力机构"的复杂博弈关系。一方面,只有在拥有权威的政府权力机构的允许下,跨国公司的投资行为才能在东道国市场上发挥作用,政府的不同制度取向能够决定跨国公司行为的不同边界。政府决定跨国公司在市场上发挥多大作用,以及应当遵守什么规则。这是因为政府权力能够产生强制性服从的力量,它依靠强制性权威决定市场规则及运行环境。[1] 因此东道国政府有绝对的权威来制定与跨国公司进行利益博弈的规则。另一方面,作为全球化的核心力量,跨国公司对全球经济和政治的支配力量越来越强大,同时,也在挑战东道国政府的传统权威。当今社会,跨国公司几乎是各国(包括一些经济最发达国家)资本、技术和市场份额的主要来源。跨国公司的行为已经对全球财富的分配和民族国家的经济活动产生了重大的影响。跨国公司因而具有了相当大的经济和政治权力,它们的行为已与各个社会息息相关。跨国公司的战略对工业和服务业在国际经济中的分布是一种重要的决定因素,它能使一个国家经济得益或受损。这种日益增强的力量无疑使得跨国公司在与东道国利益博弈中的讨价还价能力大大提升。

跨国公司和东道国政府的利益博弈是为了寻求让对方做出最大的让步。吉尔平指出,跨国公司和发展中国家的谈判采用了一种所谓"即将过时的讨价还价模式",投资前跨国公司处于强势,所以那时候它们可以让接受投资的国家做出最大的让步,然而一旦资金到位,讨价还价的力量开始向东道国倾斜。当外国直接投资集中于资源开采时,这种"即将过时的讨价还价模式"最为适用,当外国直接投资集中于制造业时,这种模式便不大适用。制造业公司通常比资源开发公司享有更多的行动自由,连续不断的讨价还价是跨国公司和东道国关系的特点。跨国公司谋求从东道国政府那里获得尽可能多的让步,例如,优惠的税收待遇和贸易保护,而东道国也试图对跨国公司施加某些"业绩要求";例如,要求跨国公司按产量的一定百分比出口,聘用本国人担任高级行政职务或共享技术等。其中,东道国政府施加的最为重要和令跨国公司苦恼的要求是提高本地化程度,即要求跨国公司在当地生产或购买一定比例的零部件或中间产品,用到该公司的产

---

[1] 参见〔英〕苏珊·斯特兰奇《国家与市场》(第二版),杨宇光等译,上海世纪出版集团,2012,第19页;〔美〕曼瑟·奥尔森:《权力与繁荣》,苏长和、嵇飞译,上海世纪出版集团,2005,第2页。

品中去。几乎每个东道国都谋求跨国公司的产品尽可能本地化。①

对于东道国政府和跨国公司的行为,可以通过建立一个简化的博弈模型来对两者的相互作用关系进行分析。② 假定博弈的参与人为跨国公司和东道国政府,双方都具有对方的完全信息。假定东道国政府只能在两种策略中做出选择,即东道国政府的纯策略空间中只包含两种纯策略:一种是投资刺激,另一种是投资限制。投资刺激为东道国政府鼓励跨国公司对本国直接投资的所有政策措施的集合,投资限制为东道国政府限制外国直接投资的各种政策措施的集合。假定跨国公司的纯策略空间中也只有两种纯策略,即合作式投资和非合作式投资。合作式投资指跨国公司充分考虑了东道国的利益后采取的投资方式。非合作式投资指跨国公司忽视东道国的利益,仅从自身利益角度出发所采取的投资方式。假定跨国公司对东道国直接投资对双方来说都存在"盈利"。

由于东道国的策略和跨国公司的策略会相互作用,相互影响,因此在不同的策略组合(博弈结局)下,双方各自的盈利情况又有所差别。假定有如下盈利矩阵。

		东道国政府	
		投资鼓励	投资限制
跨国公司	合作式投资	(a, b)	(c, d)
	非合作式投资	(e, f)	(g, h)

假如跨国公司与东道国之间是一种"一次性"的博弈关系,则可以假定 $e > a > g > c$,且 $d > b > h > f$,因此博弈的唯一的纯策略纳什均衡③为(非

---

① 〔美〕罗伯特·吉尔平:《全球资本主义的挑战:21世纪的世界经济》,杨宇光、杨炯译,上海人民出版社,2001,第169~174页。
② 以下模型参见姚杰、张勤生、李好好《合作与竞争:跨国公司与东道国政府之间的博弈》,《中国管理科学》2000年第S1期。
③ 给定一个策略式博弈 $G = (S_i, u_i)_{i=1}^N$,对于每位参与人 $i = 1, \cdots, N$ 来说,S_i 是参与人可利用的策略集,u_i 描述了参与人 i 的收益是所有参与人所选择的策略的函数。对于每位参与人 i 来说,如果某一个联合策略的收益 $u_i(s^*) \geq u_i(s_i, s_{-i}^*)$,对于所有 $s_i \in S_i$ 都成立,则联合策略 $s^* \in S$ 是一个纯策略纳什均衡。其中,$-i$ 表示"除参与人 i 以外的所有参与人"。简单地说,在充分了解其他人的行为后,任何人都没有动机改变自己的行为,则联合策略 $s^* \in S$ 就构成了一个纯策略纳什均衡,它描述的是可以被理性地保持的行为。

合作式投资，投资限制）。如果跨国公司与东道国之间进行的是一种重复博弈的话，更合乎逻辑的假定应该是 $a > e > g > c$ 且 $b > d > h > f$。此时博弈有两个纯策略纳什均衡，分别为（非合作式投资，投资限制）和（合作式投资，投资鼓励）。由于 $a > g$、$b > h$，可知（合作式投资，投资鼓励）是博弈的帕累托最优[1]。

从现实角度来说，无论是东道国政府还是跨国公司，其吸引外资和对外投资行为大多数都是出于获取长期利益的战略性考虑的，这就决定了东道国政府与跨国公司都有"重复博弈"的倾向。既然双方都有意将博弈重复地进行下去，那么为了实现各自利益的最大化，双方将按照（合作式投资，投资鼓励）的帕累托最优的均衡方式博弈下去，"合作的态度"对于双方来说都是最优的策略选择。

二 跨国公司对非洲国家直接投资的利益诉求

在经济全球化下，外国直接投资是国际资本流动的主要形式，而外国直接投资是以跨国公司为主体实现的。跨国公司通过技术、资金和管理经验向发展中国家的转移和扩散，影响着发展中国家经济发展的各个方面。跨国公司对外直接投资主要是出于以下几方面的利益诉求：一是，市场驱动型投资，追求的是容量较大和具有增长潜力的新市场，扩大全球市场占有率；二是，效率驱动型投资，追求的是降低生产成本，以提高生产效率；三是，自然资源驱动型投资，追求的是在自然资源开发中获益；四是，战略资产驱动型投资，追求的是占据能够提升未来竞争力的战略性资源（包括有形资产和无形资产）。[2]

2000~2008年，跨国公司在非洲直接投资额最多的15个国家中，有10个是石油出口国，如阿尔及利亚、刚果（布）、埃及、利比亚、摩洛哥、突尼斯、尼日利亚、安哥拉、赤道几内亚和苏丹，其中安哥拉、埃及和尼日利亚占据了非洲外国直接投资流入额最多的前三位国家。其余5个国家分别是南非、赞比亚、坦桑尼亚、乌干达和刚果（金），这几个国家也都是自然

---

[1] 一种资源配置状态被称为帕累托最优，是因为它有效地利用了社会初始资源和各种技术可能性，从而不再有其他的分配方式，能够使某些人的福利得以改进而不降低其他任何人的福利水平。

[2] Ludger Odenthal, "FDI in Sub - Saharan Africa", *OECD Working Paper No.173*, 2001, p.14.

资源（尤其是矿业）丰富的国家。2000~2008年，有70%的非洲外国直接投资额流入了10个石油出口国（见表3-1）。2012年，非洲外国直接投资流入量最多的国家分别是尼日利亚、莫桑比克、南非、刚果（金）、加纳、摩洛哥、埃及、刚果（布）、苏丹和赤道几内亚，这10个国家的FDI流入量占非洲FDI流入总额的比重高达72.7%。对比表3-1可知，除了加纳和莫桑比克，其余国家都延续了以往外国直接投资重要目的国的地位。值得关注的是，加纳和莫桑比克都是非洲新兴油气资源国。2011年，加纳已探明原油储量和石油供应量均跃居非洲第12位，超过突尼斯；2013年莫桑比克已探明天然气储量列居非洲第7位。综上，自然资源丰富的国家是跨国公司最重要的投资目的国。跨国公司对于非洲"自然资源穷国"的投资兴趣显然要小得多。尽管并不是所有的投资都流入了资源行业，但跨国公司在非洲直接投资具有明显的自然资源驱动特征。

表3-1 2000~2008年非洲外国直接投资流入额最多的15个国家

名列	国　　家	平均流入额（百万美元）	占非洲流入总额比重（%）
1	安哥拉	6631.5	18.5
2	埃及	4586.5	13.0
3	尼日利亚	4529.1	12.9
4	南非	3510.3	10.0
5	摩洛哥	1812.6	5.1
6	苏丹	1713.6	4.9
7	利比亚	1391.6	4.0
8	突尼斯	1308.3	3.7
9	阿尔及利亚	1266.6	3.6
10	刚果（布）	1039.6	3.0
11	刚果（金）	610.6	1.7
12	赞比亚	493.7	1.4
13	坦桑尼亚	465.9	1.3
14	赤道几内亚	459.6	1.3
15	乌干达	395.4	1.1

资料来源：Elsabe Loots, Alain Kabundi, "Foreign Direct Investment to Africa: Trends, Dynamics and Challenges", SAJEMS NS 15 No.2, 2012, p.135。

虽然自然资源富国是非洲外国直接投资流入的最大受益者，但是应该看到，流入资源富国的外国直接投资占非洲外国直接投资总额的比重在逐渐下降，2008年这一比例为78%，到2013年下降到65%。同时，资源匮乏国家的FDI流入额占GDP的比重逐步提高，2013年为4.5%，比2000年提高两倍（见图3-1）。这也反映出流入非洲的外国直接投资中自然资源以外的驱动因素开始增强，同时也表明许多计划中的矿业投资被搁置。受全球经济危机的影响，2009年以来全球经济低迷导致对非洲初级产品需求下降，结果导致一些计划中的矿业投资被搁置。[①] 近年来，伴随着非洲大陆持续快速的经济增长，"非资源领域"外国直接投资的项目数量和金额都在显著增加，其中金融、商业等服务业领域，以及水、电和电信等基础设施领域的投资增加较快。非洲制造业的外国直接投资亦呈现上升态势，但是整体来说仍然表现不佳。举例来说，在化学、制药和汽车（南非和摩洛哥）、纺织和服装（莱索托和乌干达）领域，非洲国家的劳动力成本比起亚洲领先国家（中国和孟加拉国）还要高，加上其他导致生产成本升高（如交通、税收、腐败等）的因素，共同制约了外国投资者的大举进入。[②] 由此可知，迄今为止，跨国公司在非洲主要的投资动机就是自然资源驱动和市场驱动，而效率驱动不是主要的利益诉求。这是因为当前非洲国家的劳动力素质和生产率均偏低，加之基础设施不完善、政府腐败和行政效率低等因素的制约，导致跨国公司在非洲国家生产和运营的成本较高，很难有大规模"降低生产成本"的效率驱动型投资机会。至于战略资产驱动型投资，由于目前非洲本土企业的国际竞争力偏低，跨国公司在非洲投资很少注重获取无形的战略资产（如专有技术和商标等），更多关注的是获取战略性矿产资源。尤其是来自发展中国家的跨国国有公司在非洲的投资，很多就是战略资产驱动型投资，这种投资动机不仅是市场力量的驱使，更多是投资来源国政府对这些战略资源的强烈需求。

当然，不可否认的是，随着大规模基础设施的投资、政府治理有效性增强、医疗教育水平提升、商业环境改善等众多利好因素的激励，在非洲投资运营的成本将逐步降低，未来"效率驱动型"外国直接投资也将出现

---

① African Development Bank, OECD, UNDP, *African Economic Outlook 2014*, 2014, p.52.
② Elsabe Loots, Alain Kabundi, "Foreign Direct Investment to Africa: Trends, Dynamics and Challenges", SAJEMS NS 15 No.2, 2012, p.132.

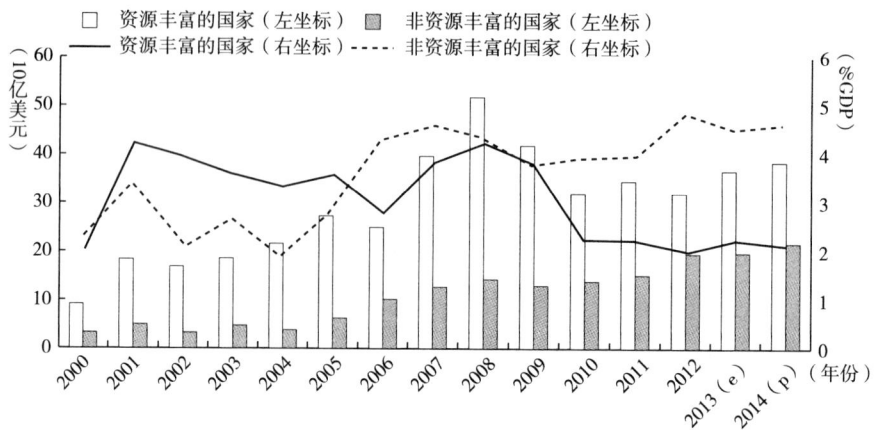

图 3-1 非洲外国直接投资流入状况：资源国和非资源国比较

注：e 表示估计值；p 表示预测值。

资料来源：African Development Bank, OECD, UNDP, *African Economic Outlook 2014*, p.53。

上升趋势。而且伴随外国投资者的大规模涌入，在市场竞争的作用下，本土企业的国际竞争力也将逐步提升，"战略资产驱动型"外国直接投资的机会也将逐渐增多。随着非洲经济前景和商业环境越来越受到国际投资者的青睐，未来投资非洲的驱动因素将会遍及各项投资动机，非洲外国直接投资的发展前景广阔。

三 非洲国家吸引跨国公司直接投资的利益诉求

在全球化时代，为了摆脱边缘化的地位，非洲国家需要借助外部资金来发掘经济增长的潜力和空间。非洲国家吸引跨国公司直接投资的主要利益诉求为弥补资金缺口、实现技术转移、增强国际竞争力，以及创造更多就业机会。由于资金匮乏和技术落后是制约非洲经济发展的主要瓶颈，为了改变这种现状，非洲国家吸引跨国公司直接投资的主要利益诉求就在于增加资金供给和实现技术在当地的转移。当前非洲国家正致力于实现千年发展目标和非洲发展新伙伴计划，为此各国年均经济增长率在中长期要达到最低 7% 的目标，而若要实现如此高的增长率需要非洲国家的平均投资率达到 25% 以上。[①] 过去的 20 年里，非洲投资率一直在 18% 左右，低于 25%

---

① Elsabe Loots, Alain Kabundi, "Foreign Direct Investment to Africa: Trends, Dynamics and Challenges", SAJEMS NS 15 No.2, 2012, p.128.

这个最低标准，这也是非洲经济增长率很难达到 7% 的原因。为了达到增长目标，撒哈拉以南非洲国家需要每年在基础设施上投资 930 亿美元，但实际的投资额仅为 450 亿美元，也就是说每年的资金缺口接近 500 亿美元。如果加上北非国家，基础设施建设的资金缺口将会更大。除此之外，非洲国家生产部门的资金缺口也很大。[①] 对于非洲国家政府来说，如何弥补这些资金缺口是个巨大挑战。

长期以来，撒哈拉以南非洲国家总储蓄率均低于 25%，而且大多数时候还低于总投资率，单纯依靠动员国内资金很难达到 25% 以上的高投资率。根据国际货币基金组织的统计，2013 年撒哈拉以南非洲地区的总储蓄率为 19.4%，低于总投资率（23.7%）近 4 个百分点（见图 3-2）。非洲国家普遍面临的资金短缺问题，使得各国政府很难大幅增加基础设施、社会保障和服务体系等公共项目的支出，而这些政府支出的增加能够带动国内需求的提高，增加私人部门参与经济活动的积极性，从而促进经济高速增长。[②] 由于仅仅依靠自身努力难以大幅增加收入水平进而提高储蓄率和投资率，因此非洲国家期待通过外国直接投资来弥补巨额的资金缺口。另据研究表明，大多数跨国公司的直接投资都趋向于提高东道国的生产率和技术水平，而且东道国的开放程度越高、出口促进政策越好、发展程度越高，这种促进作用就越大。东道国企业与跨国公司间的技术差距越小，跨国公司的"技术外溢效应"就越大。为此，非洲国家还希望通过外国直接投资的外溢效应，实现先进技术、管理经验从跨国公司的转移，带动当地技术和管理经验的提高。例如，采矿业投资需要较高的技术水平和投资额度，而非洲本土矿业公司的技术和资金都比较欠缺。为使非洲采矿业具有国际竞争力，非洲国家趋向于吸引跨国矿业公司的风险投资。

此外，尽管拥有 10 亿人口的非洲大陆劳动力资源丰富，但是当前许多非洲国家的失业率（尤其是青年人）很高。例如，在加纳人口构成中，2012 年 65 岁以上的老年人仅占总人口的 4.5%，0～14 岁的人口占 38.1%，

---

① UNCTAD, *Economic Development in Africa 2014*: *Catalysing Investment for Transformative Growth in Africa*, United Nations, 2014, p. 4.

② Economic Commission for Africa, *Economic Report on Africa 2006——Capital Flows and Development Financing in Africa*, December 2006, p. 1.

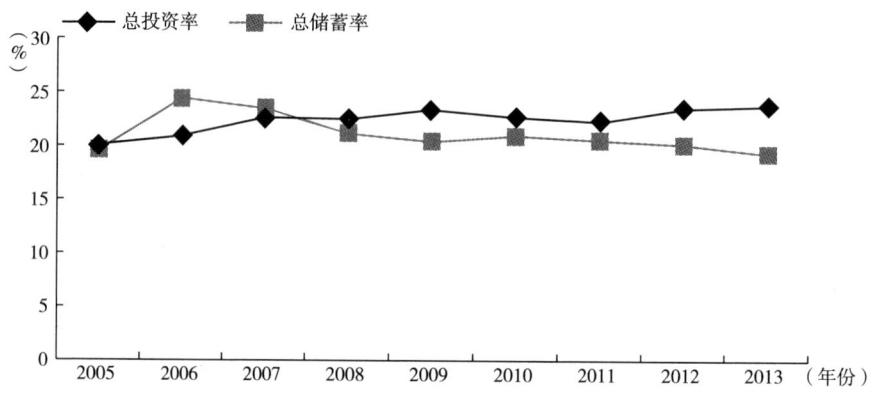

图 3-2　2005~2013 年撒哈拉以南非洲总储蓄率和总投资率

资料来源：IMF, *Regional Economic Outlook: Sub-Saharan Africa*, Washington, D. C., April 2014, pp. 72-73。

其余 57.4% 为 15~64 岁的就业人口。[1] 加纳主要劳动力是青年人，但是近年来无论在加纳城市地区还是北部农村，都出现了年轻人大规模且不断增长的失业现象。在离开农村到城镇寻找工作的年轻人中，只有少数人能找到工作。即便是加纳大学的毕业生，也只有少数人能够在正规部门找到全职工作。据估计，在加纳主要沿海城市的失业率达到了 70%~80%。[2] 近 20 年来，突尼斯的失业率长期居高不下。2010 年底 "茉莉花革命"以来，失业率更是攀升到接近 20% 的高水平。15~30 岁的青年人占到突尼斯就业市场的 1/3，占失业人口的 3/4。青年人的失业率高达 30% 以上，对于青年妇女和贫困地区的青年人（特别是在西部地区），失业率会更高。突尼斯青年失业率过高导致社会矛盾不断恶化，最终成为社会变革的导火索。[3] 对于非洲国家来说，为保持社会安定和减少贫困状况，必须要努力创造更多的就业，降低居高不下的失业率。现有的研究表明，外国直接投资对于东道国社会发展的重要贡献就是创造就业机会。因此非洲国家吸引外资的利益诉求之一就是提高就业水平。

---

[1] African Development Bank, *African Statistical Yearbook 2013*, 2013, p. 195.
[2] David W. Throup, *Ghana: Assessing Risks to Stability*, June 2011, pp. 12-13.
[3] Mongi Boughzala, *Youth Employment and Economic Transition in Tunisia*, January 2013, p. 3.

第二节　跨国公司和非洲国家在利益博弈中的合作与冲突

显而易见，在跨国公司对非洲国家的直接投资中，双方有不同的利益诉求，在现实中必然会导致诸多领域的利益冲突。如果要将潜在的利益诉求变成真实的收益，需要双方的长期合作，这无疑是双方利益合作的重要出发点。

一　跨国公司与非洲国家的利益合作基础

在跨国公司对非洲国家直接投资行为中，双方利益合作基础主要表现在如下几个方面。首先，跨国公司对外直接投资依赖于非洲国家的政策支持。国家是国际关系的主体，政府代表国家行使主权，对内组织国民生活的运转和维护社会秩序，对外捍卫民族利益。跨国公司是国际生产、贸易和金融的主要组织者，又是经济全球化的大力推动者。[①] 主权国家和跨国公司分别代表了世界上政治和经济的主要行为体。政府不仅具有统治的合法性和代表性，还拥有强制执行的权力。跨国公司在全球化的过程中经济实力日益壮大，越来越多的大型跨国公司超过了许多民族国家的举国财力。然而全球化的兴起，带来的并非仅仅是经济实力的比拼，而是国际经济、政治、外交乃至文化等错综复杂的冲突与合作，在此过程中国家权威将继续存在并扮演重要角色。无论跨国公司的经济实力有多强，若要实现在全球范围内的扩张，必然需要东道国政府制定对外国投资者有利的相关政策。因此非洲国家的政策环境对跨国公司的投资来说至关重要。

其次，非洲国家为实现长期发展也需要依靠跨国公司的资金和技术。在独立之初，许多非洲国家担忧外国公司控制其经济命脉，纷纷致力于"外资国有化"的努力，以获取对国民经济的绝对掌控力。但是最终发现其获得的胜利往往徒有虚名，而且付出了很高的代价。这是因为尽管非洲国家能够收回矿井或油井的控制权，却没有像外国公司一样的资金、技术和

[①] 杨冠群：《全球主义思潮和民族国家意识的碰撞——浅议跨国公司的是与非》，《国际问题研究》2002 年第 5 期，第 13 页。

开发市场的力量。最终的结果仍然是跨国公司继续控制着这些产品的海外销售渠道，并且控制着在世界市场上维持竞争能力必不可少的资金和技术。由于非洲国家没有维持和提升竞争力的必要手段，最终面临在全球化过程中被日益边缘化的地位。为了摆脱经济发展滞后的局面，非洲国家纷纷抛弃对外资排斥和限制的政策，转而采取鼓励外资进入的积极姿态，这是因为非洲国家政府越来越认识到跨国公司是其经济发展所需资本和技术的最佳来源。

最后，跨国公司将非洲大陆视为全球重要的农矿资源供应地和活力不断增长的巨大消费市场，因此对非洲投资符合其获取更多利益的动机。独立以来，非洲国家的发展历程充满了艰辛和波折，内战、政局动荡、流行疾病、粮食危机和贫困蔓延等各种挑战一直困扰其中，直到20世纪90年代中期以来非洲国家才开始了新一轮的经济振兴之路。在过去的十年中，尽管经历了全球粮食和金融危机的严峻挑战，非洲大陆仍然以前所未有的速度实现了经济增长。虽然要使非洲的贫困状况彻底改观，还需要再经历几十年的高速增长，但是世界各国对于非洲经济发展前景的乐观情绪已然日益高涨。这种乐观情绪的产生并非无本之木，它来自对非洲发展潜力的正确评估。第一，非洲拥有丰富的自然资源，其中有大部分还有待开发，这不仅包括传统的矿产品，还包括清洁能源。第二，不同于世界其他地区正在或即将承担老龄化社会的沉重负担，非洲却是世界上"最年轻"的大陆。如果能够在教育和培训上投入更多来提高年轻人的发展潜能，那么非洲有可能成为最有活力的大陆。第三，非洲大陆的中产阶级队伍日益壮大，城市化水平也逐步提高，这在过去就是非洲保持强劲增长的重要推力，并且将继续助力未来发展。据统计，2010年，非洲大陆中产阶级人数占全部人口的34%，城市人口约占总人口的40%，并且这一比例还将继续提高。[1]对于跨国公司来说，非洲大陆是个充满商机和前景广阔的巨大市场。

综上所述，跨国公司对非洲国家的直接投资，能够实现技术和资金在当地的转移和扩散，从而加快非洲经济增长和转型的步伐。跨国公司若要保持和提升国际竞争优势，也需要在全球范围内进行投资扩张，非洲大陆

---

[1] African Development Bank, *Africa in 50 Years' Time: The Road Towards Inclusive Growth*, September 2011, pp. 9 – 13.

所具有的资源、市场和增长潜力就成为跨国公司全球战略布局中愈来愈重要的环节。由此，跨国公司对非洲国家直接投资符合双方的利益诉求。值得注意的是，尽管存在利益合作的坚实基础，非洲国家还需要营造一个良好的引资环境，以激励更多的外资涌入，从而在跨国公司大举投资中真正成为受益者。

二 跨国公司与非洲国家的利益冲突焦点

尽管跨国公司和非洲国家存在谋求长期合作的利益基础，但是在跨国公司对非洲国家直接投资的过程中，仍然会存在诸多的利益冲突。一方面，跨国公司对非洲投资谋求利益最大化的行为，与非洲国家寻求可持续发展的长期利益诉求并不一致，必然会在合作过程中出现利益冲突。另一方面，非洲国家虽然积极鼓励跨国公司前来投资，但是跨国公司在非洲投资过程中维护自身利益的合理诉求，也可能会受到东道国投资环境不佳的制约。具体来说，双方利益冲突集中在如下几个方面。

（一）跨国公司资源型投资与非洲国家保护环境的冲突

跨国公司对非洲直接投资长期以矿产资源型投资为主。然而由于非洲国家环境法规不健全及缺乏切实有效的执行力，跨国公司在促进非洲矿业发展的同时，也使非洲国家付出了资源过度开采和环境恶化的代价，包括植被的消失及水土流失、生物多样性的减少、河道的改变以及沉积物的增加、酸性废水以及地面下陷等。[①] 例如，跨国公司在尼日利亚石油开采过程中，对自然环境和生态系统的破坏触目惊心。几十年来，壳牌、埃克森美孚等跨国石油公司一直在尼日尔三角洲地区泄漏石油及燃烧天然气，对当地环境和生态系统造成巨大的破坏。过去50年中出现了几千次的石油溢出事故，而且这些事故通常都未被详细记录，其石油泄漏量常常被掩盖甚至被公司及政府故意忽略。2009年，加纳发布了一份石油开采对海洋生物的影响报告，明确指出至少有18种不同类别的海豚和小型鲸鱼会受到石油勘探活动的影响，生存状况堪忧。

---

① UNCTAD, *Economic Development in Africa——Rethinking the Role of Foreign Direct Investment 2005*, New York and Geneva, 2005, pp. 51 – 53.

跨国公司在非洲国家进行的资源开发投资虽然给当地带来了发展机遇，但是其造成的环境破坏却给非洲国家带来长期的伤害。跨国公司在非洲的资源型投资对当地环境造成的破坏，显然与非洲国家保护环境的长期目标相背离。在未来，如何权衡保护自然环境与获取更多的资源利益之间的关系，即如何在争取跨国公司投资的同时，降低资源和环境成本，成为摆在非洲国家政府面前的难题。

（二）跨国公司寻求投资安全与非洲国家政治安全高风险的冲突

跨国公司对外直接投资通常会选择政治和安全风险低的东道国为目的地。但由于长期以来在非洲的跨国投资很大程度上属于资源驱动型投资，因而即便是资源国的政治和安全风险较高，也会有跨国公司前去投资，尤其在投资于石油等战略性能源时更是如此。而且，当跨国公司的投资触角早已伸及有利可图并且商业环境良好的国家之后，非洲国家潜在的巨大商机和对外资的开放政策，必然会激发起跨国公司的投资热情，即便是面临政治和安全风险，也依然会有跨国公司前往投资。由于许多非洲国家政治和安全风险较高，这就与跨国公司希望保护投资安全的目标相冲突。例如，2008年初肯尼亚大选导致大规模的政治骚乱，给肯尼亚乃至周边国家的经济带来巨大损失。2010年12月底至2011年1月间突尼斯爆发了"茉莉花革命"，执政23年之久的总统木·阿里逃亡沙特阿拉伯，国内政治局势发生变化。突尼斯的政治变革迅速蔓延至其他阿拉伯国家，北非大国埃及的政局从2011年以来持续动荡。除了政治动荡之外，许多非洲国家的安全形势堪忧。尼日利亚重要产油区——尼日尔三角洲，从20世纪90年代中期以来就一直存在反政府武装，频繁发生针对政府和外国石油公司的暴力活动以及盗油行为。据壳牌石油公司称，2006～2010年，壳牌公司在尼日尔三角洲地区发生的75%的漏油事件、70%的漏油量是由于设施破坏、盗油行为及非法炼油所致，并呼吁尼日利亚各级政府加强巡逻，打击盗油行为和非法炼油厂，保护企业合法权益。自2006年以来，乌干达和肯尼亚陆续发现大型的新油田，吸引了众多跨国公司前往投资。但是无论是乌干达的艾伯特湖区还是肯尼亚的图尔卡纳湖区，这些大型油田所在地都是其国内最落后的地方，而且反政府武装频繁出没，这增加了跨国公司投资的安全风险。作为非洲国家政府来说，如何防范和规避政治和安全风险，吸引更多的跨国公司前去投资，是个极富挑战又无法规避的课题。

（三）跨国公司制定长期投资战略与非洲国家政策变动的冲突

当前许多非洲国家制度和法治建设不完善，政府制定的政策缺乏连续性，随意性强，导致对跨国投资者的保护力度不足。举例来说，当尼日利亚政府权力更迭时，新任领导人常常会改变上任领导人的政策，已经签署的合同和协议被变更或中止的事件也时有发生。2006年11月，中国和尼日利亚签署了一项25亿美元的贷款协议，但是确认这些贷款协议条件的谅解备忘录直到奥巴桑乔总统离任都没有签署。其后的亚拉杜瓦政府认为合同价格被极大地虚报了，结果亚拉杜瓦总统在2008年6月取消了这个合同。在奥巴桑乔执政时期所推行的"石油换基础设施"计划也在亚拉杜瓦执政时期遭到抵制，亚拉杜瓦认为这一计划缺乏透明度，对下游产业的投资也没有兑现，并具有非常可疑的个人和政治动机而不是为了国家发展的动机。2008年5月和6月，"石油换基础设施"计划下的两个大型项目被取消。[①]由于跨国公司对非洲直接投资寻求的是长远利益，而非洲国家的政策随意变动，使得跨国公司无法制定有效的长期投资战略，从而导致双方产生利益冲突。

（四）跨国公司谋取更多投资收益与非洲国家运营成本高的冲突

跨国公司对非洲直接投资一般以追求收益最大化为目标，但是许多非洲国家商业运营成本高，使得跨国公司最终获得的收益大打折扣。例如，在肯尼亚和尼日利亚，不可靠的电力供应、运输损失、犯罪和腐败分别使企业每年有10%至16%的销售额被消耗掉。其中在尼日利亚运营的企业每年有近10%的销售额因为电力短缺而损失掉，有近4%的销售额因为运输延误而损失掉。[②]

南非、埃及、加纳和尼日利亚均是外国直接投资流入额排名前十位的非洲国家。根据世界银行发布的《2014年营商环境报告》中，尼日利亚和埃及在全球189个经济体中分别排名第147位和第128位，营商环境较差。

[①] 英国皇家国际事务研究所：《对非洲石油的渴求——记在尼日利亚和安哥拉的亚洲国有石油公司》，2009年8月，第9页。

[②] The World Bank, *An Assessment of the Investment Climate in Nigeria*, 2009, p. 23.

在尼日利亚开办企业、办理施工许可、获得电力的成本分别占其人均收入的 58.3%、3504.8% 和 960.5%。即便在营商环境排名靠前的南非和加纳，也存在较高的运营成本。在南非和加纳获得电力的成本分别占其人均收入的 1432.1% 和 2295.3%（见表 3-2）。值得关注的是，尽管在过去的 20 多年里，中国的外国直接投资流入量一直占据发展中国家之首，但是 2014 年中国的营商指数也仅排名第 96 位，整体排名还不及南非和加纳。由此可见，跨国公司对外直接投资并不仅仅评估东道国的营商环境和运营成本，东道国资源禀赋、市场容量、基础设施、制度环境、商业文化和盈利前景等都要纳入投资决策的考虑范围之内。跨国公司在非洲国家投资面临较高的运营成本，这与其谋求利益最大化的目标相冲突。若要吸引更多跨国公司的投资，非洲国家还需要进一步改善营商环境，降低企业运营的资金成本和时间成本。

表 3-2 2013 年非洲主要国家营商环境

国家 项目	南非	埃及	尼日利亚	加纳	中国
营商指数排名（189 个经济体）	41.0	128.0	147.0	67.0	96.0
开办企业（排名）	64.0	50.0	122.0	128.0	158.0
手续（数量）	5.0	7.0	8.0	8.0	13.0
时间（天）	19.0	8.0	28.0	14.0	33.0
成本（占人均收入百分比,%)	0.3	9.7	58.3	15.7	2.0
办理施工许可（排名）	26.0	149.0	151.0	159.0	185.0
手续（数量）	16.0	21.0	18.0	15.0	25.0
时间（天）	78.0	179.0	116.0	246.5	270.0
成本（占人均收入的百分比,%)	9.9	108.0	3504.8	259.6	344.7
获得电力（排名）	150.0	105.0	185.0	85.0	119.0
手续（数量）	5.0	7.0	8.0	4.0	5.0
时间（天）	226.0	54.0	260.0	79.0	145.0
成本（占人均收入百分比,%)	1432.1	337.4	960.5	2295.3	499.2
登记财产（排名）	99.0	105.0	185.0	49.0	48.0
手续（数量）	7.0	8.0	13.0	5.0	4.0
时间（天）	23.0	63.0	77.0	34.0	29.0
成本（占资产价值百分比,%)	6.1	0.7	20.8	1.2	3.6

续表

国家 项目	南非	埃及	尼日利亚	加纳	中国
交纳税款（排名）	24.0	148.0	170.0	68.0	120.0
次数（次/年）	7.0	29.0	47.0	32.0	7.0
时间（小时/年）	200.0	392.0	956.0	224.0	318.0
总税率（占盈利额百分比,%）	30.1	42.6	33.8	22.9	63.7
跨境贸易（排名）	106.0	83.0	158.0	109.0	74.0
出口所需成本（美元/集装箱）	1705.0	625.0	1380.0	875.0	620.0
进口所需成本（美元/集装箱）	1980.0	790.0	1695.0	1360.0	615.0

资料来源：The World Bank, *Doing Business 2014*, 2014, pp. 184, 189, 194, 214, 224。

（五）跨国公司获得过多的优惠政策与非洲国家民族主义思想的冲突

基于非洲国家在全球经济中的弱势地位和经济发展面临的诸多困境，外国直接投资被认为可以在非洲经济发展中发挥更加重要的作用。正因为如此，非洲国家纷纷采取对外资开放和鼓励政策，甚至为了吸引外资"竞相降低门槛"。这样的结果自然对跨国公司有利，也使得外国直接投资流入额大幅增加。但是从非洲国家的角度来看，评估对外资实施优惠政策所带来的收益是否能够弥补其付出的成本却并不容易。一些批评者甚至认为非洲国家竞相采取优惠政策吸引外资带来的是"胜者诅咒"（winner's curse），因为这种引资竞争不仅导致了政府财政收入的损失，更重要的是非洲国家放弃了为实现更具活力的长期发展路径所必需的一些政策选择。至于究竟在多大程度上跨国公司的投资行为能够与非洲国家的长期发展战略相一致，是一个极不明确也不简单的问题。为此，在对待跨国公司的大举投资，尤其是非洲国家政府给予外资过多优惠政策的时候，难免会引起当地民众的不满，导致民族主义思想意识的增强，从而会发展成为对跨国公司投资行为的抵制乃至敌视情绪。例如，过去十年里，在非洲许多矿产资源国，都出现了民间社会运动，抗议政府给跨国公司投资过多优惠，以及质疑跨国公司投资给当地带来的收益。[1]

---

[1] Economic Commission for Africa & African Union, *Minerals and Africa's Development: The International Study Group Report on Africa's Mineral Regimes*, November 2011, p. 17.

民族主义的主旨就是给予民族以高于一切的关注。民族主义是将民族作为关注的焦点，并力求促进民族利益的一种意识形态。① 经济民族主义的中心思想就是经济活动要为而且应该为国家的整体利益服务。从长远观点看，国家既要追求财富，又要谋取实力。② 跨国公司在非洲资源型投资最容易引起当地民族主义情绪，表现为资源民族主义。近年来，全球范围内的资源民族主义日渐兴盛，在非洲地区，资源民族主义的表现就是努力提高非洲人在矿产开采和出口过程中的收益。例如，南非 2002 年通过新的《矿产和石油资源开发法》，将矿产资源的所有权收归国有，并对矿区的环境保护问题做了严格的规定，确保实现矿产资源的可持续性勘探开发，同时推动社会公平和经济发展。2014 年南非政府再次对《矿产和石油资源开发法》进行了新的修订，并规定政府可以免费获得新的能源企业 20% 的股权，还可以按照协议价格获得任何比例的股权。③ 非洲国家的资源民族主义倾向是跨国矿业公司在非洲投资的主要风险之一。为应对资源民族主义的挑战，一方面跨国公司需要规范自身行为，减少与当地民族主义思想的冲突；另一方面，非洲国家政府需要努力从跨国公司的投资中获取更多的资源收益，并减少相应的成本支出。

（六）跨国公司利益驱动的投资战略与非洲国家长期发展战略的冲突

跨国公司作为"市场力量"的代表，其对外直接投资行为必然以追寻市场利益为主要出发点。而作为"国家权威"代表的非洲政府，其谋求的必然是国民经济发展的长期利益，即实现经济转型，改变当前脆弱的经济基础，建立起具有国际竞争力的产业门类，同时实现惠及民众的包容性经济增长。这两种不同的利益取向必然会导致冲突。

现实中，跨国公司在非洲国家的投资已经给当地经济发展造成了诸多

---

① 〔英〕安东尼·史密斯：《民族主义：理论、意识形态、历史》（第二版），叶江译，上海世纪出版集团，2011，第 9 页。
② 〔美〕罗伯特·吉尔平：《国际关系政治经济学》，杨宇光等译，上海世纪出版集团，2011，第 29~30 页。
③ 《南非国民大会通过新矿法修正案》，http://geoglobal.mlr.gov.cn/zx/kczygl/flfg/201403/t20140314_3028042.htm，2014-05-09。

负面影响，表现为：其一，自然资源开发和出口导向型生产的跨国投资主要面向国外市场进行生产和出口，与国内其他产业部门的关联度少，对当地经济增长的促进作用有限。其二，跨国公司在资金、技术、人才、管理等方面具有更强的竞争实力，非洲本土企业很难在竞争中胜出，因而被迫退出市场，导致民族产业规模的缩减和就业机会的减少。例如，在南非，跨国公司的投资尽管在汽车及零配件加工行业中发挥了正面作用，带来了资本、技术，并提升了产业竞争力；但是在乳品、化工、医药和电子等行业，则带来了负面冲击。跨国公司为占据市场优势，出现并购当地竞争对手，然后将其关闭并转移财产的不正当竞争行为，致使当地生产商和企业被迫退出市场。[1] 其三，外资大规模流入资源开发领域，给非洲资源富国带来"资源诅咒"的困境。许多非洲资源富国，例如尼日利亚、阿尔及利亚、安哥拉、苏丹、赤道几内亚、利比亚等，都不同程度地陷入了"资源诅咒"的怪圈。由此可见，非洲国家在吸引跨国公司的投资时必须保持警惕，避免出现外国投资与国家长期经济发展战略相背离的问题。

第三节　跨国公司和非洲国家在利益博弈中的策略

"相互依赖性"是指双方既合作又冲突的情况。[2] 非洲国家与跨国公司在利益博弈中既有冲突又有合作，形成了相互依赖的关系，双方博弈的结果趋向于动态均衡。即建立在长期利益合作的基础上，经过多次博弈，非洲国家和跨国公司分别采取相应策略来减少利益冲突，谋求长远的利益合作。

一　非洲国家的博弈策略

尽管非洲国家政府对外国直接投资普遍持积极的态度，但是在和跨国公司打交道时仍旧小心翼翼，为了不让跨国公司长驱直入本国经济，非洲国家仍然对引进外资施加一些必要的限制。非洲国家的政府希望能最大限度地利用外国直接投资为本国经济服务，同时将跨国公司对本国发展带来

---

[1] CUTS Centre for Competition, "Investment & Economic Regulation", *Investment Policy in South Africa: Performance and Perceptions*, 2003, p.51.
[2] 〔美〕A. 爱伦·斯密德：《财产、权力和公共选择——对法和经济学的进一步思考》，黄祖辉等译，上海三联书店、上海人民出版社，2006，第6页。

的潜在负面影响降至最低。具体来说，非洲国家采取如下博弈策略。

(一) 提升区位优势以吸引更大规模的跨国公司投资

当前非洲国家在吸引外资方面远远落后于亚洲发展中国家，在全球外资流入格局中处于边缘地位。为了吸引更多的外国直接投资流入，非洲国家纷纷致力于提升跨国公司投资的区位优势，营造更具吸引力的投资环境。

第一，确保政治局势、安全形势和宏观经济的稳定性。非洲地区政治发展不平衡，许多国家都存在部族、宗教矛盾，而且很难在短期内消除。非洲国家的政治环境不稳定，反政府武装冲突比较频繁，1960~1999年，大约有20个非洲国家都经历了至少一次政治动荡。一些非洲国家的恐怖主义和有组织犯罪等活动仍然猖獗。虽然政府也采取了严格的措施，并投入了较多警力加强防卫，但外国企业在非洲国家的员工安全仍然面临威胁。与此同时，许多非洲国家的失业率较高，这些失业人员将失业归罪于外国投资者抢走了其"饭碗"而心怀愤怒，导致针对外国人的抢劫等治安问题时有发生。因此，政治和安全风险是非洲吸引外资的重要制约因素。与此同时，非洲国家的宏观经济也具有不同程度的不稳定性：(1) 许多非洲国家的经济体系脆弱、产业结构单一，容易受国际市场初级产品价格波动的影响，宏观经济存在较大程度的不稳定性和不确定性；(2) 许多非洲国家的高通货膨胀率、过度的财政赤字、融资状况不佳以及频繁出现的货币冲击都使得宏观经济的不稳定性加强；(3) 许多非洲国家的市场经济体制不健全、法律体系不完善、政府腐败问题严重、宏观政策变动频繁且缺乏透明度都使得外国投资者增加了交易成本。[1] 同时这些因素均增加了外国投资者的投资风险。为吸引更多的跨国公司前去投资，非洲国家纷纷致力于扭转政治局势，改变安全形势和宏观经济不稳定的状况，以降低外国投资者的投资风险。值得注意的是，这个过程关系到政治和经济领域的系统性变革，很难在短期内轻易实现。

第二，完善基础设施建设，提供有效的公共服务。非洲国家的基础设施状况普遍落后，通信、交通、电力和水的供应状况落后。由于交通和通

---

[1] African Trade Policy Centre, *Foreign Direct Investment in Africa: Performance, Challenges and Responsibilities*, September 2005, p. 14.

信设施不发达，导致在非洲运输货物和获取重要信息的成本很高。在非洲大陆内部以及到非洲以外的运输费用都非常昂贵，运输的成本平均高于关税，其对贸易的限制作用比非关税壁垒还大。高额的内部运输费用也妨碍了国内市场的形成。[1] 例如，东非共同体（简称"东共体"）五国间虽有公路连接，但连接点少、道路等级低、损毁严重，无法满足大规模商业物流需要，而现有的铁路大多运营年代较长，由于投资少和缺少养护，运营速度和运力低下。由于东非共同体区域内的公路和铁路不能形成有效的交通网络，导致运输成本高昂（大约占到商品成本的30%）。许多国家还面临严重的电力短缺和电力中断状况。东非共同体成员国主要依靠水电、石油和天然气发电来满足供电需求，由于电价较高，且电力基础设施薄弱，东共体有80%的人口无法获得电力供应。当前，非洲国家普遍存在的基础设施落后的状况是制约跨国公司投资扩张的主要瓶颈。为打破桎梏，非洲国家纷纷加大本国对基础设施领域的投资力度，以期彻底改善基础设施薄弱的现状。与此同时，非洲国家政府还致力于提供有效的卫生、医疗、教育等公共服务，为跨国公司的投资提供更多便利。

第三，增加教育投入和人员培训，提高劳动力素质。非洲国家普遍劳动力素质低下，缺乏熟练的技术工人，而且高素质人才外流严重，这些都阻碍了非洲经济的良性发展，也使得非洲吸引外国直接投资的劳动力优势降低。近年来的研究表明，人力资本状况在吸引制造业和服务业领域的外国直接投资中起着至关重要的作用，而非洲人力资本落后的状况使得其在制造业和服务业上吸引的外国直接投资较少。[2] 许多跨国公司选择外国直接投资东道国的标准，是利用东道国的人力资本优势创建外向型企业，生产的产品直接出口。这样跨国公司会根据自己的全球发展战略选择所需国家进行直接投资，所选择的国家担负不同的作用，互为补充。如中国最大的外资企业，主要从事信息和通信技术产品的生产，这源于中国具有人力资本的技术优势。而撒哈拉以南非洲国家的人力资本落后，制成品加工业基

---

[1] 〔德〕赖纳·特茨拉夫：《全球化压力下的世界文化》，江西人民出版社，2001，第135～136页。

[2] Economic Commission for Africa, *Economic Report on Africa 2006—Capital Flows and Development Financing in Africa*, December 2006, p. 10.

础非常薄弱，无法吸引外国资本投向具有较高技术含量产品的生产加工领域。① 为了促进跨国公司对技术含量较高的产业部门的投资，增强当地产业发展动力，非洲国家政府注重加强对基础教育和职业培训的投入，努力提升人力资本的素质。

第四，推动区域一体化进程，促使区域市场有效运作。2013 年，非洲有 22 个国家的总人口低于 1000 万人，其中有 18 个国家的总人口低于 500 万，单个市场容量有限。一项针对 81 个英国、瑞士和德国企业为何投资于南部非洲发展共同体的研究表明，有 84% 的投资缘于对当地市场容量的考虑，40% 是为了获取当地的原材料，21% 缘于全球战略上的考虑，19% 缘于当地的私有化，还有 26% 是出于个人原因。② 由于非洲国家的国内市场狭小，其推动区域市场的有效运作就成为吸引更大规模外国直接投资的有效举措。为了吸引更多的跨国公司直接投资，非洲国家正致力于推动区域一体化进程，努力实现自由开放的区域市场。例如，东非共同体为加快一体化进程，正致力于促进区域共同市场的建立。需要注意的是，受到各成员国工业发展水平差异、经济贸易结构相似、非关税壁垒繁多、人力资本素质差异等多重因素的影响，东非共同市场的建设还面临着一系列的严峻挑战。

（二）构筑法律体系和管理机制规范跨国公司投资行为

新制度经济学的核心思想是，制度对于经济运行的成效至关重要。美国著名经济学家道格拉斯·诺思认为，"制度是一个社会的博弈规则"，"国家提供的基本服务是博弈的基本规则"。制度是一组正式和非正式的规则，以及对规则的执行安排。制度的目的是为个人行为沿着特定的方向提供一种指引。③ 跨国公司和非洲国家有重要区别。非洲国家是最高权威，它能制定自己的法律。与之相对应，跨国公司则不能，它必须遵守非洲国家制定

---

① OECD, *The Rise of China and India: What's in It for Africa?* 2006, p. 76.
② Labour Resource and Research Institute, *Characteristics Extent and Impact of Foreign Direct Investment on African Local Economic Development*, December 2003, p. 10.
③ 〔美〕埃里克·弗鲁博顿、〔德〕鲁道夫·芮切特：《新制度经济学——一个交易费用分析范式》，姜建强、罗长远译，格致出版社、上海三联书店、上海人民出版社，2012，第 7、22、23 页。

的法律。为了规范跨国公司的投资行为，使其助力非洲经济转型和发展，非洲国家需要构建涉及外资的完整法律体系，同时为保证法律法规的顺利实施，还需要完善与之配套的外资管理机制。

当前非洲国家普遍缺乏足够的资金、技术和人力资本，需要吸引跨国公司的投资来加速经济发展。尽管跨国公司的投资可能会给非洲国家带来潜在危害，但是如果由于过度担心而将外资拒之门外，就无法合理有效地利用外资为经济发展带来长期收益。鉴于此，非洲国家不仅要实施激励机制，吸引更多的跨国公司前来投资，还应采取法律和政策工具，有效规避"潜在风险"，非洲国家需要在两者之间权衡利弊，合理把握尺度。为保障东道国的利益，非洲国家有必要制定清晰且可执行的法律条款，以及有效的外资管理机制。构建完备的法律体系和行业规则，使跨国公司明确需要遵守的政策法规，同时借助政府管理机制有效监管外资行为，以此降低跨国公司投资可能造成的负面影响。

近十年来，为引导跨国公司投资与本国发展战略协调并进，同时将跨国公司的负面影响降至最低，非洲国家纷纷致力于构建相关的外资法律体系，包括投资法、矿业法、环境法和竞争法等法律的制定和完善，并成立专门机构对外资行为进行有效管理。例如，1995 年，尼日利亚实施《尼日利亚投资促进委员会法》，成立了尼日利亚投资促进委员会，即尼日利亚投资主管部门，它负责制定吸引外资的法律法规，为在尼新建公司提供支持，协助外国公司与政府各部门联系及办理有关的注册手续等。2012 年，尼日利亚成立了营商与竞争力委员会（Doing Business and Competitiveness Committee）和投资服务委员会（Investment–Care Committee），以加强各政府部门之间的协调，提高行政效率，改善投资环境。2006 年，加纳政府出台新的《矿产和矿业法》作为矿业基本法。加纳矿业主管部门是土地自然资源部和矿业委员会，主要职责是根据法律规定对加纳矿产资源开发进行管理，审批各种许可证，根据实际勘探开发情况设置矿权，确保矿业开发过程中对安全、环境、卫生标准的执行，为矿业投资者提供地质资料、法规解释服务等。初期主要工作由矿业委员会完成，土地自然资源部负责进行最终审批等工作。2011 年，肯尼亚根据国际惯例和本国国情制定实施新的《竞争法》，旨在创造一个公平合理的竞争环境。为了落实新的《竞争法》，肯尼亚成立了独立的竞争监管机构——肯尼亚竞争管理局，负责全国各行业的竞争监管事务，包括企业兼并、收购、滥用市场支配地位等。通过构建完备的法律体系和管理机制，规范和引导跨国公司的投资行为，有助于将外国直接投资的正面效应充分发挥出来，同时抑制可能出现的负面效应。

从非洲国家角度来说，对跨国公司投资的最佳政策组合应为：一方面采取欢迎和鼓励的政策姿态，并且长期保持；另一方面通过法律体系和管理机制，对外资执行严格且公正合理的规制。出于保护国家经济安全的考虑，非洲国家可以对战略性资产加以界定，并实施必要的保护措施和限制外资进入条款。总体而言，非洲国家应给外国投资者制定清晰的指导原则，利用公平合理及可预见的法律体系和政策规制，来取代模糊不清的民族主义情绪和排外心理，从而在理性层面上对待跨国公司的投资行为，为双方实现长远合作利益提供坚实的基础。

（三）引导跨国公司投资与国家长期发展战略相协调

非洲国家当前经济增长模式存在很大弊端，不具有可持续性和包容性。原因如下：其一，非洲国家经济发展过度依赖于自然资源的开发，而绝大多数资源——化石能源、金属和非金属矿藏——都是不可再生的，这些资源正在急剧减少，面临枯竭的危险，这对未来经济增长和可持续发展都将带来负面影响。不仅如此，资源类产品价格容易受变幻莫测的国际市场供求的影响而频繁波动，这使得宏观经济和投资计划的制定面临挑战。其二，非洲大陆的人均农业产出和农业生产率都低于全球平均水平，致使粮食安全面临威胁，同时也危及社会稳定。据非洲开发银行估计，非洲的人均农业产出仅为全球平均水平的56%。更糟糕的是，撒哈拉以南非洲大约有30%的人口（2010年）处于营养不良的境地。尽管在过去十年里，非洲农业生产率呈现缓慢提升的势头，但非洲农业产出的增长仍绝大多数依赖种植面积的扩大，而非生产率的提高。随着农村人口密度的增加，种植面积在减少，越来越多的人口被迫迁往更加贫瘠的土地进行耕作。为确保粮食供应安全，非洲国家政府迫切需要提高农业生产技术和集约化水平，以大幅增加产量和提高农业生产率。其三，非洲制造业发展出现倒退。非洲制造业占GDP总额的比重从1990年的15%下降到2008年的10%，其中西非地区这一比重下降幅度最大，从13%下降到5%（见表3-3）。在非洲其他次区域也同样面临制造业比重下降的问题。制造业在总产出中份额下降引起非洲国家的担忧,因为传统上,制造业是实现经济持续快速增长的主要动力来源。其四,非洲正在经历的快速城市化,并不是主要由工业化和农业革新所推动,更大程度上却是受自然资源出口所推动。而工业化及其引致的农业转型是历史上其他地区城市化的主要推动力,因为这样才有足够的新增工作岗位来吸纳从农村转移至城市和新兴产业的劳动力。而非洲的城市化,主要动力来自于非洲国家获取的自然资源租金,这些资金绝大多数都用于城市的商品和服务消费,这使得城市相比于农村更具有吸引力,因此众多劳动力从农村地区转移至城市。不仅如此,随着非洲人口规模的迅速增加,预计到2050年世界15~24岁的青年人口中将有29%的比例在非洲。目前每年非洲新增就业人口1530万,这一数字在未来还会继续增加。① 尽管非洲拥有年轻且快速增长的人口意味着其经济增长具有潜在的创新源泉,但是同时也意味着非洲国家的经济增长方式要有潜力吸纳大规模的新增劳动力。非洲国家需要从无法创造更多就业机会的发展模式中转移出来,转向一种包容性增长的路径,为年轻人创造学习的机会和提供更多的就业岗位。

表3-3 1990年和2008年非洲制造业占GDP比重变化

单位:%

年份 地区	1990	2008
非洲大陆	15	10
西部非洲	13	5
东部非洲	13	10
中部非洲	11	6
北部非洲	13	11
南部非洲	23	18

资料来源:UNCTAD, *Economic Development in Africa 2012*, New York and Geneva, 2012, p. 3。

意识到当前的经济发展模式不可持续也不具有包容性,非洲国家政府纷纷致力于经济转型。许多非洲国家希望跨国公司的投资能够带来资

---

① UNCTAD, *Economic Development in Africa 2012: Structural Transformation and Sustainable Development in Africa*, New York and Geneva, 2012, pp. 2-3.

金和技术，促进国内经济转型的顺利进行。但是由于跨国公司是根据自身发展战略来对东道国进行投资，难免会出现跨国公司的利益目标与东道国经济长期发展战略相背离的情况。为了保证跨国公司的直接投资能够与国内经济转型的长期发展战略协调并进，非洲国家政府致力于通过产业政策来引导外国投资与国家发展战略相匹配，实施以国家战略和产业发展为核心的引资模式。具体来说，非洲国家可以通过实施差别性的外资优惠政策，引导跨国公司投资带动上游和下游产业的发展，并将引资重点放在那些能充分发挥比较优势、关联性强、技术升级空间较大的行业部门。

当然现实不可能总是尽如人意。正像英国著名学者苏珊·斯特兰奇所言，尽管具有守门人作用的国家拥有管理外国公司的权力，但各国的执行能力迥然不同。基本上，社会和谐、政治稳定和具有经济增长潜力的国家，能够利用它对外国公司的权力来加强国家的权力，而缺乏这三个理想条件的其他国家发觉外国公司不大愿意帮助它们，结果外国公司仍旧像冤家，而不像伙伴。[①] 对于非洲国家来说也是如此，如果东道国对跨国公司的吸引力有限，很难指望它们之间会出现良好的互动关系。跨国公司依然可以按照自身的利益选择投资战略，而非顺应东道国政府的发展战略。

二　跨国公司的博弈策略

毋庸置疑，跨国公司对外直接投资的动机就是获取更多利益。因此，跨国公司在非洲投资依然会按照其全球战略布局进行，这一点在双方利益博弈中不会有实质性改变。除此之外，为获得长期的投资收益，跨国公司在谋求自身利益的基础上，还要顾及非洲国家特殊的社会文化和商业环境，以及当地政府和民众的利益诉求。具体来说，跨国公司对非洲国家直接投资可采取如下博弈策略。

（一）契合非洲国家长期发展战略

尽管非洲国家在过去 30 年里经历了经济结构转变，但仍未实现促进生

---

① 〔英〕苏珊·斯特兰奇：《国家与市场》（第二版），杨宇光等译，上海世纪出版集团，2012，第 84 页。

产力大幅提高的结构性变化。为实现可持续的高速经济增长，非洲国家仍将致力于经济转型，提高制造业和现代服务业在国民总产出中的比重，促进劳动密集型产业的发展，同时兼顾农业生产率的提高和粮食产出的增加。经济转型的两大关键性驱动力就是投资和技术。通过投资能够提高生产能力，通过技术能够创造新产品、新的生产工艺和生产方式。[1] 非洲国家在转型初期缺乏资金和技术实力，利用跨国公司的资金和技术就显得至关重要，非洲国家可以借此做好起飞阶段的必要准备。同时，非洲国家需要拥有较高素质的人力资本和具有吸收先进技术的能力，从而具备利用国外资金和技术助力经济发展的前提条件。

非洲国家希望跨国公司的投资能够帮助其实现经济转型。当前，国际社会对非洲经济增长的前景普遍持有乐观的预期。作为拥有雄厚资金和先进技术的跨国公司，应致力于与非洲国家建立长期的合作关系，寻求投资决策与东道国长期发展战略的契合之处，从而实现互利共赢的最佳效果。因为一旦非洲国家实现持续稳定增长，市场投资机会和回报率也将增加，这符合跨国公司谋求长期收益的投资动机。

(二) 承担企业社会责任

当前国际社会对于企业社会责任 (Corporate Social Responsibility) 的内涵还没有统一的界定。企业社会责任联盟将企业的社会责任定义为"企业的经营活动达到或超过社会对商业组织在道德、法律、经济和公众等方面的期望。企业社会责任的成分包括活动、雇员关系、就业机会的创造和维持、环境管理和财政表现"。欧盟委员会关于企业社会责任的官方定义为"企业在自愿的基础上，将对社会和环境的关注融入其商业运作以及企业与其利益相关方的相互关系中"。国外的研究表明，履行企业社会责任可以对企业经营产生正面影响，如提高企业的声望和员工工作的积极性，改善企业与银行、投资者及政府机构之间的关系，进而提升企业的经营业绩等。[2] 国内学者陈彦勋认为按照企业社会责任的实质，可以将其划分为不侵害责任和扶助支持责任（见图 3-3）。不侵害责任属于基本层面的责任，企业必

---

[1] UNCTAD, *Economic Development in Africa 2012: Structural Transformation and Sustainable Development in Africa*, New York and Geneva, 2012, p. 77.

[2] 苏玉珠、张艳:《国外企业社会责任研究综述》,《经济视角》2011 年第 11 期。

须履行。扶助支持责任属于较高层面的责任，应由企业依据其能力，在社会道德准则框架的引导下自愿施行。①

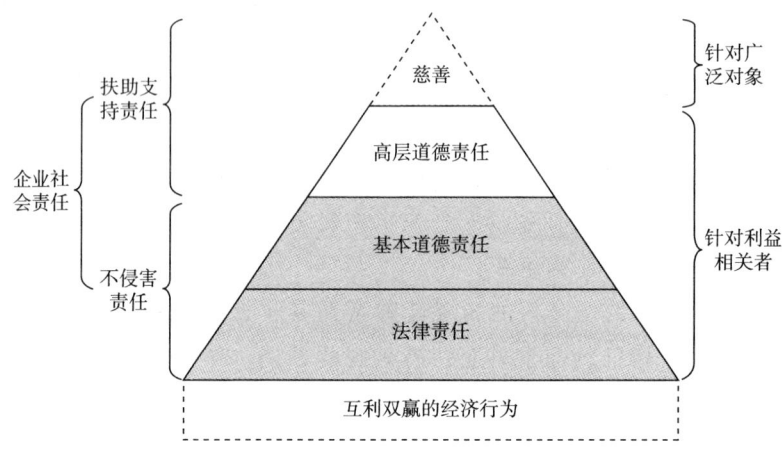

图 3-3　企业社会责任结构
资料来源：李彦勋：《企业社会责任层级划分与提升策略》，《理论探索》2012 年第 1 期。

随着跨国公司规模的日渐壮大，跨国公司有义务肩负起社会道德责任，不仅有责任为其股东和员工谋福利，而且有责任为更广大的社会民众谋福利，即便只为它们自身的利益也应这样做，因为这些人代表着它们未来的员工和客户。② 正如"对德行的最好回报就是德行本身"这一格言所传达的思想，当跨国公司对东道国的民众施加善意的帮助时，其实也是在帮助它们自己在当地扎根壮大，因为心存感恩的广大民众也会给予这些公司以善意的回馈。基于此，若要谋求在非洲国家投资的长远利益，跨国公司需要在投资所在国担负起力所能及的企业社会责任，真正使企业的成长与当地经济和社会发展息息相关，谋求与非洲政府和民众建立起和谐共生的长远

---

① 不侵害责任是指企业负有不侵害利益相关者正当权利的责任，其中正当权利指的是法律规定的、按照伦理道德行为主体应当享有的权利。扶助支持责任是指企业对于在其中生存经营的社会负有一定的责任，应在自己能力许可的情况下，帮助员工、社区利益相关者及其他有困难的主体，包括高层次道德责任和企业慈善。高层次道德责任的履行对象仍然局限于利益相关者，是对其施以基本责任之外的道义帮助的行为；而企业慈善则针对更广泛的对象，是体现广泛的社会道义责任的行为。参见陈彦勋《企业社会责任层级划分与提升策略》，《理论探索》2012 年第 1 期。
② 〔新西兰〕迈克·穆尔：《没有壁垒的世界——自由、发展、自由贸易和全球治理》，巫尤译，商务印书馆，2007，第 281 页。

关系。

(三) 推行本土化经营战略

本土化经营意味着跨国公司将生产、营销、管理、人事等经营活动，全方位地融入东道国经济中，并将企业文化融入和根植于当地文化模式的进程。[①] 本土化经营战略包括人才本土化、营销本土化、研发本土化、原料和生产本土化等多层次内涵。实施本土化经营战略可以充分享受东道国对外资的优惠政策，并且有助于获得当地政府和民众的广泛认同和支持，减少或避免来自企业外部的投资风险。[②] 本土化经营是企业跨国经营的最高层次，就是企业完全或尽可能地像非洲当地企业那样开展经营，以便更好地融入当地市场。这就需要做到人才、管理、市场渠道的本地化，并且着重生产和提供针对当地消费者特殊需求的产品和服务，积极打造符合当地消费习惯的自主品牌。

IMB 非洲公司高管曾经表示，"非洲大陆遇到的技术问题，必须由非洲大陆的研究中心来解决"。因此 IBM 在肯尼亚内罗毕设立了研究中心，作为首席科学家的伍仪·斯图尔特（Uyi Stewart）博士也曾坦言："只要条件具备，在任何地方都可以从事研发。如果不在非洲本土进行针对非洲市场的研发，就无法开发出贴近非洲人需求、并可以影响非洲人生活的产品。"[③] 这反映了在非洲运营的跨国公司对本土化经营战略的深刻认识。实行本土化经营战略有利于增强当地居民的认同感，减少利益摩擦，既有助于跨国公司在非洲国家的成长壮大，又能够促进当地经济发展。对于跨国公司来说，若要致力于长期开发非洲市场，必须要重视推行本土化经营战略，遵循当地的法律规范和风俗习惯，并尽可能多地雇用当地员工，开发满足当地民众独特需求的产品，逐步提高在当地的知名度和市场份额。

[①] 颜青：《跨国公司本土化经营的效应分析》，《经济师》2006 年第 8 期。
[②] 聂名华：《论中国企业对外直接投资的风险防范》，《国际贸易》2008 年第 10 期。
[③] 《全球高科技公司打响非洲市场"争夺战"》，雨果网，http://www.cifnews.com/Article/5281。

第四章　非洲外国直接投资的政府治理：以矿业为例

非洲大陆的矿产资源丰富。长期以来，跨国公司对非洲投资的主要动机就是获取矿产资源，因此有相当大比例的外国直接投资都流入到矿业部门，集中在石油、天然气、铜、铁、铝、贵金属和钻石等国际需求量大或者价值高的矿种。非洲矿产资源国从中也收获了不菲的资源收益。然而大多数非洲矿产资源国却并未受益于矿业繁荣而走上持续发展的道路，反而陷入了"资源诅咒"的困境。英国经济学家阿瑟·刘易斯认为："一国有了资源，它的增长率就取决于人的行为和制度……自然资源决定发展的方向，并构成一种挑战，而人的精神意志可能接受这个挑战，也可能不接受。"[①]从本质上来说，所谓的"资源诅咒"并非不可避免，其实质是政府"有效管理资源"的意愿和水平不足，导致政府治理能力弱化，引发种种发展中的困境。这种政府治理弱化就形成了"资源诅咒"的重要诱因。在非洲矿业国中，博茨瓦纳作为世界最大的钻石生产国，不仅没有陷入"资源诅咒"的怪圈，反而将资源优势转化为经济发展的福祉，成功实现了从最不发达国家向中高收入国家的跃进。可见"资源诅咒"并非不可避免，它需要资源国政府具有良好的治理能力，能够将资源优势转化为经济发展的动力源泉。

第一节　非洲矿业外国直接投资的兴起与发展

非洲矿业生产的历史最早可以追溯到公元前几千年。在前殖民时期，当地的金属制品基本可以自给自足，矿业生产与社会经济发展有密切的关

---

① 〔英〕阿瑟·刘易斯：《经济增长理论》，周师铭、沈丙杰、沈伯根译，商务印书馆，2002，第 58 页。

联性。许多矿产品最早的开采技术就来自非洲，如赞比亚的铜和钴，南非的黄金、铂金和钻石，阿尔及利亚的液态天然气。但是到了殖民时期，西方殖民宗主国的垄断投资彻底将矿业生产改变为面向海外市场的"飞地"活动，从而切断了矿业生产与当地社会的有机联系，这种破坏性的影响甚至一直延续至今。独立之初，非洲矿产资源国将资源收归国有的努力，很快就因为资金、技术的极度缺乏，以及进口替代工业化发展战略的失误而宣告结束。随之而来的是对外国直接投资的竞相鼓励，各国在争夺外国投资中不断降低本国进入门槛，并加大让渡资源权益。近年来，非洲国家在经历了与外国投资者的长期博弈之后，开始逐步调整外资政策，以便更加有效地开发本国资源，努力延长资源产业链条，以期在资源开发中获取更大利益，并带动国民经济的繁荣与发展。

一 非洲大陆的重要矿产资源市场概览

在工业化和信息化社会中，矿产品的需求领域广泛，涉及工业和消费品、化肥、军事装备、交通通信基础设施、建筑业等各个行业。一旦矿产品的供应彻底中断，一国的经济发展就会出现停滞。随着生活水平的提高和科学技术的革新，许多国家对矿产品的需求种类和数量都大大增加。例如，移动电话、液晶显示器、电脑芯片、光伏电池的诞生，增加了钽、硅、镓、镉、硒、碲和铟等一系列矿产品的需求；普通汽车需要50磅的铜来构造电力线路系统，而新的混合动力汽车大约需要75磅铜。据估计，按照美国当前的生活方式，每个居民年均使用的非能源矿产品总量就超过11.3吨。[1] 在现代社会里，矿产品扮演着重要的角色。

非洲大陆拥有丰富的矿产资源。[2] 根据美国地质学会的统计，非洲的铝矾土、钴、工业钻石、锰、磷矿石、铂族金属的储量位居世界首位或第二

---

[1] "Minerals, Critical Minerals, and the U. S. Economy", February 5, 2014, http://dels.nas.edu/resources/static - assets/materials - based - on - reports/reports - in - brief/critical _ minerals _ final. pdf.

[2] 联合国贸易与发展会议在《2007年世界投资报告》中，将矿产品分为三类：能源矿产、金属矿产和非金属矿产。能源矿产包括石油、天然气、煤炭和铀；金属矿产包括有色金属（铁、铌、钽、钛等）、贵金属（金、银、铂金）和基本金属（铜、铅、镁、锌、镍、铝土矿等）；非金属矿产包括建筑用矿物（建筑用石、水泥灰岩、石膏等）、工业矿物（盐矿、硫矿、砂土等）和贵美石（钻石和宝石）。

位。非洲大陆占据约30%的世界矿产储量,其中包括40%的黄金、60%的钴、80%以上的锰和90%的铂族金属储量。非洲生产的矿产品超过60种,包括金、铂族元素、钻石、铀、锰、铬、镍、铝矾土和钴等世界最重要矿产品（见表4-1）。非洲前八位金属和非金属矿产资源国包括南非、纳米比亚、刚果（金）、博茨瓦纳、津巴布韦、加纳、莫桑比克和赞比亚（见表4-2）。南非是非洲最大的铂族金属生产国。博茨瓦纳是全球最大的钻石生产国。除了钻石之外，博茨瓦纳还拥有储量丰富的铜和镍。南非和加纳的黄金产量位居非洲前两位。赞比亚是非洲最大的铜生产国。

表4-1　2011年非洲主要矿产品产量

铜（千吨）		金（千克）		锰（千吨）		钴（吨）	
赞比亚	668	南非	180184	南非	3421	刚果（金）	60000
刚果（金）	540	加纳	82993	加蓬	1872	赞比亚	6600
南非	97	坦桑尼亚	44000	加纳	484	摩洛哥	2159
毛里塔尼亚	40	马里	35728	苏丹	186	南非	1600
博茨瓦纳	22	布基纳法索	31774	纳米比亚	48	马达加斯加	500
非洲	1390	非洲	514000	非洲	6120	非洲	71200
世界	15900	世界	2670000	世界	15800	世界	106000
非洲占世界比重（%）	9	非洲占世界比重（%）	19	非洲占世界比重（%）	39	非洲占世界比重（%）	67
铬（千吨）		钻石（千克拉）		磷矿石（千吨）		铝矾土（千吨）	
南非	10721	博茨瓦纳	24000	摩洛哥	28052	几内亚	15300
津巴布韦	599	刚果（金）	19700	埃及	4700	塞拉利昂	1457
马达加斯加	67	津巴布韦	8503	南非	2565	加纳	408
苏丹	57	安哥拉	8329	突尼斯	2480	坦桑尼亚	130
		南非	7047	塞内加尔	1411	莫桑比克	10
非洲	11400	非洲	70400	非洲	41500	非洲	17300
世界	29900	世界	125000	世界	196000	世界	252000
非洲占世界比重（%）	38	非洲占世界比重（%）	56	非洲占世界比重（%）	21	非洲占世界比重（%）	7

注：表格里的摩洛哥包括西撒哈拉。

资料来源：USGS, *2011 Minerals Yearbook: Africa*, August 2013, pp. 17-20。

表4-2 非洲主要矿业资源国

国家	主要矿产品
南非	铂族金属（世界第一大生产国）、金、铬、铁矿石、钻石、锰、镍、铬、锌、铀、铜、锡、盐
莫桑比克	铝、铜、铂族金属
赞比亚	铜、钴、金、钻石、锌
纳米比亚	钻石、铅、锌、锡、银、钨、铀、铜
津巴布韦	金、铂、铜、镍、锡、钴石、黏土、各种金属和非金属矿石
刚果（金）	锡、铂族金属、铁、钨、金、铜、钻石
博茨瓦纳	钻石、铜、镍、盐、纯碱、钾碱、铁矿石、银
加纳	金、锰、铝矾土、铜、铁

资料来源：KPMG, *Merger & Acquisition FDI into Africa's Mining Sector*, March 2013, p.1。

非洲的能源矿产储量丰富，以石油和天然气为主。2012年，非洲已探明的原油储量占世界总储量的8.1%，其中利比亚、尼日利亚、阿尔及利亚和安哥拉的储量最为丰富，占到非洲总储量的85.3%。在世界石油供应格局中，2012年非洲的石油供应量为1002万桶/天，占世界石油供应总量的11.2%，其中尼日利亚的日均石油供应量为非洲国家之首，其次是安哥拉、阿尔及利亚和利比亚。2012年，非洲已探明的天然气储量占世界总储量的8%，其中尼日利亚、阿尔及利亚、埃及、利比亚储量最为丰富，占到非洲总储量的86%。2011年，非洲干燥天然气的产量为71235.3亿立方米，占世界总产量的6.1%，阿尔及利亚产量为非洲国家之首，其次是埃及、尼日利亚和利比亚（见表4-3和表4-4）。[①]

表4-3 非洲主要国家石油供应量

单位：千桶/天

年份 国别	2008	2009	2010	2011	2012
尼日利亚	2168.9	2212.2	2459.4	2554.5	2524.1
阿尔及利亚	1954.5	1909.8	1881.0	1863.0	1875.2
安哥拉	2014.3	1948.0	1987.8	1839.9	1871.6
利比亚	1874.4	1790.1	1789.1	501.5	1483.0

---

① 美国能源信息署网站，http://www.eia.gov/cfapps/ipdbproject。

续表

年份 国别	2008	2009	2010	2011	2012
埃及	706.5	728.6	717.4	725.7	720.0
赤道几内亚	359.2	346.0	322.7	298.9	310.4
刚果（布）	239.9	274.5	311.9	298.9	291.9
加蓬	247.7	241.9	245.5	244.4	242.0
南非	193.7	182.6	180.5	181.0	181.0
苏丹和南苏丹	479.8	486.0	489.4	456.1	115.3
乍得	127.2	119.5	122.5	115.0	104.5
加纳	7.2	6.9	8.5	77.8	79.6
突尼斯	85.5	81.0	79.3	67.7	66.6
喀麦隆	81.9	77.4	65.5	62.2	63.5
非洲	10638.4	10501.3	10739.6	9366.9	10019.6

资料来源：美国能源信息署网站，http：//www.eia.gov/cfapps/ipdbproject/IEDIndex3.cfm? tid = 5&pid = 53&aid = 1。

表4－4　非洲主要国家干燥天然气产量

单位：10亿立方米

年份 国别	2007	2008	2009	2010	2011
阿尔及利亚	2995.7	3054.9	2875.6	2988.0	2922.9
埃及	1642.1	2082.5	2213.9	2165.9	2163.4
尼日利亚	1147.7	1159.2	912.0	1023.8	1107.5
利比亚	539.6	561.5	561.5	593.8	277.4
赤道几内亚	103.1	210.1	221.4	231.0	243.0
莫桑比克	93.2	103.8	94.6	110.2	134.9
突尼斯	55.8	48.38	63.9	71.7	68.2
科特迪瓦	53.0	56.5	56.5	53.0	53.0
南非	54.0	48.0	37.4	34.3	45.2
刚果（布）	10.2	13.1	18.7	32.8	40.6
安哥拉	29.3	24.0	24.4	25.9	26.6
坦桑尼亚	18.7	19.8	23.2	27.5	30.4
非洲	6749.2	7389.3	7110.7	7372.6	7123.5

资料来源：美国能源信息署网站，http：//www.eia.gov/cfapps/ipdbproject/IEDIndex3.cfm? tid = 3&pid = 26&aid = 1。

在非洲油气生产国中，利比亚、阿尔及利亚、尼日利亚和安哥拉分别于1962年、1969年、1971年和2007年加入了石油输出国组织（OPEC），成为该组织成员国。除了尼日利亚、安哥拉、阿尔及利亚、埃及、利比亚等传统油气生产国之外，近年来非洲大陆出现了一些新兴油气资源国，其中以西非国家加纳，东部非洲的乌干达、坦桑尼亚、肯尼亚、莫桑比克等国家的油气储量最为丰富，非洲大陆的油气资源版图正在重新塑造。新兴油气资源国的数量增加使得非洲原油和天然气探明储量增长迅速。根据美国能源信息署的统计，1980～2012年，非洲探明原油储量增长了近120%，探明天然气储量增长超过140%。据估计，另有至少1000亿桶原油储藏在非洲的海域内，等待进一步的勘探。① 尽管从短期来说，非洲的石油和天然气生产仍然会集中在尼日利亚、阿尔及利亚、安哥拉、赤道几内亚、埃及、利比亚以及其他几内亚湾国家，但是中长期来说，非洲新兴油气资源国的石油和天然气生产有望大规模扩张。

二 非洲矿业外国直接投资的发展历程

在非洲，金、铜、铁等金属矿业生产的历史久远。在殖民时期之前的几千年，非洲西南部地区是世界黄金的主要出口地。在殖民时期，很多外国公司最初也是运用非洲本土开采和加工金矿的经验来选择适当的采矿点。在整个非洲，现代手工金矿开采技术与前殖民地时期的做法具有很强的连续性。在非洲的一些地区，铜的生产和使用时代久远。从古代埃及直到现代尼日尔、毛里塔尼亚和非洲中南部的部分地区，铜及其合金在非洲社会的采掘和利用已经有若干世纪的历史。今天非洲的主要铜矿产区，特别是铜矿带，其实就是殖民时期外国矿业公司接管之前的本土铜矿生产区。在19世纪初，大部分非洲国家的铁制品能够自给自足或者通过当地贸易从邻近国家获取。尽管面临来自欧洲进口产品的竞争，非洲本地的铁制品生产直到20世纪初仍然存在。例如1904年，布基纳法索的亚滕加（Yatenga）有多达1500座冶炼铁的熔炉在正常运作，生产流程包括探矿、采矿、冶炼和锻造，各项炼铁工艺所需的技能均由当地劳动力提供。② 由此可见，19

---

① KPMG, *Oil and Gas in Africa: Africa's Reserves, Potential and Prospects*, 2013, p. 4.
② Economic Commission for Africa & African Union, *Minerals and Africa's Development: The International Study Group Report on Africa's Mineral Regimes*, November 2011, p. 11.

世纪末期以前,非洲矿业普遍不是面向出口的"飞地"活动,而是一种既满足社会经济需求,又实现劳动分工的生产活动。

19世纪末期,欧洲侵略者在非洲进行贸易渗透。殖民统治的一个重要驱动力就是开采和控制原材料,包括矿产资源。1870年至第二次世界大战期间非洲的大部分外国私人资本都投向了采矿业,许多殖民地政府公共投资也是以发展矿业为目标。这期间,南非的采矿业获得了大量的外国投资。到20世纪初,南非已经成为世界钻石和黄金的主要生产国,矿产品占其出口总额的80%以上。1870~1929年经济大萧条时期,前殖民时期的非洲矿业生产和消费模式,即矿业在本地生产并与当地经济社会发展深度融合的模式,被彻底改变。取而代之的是殖民化模式,即外国公司控制下的采矿"飞地"成为许多非洲殖民地经济的主导产业。非洲矿业投资机会吸引了众多的欧洲移民。在非洲殖民地,欧洲移民无论是获取采矿权还是在矿区就业,都比当地居民享受更有利的政策。非洲人通常只能获得低技能、低工资和危险的工作。非洲殖民地时期的采矿业最初集中在黄金和钻石这些价值高的矿物开采领域。随着西方国家在工业和技术上的革新,它们对一些尚未使用或开发不足的矿物质产生了新的需求,对已知矿藏发现了新的用途,矿产品生产的种类和数量都在快速增加。第二次世界大战之后,非洲矿业投资激增,众多的新矿遍布各个角落,原有的矿区也在进一步扩张。

独立之初,在以矿产品出口为主的非洲国家中,矿业部门与其他国民经济部门联系微弱,主要表现在如下方面:(1)矿山的所有权及经营权掌握在外国公司手里;(2)大部分矿产品都以原始形式或只经过基本处理就出口,矿业生产与其他经济部门联系很少;(3)外国公司进口绝大多数的生产原料和中间品,矿业再投资以外的所有利润都汇出境外;(4)矿产品在出口贸易中占主导地位,并不表示出口国能够获得可观收益,因为外国公司要收取技术费、支付外籍员工工资,所获利润还可以自由汇出;(5)矿山运营中的最关键技能来自外籍员工,非洲员工只能获得低技术、低工资的工作。[1]受到殖民时期的遗毒所害,作为国民经济最重要的矿业部门在独立初期只是一个外向型"飞地",主要通过外国矿业公司向政府缴税

---

[1] Economic Commission for Africa & African Union, *Minerals and Africa's Development: The International Study Group Report on Africa's Mineral Regimes*, November 2011, pp. 12-13.

以及雇用非洲劳工，与其他经济部门形成有限联系。

独立之后，外国矿业公司在非洲的勘探和开发投资急剧下降，外国股东将大量的股息汇出境外。为了提高矿业部门在国民经济和社会发展中的贡献，增加政府在矿产资源收益中的份额，许多非洲国家采取了将矿产资源收归国有，建立国有矿业公司，在现有矿业公司中持有大量国家股份等政策措施。这种将外国矿业公司"国有化"的政策与20世纪六七十年代非洲国家普遍实行的政府主导的经济发展战略密切相关。尽管人们期待矿业部门的国有化政策能够成为经济增长和快速工业化的引擎，给国家带来切实的经济利益，提高人民生活水平，但是随之而来的却是国有矿业部门的萧条乃至规模的缩减。绝大多数非洲国有矿业公司表现不佳，主要原因在于：政府对商业决策的政治干预；对管理和技术缺乏足够的重视；严重缺乏对机器和厂房的资金投入，也缺乏使矿业生产保持竞争力的研发投入；融资渠道不畅；矿产品价格低迷等。① 此外，在独立之初的十年里，许多非洲国家的发展目标是通过发展本土加工业和实行进口替代工业化战略来实现"殖民时期经济结构的根本性改变"。而国有矿业公司的收入作为政府财政收入的重要部分，必须用于资助其他优先发展项目，这也导致矿业发展所需的资金缺口进一步扩大，国有矿业公司不堪重负，濒临破产。

20世纪80年代初期至中期，许多非洲国家经济状况恶化，深陷债务泥潭。同时由于过度开采导致基本金属价格下跌，非洲国家出口收入减少。到20世纪80年代末期，大多数非洲矿业部门都处于倒退和危机状态。20世纪90年代初，非洲整个采矿业都在衰退，除铝矾土、金红石和铀之外，所有矿产品在全球生产总量中的份额都在下降。由于勘探活动极不活跃，非洲新增的地质勘探成果极度匮乏。非洲在吸引矿业投资方面，也落后于世界其他地区，20世纪90年代初仅吸引到了全球矿产勘探和开采总支出的5%。20世纪90年代，许多非洲国家开始调整矿业政策，致力于吸引外国投资，包括减少或消除国家在矿业企业中的参与；实行一系列刺激措施，鼓励外国公司投资矿业开发；提供优于其他发展中国家（尤其是拉美国家）的税收制度；放松外汇管制和汇率政策；引入投资保护政策，包括规定财

---

① African Union, *Africa Mining Vision*, February 2009, p. 11.

税体制的稳定期、股息汇出以及非国有化承诺等。① 非洲国家转变了外资政策，重新定义政府在矿业部门中的所有权比例，从 100% 所有权和绝对控制，到逐渐减少政府的所有权比例，直至几乎取消了政府所占份额的规定。为吸引外国直接投资来重振濒临危险境地的矿业部门，非洲国家一方面对国有矿业企业进行私有化改革，另一方面致力于改善投资环境。非洲国家制定和确立了更加有利于私人投资者的新的矿业政策、法律、法规和行政管理框架，重点保障采矿权并确保投资安全，并且通过降低税收和特许权使用费等措施来吸引外国直接投资的流入。② 这些政策措施的实行，加之矿产品价格的上涨，促进了外国直接投资流入的增长，带来了非洲矿业部门的繁荣。

自 2000 年以来，非洲外国直接投资流入额出现上升态势，其中矿业部门占据较大份额。在矿产资源国，外国直接投资中有很大比例都投向了矿业领域。例如，2006 年，尼日利亚的矿业外国直接投资占外资流入总额的 74.8%，博茨瓦纳占 68.3%，南非和坦桑尼亚约占 35%。③ 2012 年，非洲吸引了全球矿产勘探和开发总投资的 15%。尽管矿业投资快速增加，但是非洲矿业生产仍然落后于其他地区。2011 年，非洲大陆仅占到全球矿产品出口总额的 6.5%。④ 经过多年的发展，非洲矿业仍未发展成具有较强国际竞争力的产业部门，对于国民经济和减缓贫困的促进作用仍然有限。针对这种现状，非洲国家的矿业政策成为批评的焦点，主要集中在如下五个方面：(1) 政策过于短视，过度关注吸引外国直接投资促进出口，对当地发展的带动作用有限；(2) 政策只关注于矿业发展，没有将促进更广泛意义上的经济发展作为政策目标；(3) 矿业在资源开发中付出的成本没有得到有效的补偿；(4) 政府给予外国投资者过于优惠的政策，降低了政府获得的资源租金份额，从而减少了用于国内发展的资金；(5) 矿业发展对减少贫困状况的裨益不大，矿业政策与地方、国家和区域层面的经济发展关联

---

① Economic Commission for Africa & African Union, *Minerals and Africa's Development: The International Study Group Report on Africa's Mineral Regimes*, November 2011, pp. 12 – 15.
② African Union, *Africa Mining Vision*, February 2009, p. 11.
③ UNCTAD, *World Investment Report 2007*, New York and Geneva, 2007, p. 104.
④ KPMG, *Mining in Africa towards 2020*, 2013.

不紧密。① 鉴于非洲国家的矿业政策遭到普遍批评，各国政府正在努力出台新的矿业政策，以扭转当前的发展困境。

三 非洲矿业外国直接投资的显著特征

总体来说，非洲矿业外国直接投资呈现出如下显著特征。

第一，资源国政府组建国有矿业公司来参与并监管外国投资项目。当前非洲主要矿业国都是按照这种模式进行矿产资源的勘探开发。尼日利亚国家石油公司（The Nigerian National Petroleum Corporation，NNPC）成立于1977年，主要职责是对石油和天然气行业进行监管，其次是促进油气资源的上游和下游产业的发展。1988年，尼日利亚国家石油公司设立12个子公司，分别监管油气产业的分支部门。石油资源部（Ministry of Petroleum Resources）下的石油资源局（Department of Petroleum Resources）是尼日利亚另一个石油监管部门，重点关注投资许可、环境标准等方面。迄今为止，尼日利亚的主要油气项目都是通过尼日利亚国家石油公司与国际石油公司组建合资企业来融资，而国家石油公司在合资企业中拥有绝大多数的股份。少数油气项目是通过尼日利亚国家石油公司与国际石油公司签订产量分成合同来进行。

1976年，安哥拉政府成立安哥拉国家石油公司（Sociedade Nacional de Combustiveis de Angola，Sonangol），根据1978年修订的石油法，该公司是安哥拉唯一持有油气勘探开发特许权的公司，并在生产经营中可以持有51%以上的股份。安哥拉国家石油公司负责该国油气领域的生产活动，并管理外国石油公司的经营活动。安哥拉国家石油公司有17个子公司负责油气勘探开发、运输、生产、精炼、销售等油气产业的分支部门。在安哥拉，外国石油公司需要通过与国家石油公司进行合资经营或产量分成协议来进行油气勘探和生产活动。合资协议要求，安哥拉国家石油公司和外国石油公司分别按51%和49%的比例进行投资和收益分成。产量分成协议规定，外国石油公司投资以一定的石油产量份额获得补偿。在实际运作中，绝大多数新租让区的开发协议都是按照产量分成协议进行运作的。

阿尔及利亚国家石油天然气公司（Sonatrach）成立于1963年，负责管

---

① African Union, *Africa Mining Vision*, February 2009, p. 11.

理油气产业的各项业务,下辖四家全资子公司:阿尔及利亚国家油气炼化公司(NAFTEC)、阿尔及利亚油气产品销售公司(NAFTAL)、阿尔及利亚油气产品海洋运输公司(SNTM – HYPROC)和阿尔及利亚石化产品生产销售公司(ENPI)。1971年,阿尔及利亚将75%的石油资源和100%的天然气资源收归国有,完全控制了开发本国油气资源的权力。1986年和1991年,阿尔及利亚两次修改本国的《石油天然气法》,允许外国资本涉足油气领域,但需要与国家石油天然气公司合作勘探、开发和生产其境内的油气资源。目前阿尔及利亚国家石油天然气公司在任何油气项目中都可以获得最低51%的股权,阿尔及利亚国家石油天然气公司控制了约80%的油气产量,而外国石油公司控制剩下的20%的产量。

第二,资源国政府制定矿业法规及政策以规范和引导外国投资行为。当前,非洲矿产资源国日益重视对矿业相关法规和政策的制定和完善,规范和引导外国投资行为,有效开发和利用矿产资源,并力争延长矿业发展的产业链条,试图改变矿业与国民经济其他行业联系不够紧密的状况。2005年,阿尔及利亚通过了新的石油天然气法,对外资参与油气勘探、开发、运输和下游产业都做了明确规定,并且制定比之前更加优惠的政策。2006年,政府又对2005年的油气法进行了修订,对外资优惠的条款有所减少,还对外国石油公司增加了暴利税(windfall profits tax)。由于修订后的油气法对外国投资者的吸引力下降,为鼓励外国投资开展新的油气项目,2012年阿尔及利亚再次对2005年的油气法进行了修订,尽管没有改变国家石油天然气公司的股权控制比例,但是增加了对外国公司的税收结构调整,以及对海上和非常规油气资源的勘探给予更多财政激励措施。当前阿尔及利亚仍有66%的境内面积尚未进行油气勘探或仅进行了小规模的勘探,主要位于北部地区和海上。为增加原油产量,阿尔及利亚政府通过对油气法的最新修订,鼓励外国投资进行未知领域的油气勘探。[①] 2003年,南非实行新的《矿产技术法》,鼓励在可再生能源、清洁技术、矿产开采技术和采矿安全技术等领域与外国投资者加强合作。

第三,西方跨国公司在非洲矿业开发中占据先发优势。西方跨国公司凭借其资金和技术优势,进入非洲市场的时间最早,在矿业勘探开发中一

---

① U. S. Energy Information Administration, *Country Report*:*Algeria*, May 2013.

直保持其优势地位。19世纪末至20世纪初,英国和法国等西方国家的跨国石油公司就在非洲国家开始了油气勘探活动。目前以埃克森美孚、壳牌、英国石油、道达尔、雪佛龙等为代表的西方跨国石油公司在非洲油气勘探开发中占据着明显的优势。荷兰皇家壳牌公司是世界第二大石油公司,是国际上主要的石油、天然气和石油化工的生产商。壳牌公司从20世纪30年代开始进入尼日利亚进行石油勘探与开发,在尼日利亚的业务范围几乎涵盖整个石油工业的产业链。迄今,尼日利亚国家石油公司已经与壳牌、埃克森美孚、雪佛龙、道达尔和埃尼等跨国石油公司组建了合资公司或是签订了油气产量分成合同,开发油气资源。当前,由于跨国石油公司在尼日尔三角洲的陆上和浅海石油项目均受到了当地局势不稳定和安全风险高的影响,因而出现了一种跨国公司出售陆上边际油田和浅海油田股份的趋势,多数买家为尼日利亚公司和其他规模小些的跨国石油公司。而这些大型跨国石油公司则将其投资重点转向深海石油和陆上天然气项目。①

在安哥拉从事油气开发的跨国石油公司主要有雪佛龙、埃克森美孚、英国石油、挪威国家石油公司、埃尼、道达尔。目前安哥拉海上石油区块由道达尔、雪佛龙、埃克森美孚和英国石油控制。② 英国石油在安哥拉拥有九个区块,在安哥拉油气勘探开发中处于领先地位。2013年,安哥拉首个液化天然气项目开始运营,位于西北刚果河入海口的扎伊尔省索约港。索约港的液化天然气(LNG)项目年处理能力520万吨,平均每天可处理10亿立方米天然气,运行寿命30年,加工处理的天然气主要来自安哥拉储量庞大的海上油气田。这个LNG项目中,安哥拉国家石油公司仅持股22.8%,担任作业者的雪佛龙旗下卡宾达石油公司拥有36.4%的股权,英国石油(BP)安哥拉勘探分公司、意大利埃尼安哥拉分公司和法国道达尔安哥拉LNG公司各持有13.6%的股权。③

西方石油公司在埃及石油上游产业占据主导地位,英国石油、埃尼、英国天然气集团(BG)和阿帕奇(Apache)是埃及油气产业的主要参与者。英国石油、埃尼和英国天然气集团主要投资于海上油气,而

---

① U. S. Energy Information Administration, *Country Report*: Nigeria, December 2013.
② U. S. Energy Information Administration, *Country Report*: Angola, January 2013.
③ 中国液化天然气网,2014年2月20日,http://www.cnlng.com/bencandy.php?fid=2&id=27947。

阿帕奇主要投资西部沙漠的陆上油气。参与埃及天然气上游产业的外国公司主要包括埃尼、英国天然气集团、英国石油、壳牌和阿帕奇。英国天然气集团的天然气产量约占埃及总产量的40%，主要来自尼罗河三角洲的海上气田，其中绝大多数是用来供应国内市场。另一个主要的天然气生产商——英国石油公司，正计划通过最近发现在苏伊士湾和地中海新气田来增加产量。

第四，亚洲矿业公司在参与东部非洲地区油气资源开发中表现突出。自2006年以来，东部非洲国家陆续有油气资源的重大发现，油气勘探步伐加快。东非沿海油气资源主要集中在四大沉积盆地，它们分别是肯尼亚的拉姆盆地，坦桑尼亚的坦桑尼亚盆地，横跨莫桑比克和坦桑尼亚的鲁伍马盆地，以及莫桑比克境内的莫桑比克盆地。乌干达和肯尼亚的石油资源储量丰富，莫桑比克和坦桑尼亚的天然气储量丰富，这些国家都在加紧实现油气资源的商业开采，并有望在未来几年成为非洲大陆重要的油气生产国。东非地区在非洲油气资源版图中的地位将大大提升。亚洲国家能源需求旺盛，日益成为全球石油和天然气重要的消费市场。由于国内能源供应缺口逐渐扩大，亚洲国家急需寻求新的进口来源地，以保证能源供应安全。东非的天然气储量丰富，且价格低廉、运输便利，极具市场竞争力，自然成为亚洲国家石油公司竞相争购的目标。亚洲国家石油公司已经快速成长为非洲油气开发中的新兴势力。目前，从莫桑比克、坦桑尼亚和肯尼亚的区块所有权来看，马来西亚、日本、泰国、印度、韩国、中国的国家石油公司先后拥有了部分天然气田权益。例如，在莫桑比克的鲁伍马盆地1号区，日本三井物产株式会社（20%股权）、印度国营石油天然气公司（15%）和印度石油有限公司（5%）、印度巴拉特石油公司（10%）、泰国国营PTT集团（8.5%）均占有一定比例的权益。其中印度国营石油天然气公司已经将东非视为核心市场，以增加其对印度的天然气供应量。印度有望成为莫桑比克天然气资源的最大市场。在莫桑比克的鲁伍马盆地4号区，中国国家石油天然气集团公司（20%）和韩国天然气公司（10%）均占有股权。韩国天然气公司是全球最大的液化天然气购买商。

第五，非洲大陆内部的跨国矿业投资呈现增长态势。随着矿业生产的发展，许多非洲跨国矿业公司开始对外扩张。在矿业投资的来源国中，来自非洲大陆其他国家的投资逐渐增多。总部在南非约翰内斯堡的阿散蒂安格鲁金矿公司（Anglo Gold Ashanti）是全球第三大黄金生产商。该公司投资遍布多个非洲国家，包括几内亚、纳米比亚、马里、加纳、坦桑尼亚和刚果（金）。当前，阿尔及利亚国家石油天然气公司不仅是该国最大的油气公司，还是非洲最大的油气公司，该公司还在非洲的马里、尼日尔、利比亚和埃及，欧洲的西班牙、意大利、葡萄牙和英国，以及美洲的美国和秘鲁，都有业务。[①] 2013年4月，阿尔及利亚国家石油公司（简称阿国家石油公司）与莫桑比克石油公司签署谅解备忘录，阿国家石油公司向莫桑比克石油公司提供业务支持，莫桑比克石油公司向阿国家石油公司提供石油及天然气上、下游的投资机会。阿尔及利亚国家石油公司在莫桑比克介入新的油气勘探区块，并单独或与当地能源公司进行合作勘探。

第二节　非洲矿业发展中的"资源诅咒"困境

资源禀赋本应是推动经济发展的动力。传统经济增长理论认为，资源丰裕的国家可以从矿产资源开采中获得额外收益来弥补经济发展中的资金缺口，因而比资源贫瘠的国家更有可能超越"贫困陷阱"，实现经济腾飞。美国经济学家哈布库克（Habakkuk）的研究发现，美国19世纪的经济腾飞与其丰富的矿产资源密不可分。也就是说，到20世纪中期，资源禀赋与经济增长之间具有显著的正相关关系是发展经济学界的共识。[②] 事实上，早期工业化的国家，如英国、美国和德国，都是资源丰裕国家，而资源禀赋也促进了经济发展。但是20世纪中后期，却发生了颠覆性的变化。20世纪70年代之后，许多非洲资源富国都出现了经济恶化、贫困加剧的情况，而一些资源贫瘠的经济体（新加坡、韩国、中国香港等）却造就了经济发展奇迹。显著的反差促使经济学家寻找背后的原因。1993年，美国经济学家奥蒂（Auty）首次提出"资源诅咒"的概念，意指丰裕的自然资源没有促进经济增长，反而成为一种限制。当然奥蒂认为资源诅咒并非定式，它只是经济发展中的大概率事件。1997年美国经济学家萨克斯（Sachs）和沃纳（Warner）对95个发展中国家的研究中发现，1970～1990年，资源丰裕国

---

① U. S. Energy Information Administration, *Emerging East Africa Energy*, May 2013.
② 胡健、焦兵：《"资源诅咒"理论的兴起与演进》，《西安交通大学学报》（社会科学版）2010年第1期。

家的经济增长率往往低于资源贫乏的国家。① 从而证实自然资源与经济增长之间确实存在负相关。根据"资源诅咒"理论，与资源匮乏的经济体相比，资源丰裕的经济体往往增长较慢且更容易发生国内冲突。这是因为凭借自然资源禀赋能够轻而易举地获得收益，从而容易导致资源国经济多样化不足、权力寻租和武装冲突、生态环境遭到破坏、腐败及政治体制被侵蚀、缺乏谨慎的经济政策等弊端。

长期以来，非洲矿产资源国利用外国直接投资实现了矿业的繁荣与发展。但与此同时，尼日利亚、阿尔及利亚、安哥拉、苏丹、赤道几内亚、刚果（金）等许多国家，由于过度依赖于矿业发展，都不同程度地陷入了"资源诅咒"的困境。具体来说，非洲矿产资源国面临的资源诅咒困境表现在如下方面。

一　制造业发展滞后导致国际竞争力弱

当前非洲矿产资源国多以矿业为国民经济的支柱产业，矿产品成为国内出口创汇和政府财政收入的主要来源。例如，阿尔及利亚是非洲第一大天然气生产国和第二大石油生产国，其国民经济严重依赖油气产业。2011年，油气产业占政府财政收入的70%和出口收入的98%。② 尼日利亚是非洲第一大石油生产国和第三大天然气生产国。油气产业占尼日利亚国内生产总值的15%左右，政府财政收入的80%以上，以及出口收入的95%。安哥拉是撒哈拉以南非洲第二大石油生产国。安哥拉经济极度依赖于石油生产，2011年石油出口占到政府财政收入的98%左右。近年来大约3/4的安哥拉政府财政收入来自于能源部门。赞比亚是非洲最大和世界第三大铜矿生产国。独立以来，铜矿业一直是赞比亚经济的支柱产业。铜矿业占赞比亚国内生产总值的10%，并贡献80%左右的出口收入。

过去十多年，受益于国际市场对矿产品需求迅速增加和许多矿产品价格大幅攀升的影响，非洲矿业部门吸收了大量的外国直接投资，非洲矿业国政府从矿业繁荣中获得了不菲的收入。尽管如此，大多数非洲矿业国政府却未能充分利用这个前所未有的发展机遇来实现经济结构转型，促进能

---

① Jeffrey D. Sachs and Andrew M. Warner, *Natural Resource Abundance and Economic Growth*, Harvard University, November 1997.

② U. S. Energy Information Administration, *Country Report: Algeria*, May 2013.

更体现国际竞争力的制造业的发展。制造业①是国民经济、社会发展和国防建设的重要物质基础,是国家综合实力和国际竞争力的重要标志。制造业直接体现了一个国家的生产力水平,其在国民经济中所占的主导地位和基础作用是其他产业所无法替代的。非洲矿产资源国的经济增长主要由矿产品出口拉动,制造业发展普遍滞后,缺乏提升国际竞争力的有效手段。2004~2011年,除了少数几个国家之外,大多数矿业国的制造业占国内生产总值的比重出现了下降(见表4-5)。由于制造业发展落后,非洲产油国的炼油厂数量有限,安哥拉和尼日利亚等国仍然主要出口原油,进口精炼油。当前大多数非洲矿业国仍然高度依赖于矿产品的生产和出口,制造业发展严重滞后。由此也导致矿产品的附加值低,与其他部门的关联性小。

表4-5 非洲主要矿业国产业结构

单位:%

	农业/GDP 2004年	农业/GDP 2011年	工业/GDP 2004年	工业/GDP 2011年	制造业/GDP 2004年	制造业/GDP 2011年	服务业/GDP 2004年	服务业/GDP 2011年
南非	3.1	2.5	31.3	29.2	19.2	12.8	65.6	68.3
莫桑比克	27.4	31.5	27.4	22.2	17.7	13.0	45.2	46.3
赞比亚	23.4	20.1	28.0	38.6	11.9	8.7	48.6	41.3
纳米比亚	9.7	8.1	29.4	28.9	13.6	12.9	60.8	63.1
津巴布韦	7.6	15.6	32.7	36.2	16.8	18.0	59.7	48.1
刚果(金)	24.9	22.2	33.3	37.4	18.4	23.2	41.9	40.4
博茨瓦纳	2.5	2.7	43.6	38.2	6.2	6.1	53.9	59.1
加纳	41.5	25.6	27.1	25.9	9.6	6.7	31.4	48.5
利比亚	2.7	1.9	71.2	50.4	5.2	2.2	26.0	47.7
尼日利亚	34.2	31.0	42.1	44.3	3.1	1.9	23.7	24.7
阿尔及利亚	10.2	8.6	56.4	52.9	5.5	3.9	33.4	38.5
安哥拉	8.6	10.3	67.7	62.0	4.0	6.7	23.7	27.7
埃及	15.2	14.5	36.9	37.6	18.3	16.5	48.0	47.9
非洲	16.0	16.0	37.2	37.9	12.5	9.6	46.8	46.2

资料来源:African Development Bank, *African Statistical Yearbook 2013*, 2013, p.62。

---

① 制造业是指将采掘的自然资源和工农业生产的原材料进行加工或再加工制造,以及将零部件装配成社会需要的工业制成品的行业的总称。

二 矿产开发对生存环境造成负面影响

长期以来，外国跨国公司主导的矿业开发给非洲国家的自然环境和生态系统造成了严重的破坏。举例来说，在赞比亚的铜矿区就存在严重的环境污染问题，特别是金属冶炼厂排出大量的二氧化硫。这些有毒烟雾导致附近居民罹患眼、鼻和肺部等多种疾病。不仅如此，排放二氧化硫形成的酸雨导致土地无法生长植物，当地居民甚至无法种植粮食作物。金属冶炼厂产生的有毒废物排到卡富埃（Kafue）河，导致当地许多社区的供水受到影响。尽管如此，赞比亚政府仍然在默许污染企业继续运营，而没有采取有效措施来根治污染问题。针对这种情况，诸如南部非洲资源观察（Southern Africa Resource Watch，SARW）等国际组织正在努力解决这种困境，与当地社区组织合作，表达当地民众的不满，并且努力在矿企、政府、民间社会和当地社区之间构造真正意义的对话。这种努力偶尔也会出现积极的结果，例如2012年，由于担心环境污染影响当地民众健康，赞比亚政府曾经将莫帕尼铜矿（Mopani mine）的一个主要工厂关闭。[①] 但是这种情况很少出现，矿区所有者仍然会继续从矿业中收获利益，却很少为当地社区环境恶化承担责任。

在尼日利亚，石油和天然气开发最集中的地方——尼日尔三角洲的自然环境和生态系统遭到的破坏非常严重，包括饮用水源的大范围污染，倾倒有毒废物使内河航道遭到破坏，天然气燃烧和原油管道破裂导致原油泄漏造成的环境污染。根据联合国开发计划署和世界银行2009年的报告，尼日利亚在油气开发过程中，每天就有超过7000万立方米的天然气直接被燃烧掉，相当于排放了7000万吨的二氧化碳。尼日利亚石油公司的温室气体排放量超过了其他撒哈拉以南非洲国家排放总量。大量天然气的直接燃烧不仅造成了巨大的资源浪费，也使得当地生物多样性遭到破坏。燃烧的噪音和环境温度的升高，使得尼日尔三角洲的植物生长环境遭到破坏，农业产量减少，动物的生活习性被严重干扰，生存境况堪忧。生存环境长期遭到破坏使得尼日尔三角洲的居民的健康得不到保证，人们的耕地和食物在减少。土地、空气和河流

---

① Zarina Geloo, "Cursed by Copper in Zambia", June 2013, http://www.osisa.org/openspace/zambia/cursed-copper-zambia.

遭到污染，人们的健康风险加大。这里的居民处于常年失业、贫困状况加剧的悲惨境地，很多居民被迫离开故土而迁徙外地。尽管尼日利亚有许多法律法规防治环境污染，但是那些制造环境污染的企业大多数是跨国公司，它们并不愿意遵守这些法律。这也反映了尼日利亚政府缺乏有效措施来降低外国投资带来的环境破坏的危害。[1] 显然，有些非洲资源国政府更注重从外国直接投资的矿业中获取经济收益，而忽视当地生存环境恶化所造成的社会成本增加，没有在吸引矿业外国投资与改善矿区生存环境之间找到平衡。

三 矿产资源丰富致使寻租和腐败严重

从经济学意义上说，矿产资源的资源租金指的是矿产品的市场价格减去勘探开发的成本。矿产品的市场价格越高，相应的矿产资源的租金也越高。许多非洲国家矿产资源的租金占国内生产总值的比重很大，这容易导致资源寻租行为以及政府腐败严重的状况。以尼日利亚为例，由于国内公平、有序的市场竞争环境尚未确立，矿产资源租金占到国内生产总值比重超过20%，导致寻租行为猖獗，政府腐败状况相当严重。根据透明国际2013年公布的清廉指数，尼日利亚的清廉指数为25，在全球175个国家中排名第144位，属于腐败状况比较严重的国家（见表4-6）。严重的腐败状况使得与尼日利亚政府权力部门没有关联的外国投资者很难进入该国市场，而且外国投资者对在腐败盛行的国家如何确保商业活动的顺畅进行表示担心。尽管尼日利亚政府也采取了一些措施打击腐败行为［如在2000年通过了《腐败及相关罪行法》（*The Corrupt Practices and Other Related Offences Act*），并且对腐败行为及相关罪行委员会进行了机构改革］，但是打击腐败的进展仍很缓慢。[2] 如何减少腐败行为，并在吸引外国直接投资中引入公平竞争的机制，将资源租金真正用于国内建设和减缓贫困，是非洲矿业国政府亟待解决的重大难题。

---

[1] Kingston, Kato Gogo, "The Dilemma of Minerals Dependent Economy: The Case of Foreign Direct Investment and Pollution in Nigeria", *African Journal of Social Sciences*, Vol. 1, No. 1, February 2011, pp. 1–5.

[2] E. Olawale Ogunkola and Afeikhena Jerome, "Chapter 8 Foreign Direct Investment in Nigeria: Magnitude, Direction and Prospects", S. Ibi Ajayi, ed., *Foreign Direct Investment in Sub-Saharan Africa: Origins, Targets, Impact and Potential*, African Economic Research Consortium, 2006.

表4-6 矿产资源租金占GDP比重大的非洲国家

非洲国家	矿产资源租金/GDP（%）		全球清廉指数及排名	
	2009年	2000~2009年平均	2013年	2013年全球排名
刚果（布）	53.7	63.3	22	154
赤道几内亚	46.2	69.4	19	163
利比亚	46.1	53.4	15	172
加蓬	41.1	46.6	34	106
安哥拉	38.4	56.0	23	153
毛里塔尼亚	37.7	23.6	30	119
乍得	33.6	30.6	19	163
阿尔及利亚	25.1	33.5	36	94
尼日利亚	24.5	35.2	25	144
赞比亚	17.6	10.5	38	83
苏丹/南苏丹	16.2	17.1	11/14	174/173
刚果（金）	14.9	10.2	22	154
几内亚	14.8	9.4	24	150
埃及	10.5	15.0	32	114

资料来源：JICA Research Institute, *Development Challenges in Africa Towards 2050*, June 2013, p.123, http://cpi.transparency.org/cpi2013/。

四 矿产资源引发社会暴力和武装冲突

为了争夺钻石、黄金和其他稀有矿产资源的控制权，某些非洲国家爆发了连绵不绝的暴力和冲突。在安哥拉、塞拉利昂和刚果（金）等盛产钻石的非洲国家，反政府武装非法开采、销售毛坯钻石，以筹措内战经费，此类钻石被称为"冲突钻石"。为遏止这种不法行为，这些国家2003年正式施行联合国通过的"金伯利进程毛坯钻石国际证书制度"。这项制度规定，出口国必须为出口的毛坯和半成品钻石签发官方证明，进口国政府在验明出口国官方证书无误后，方可准予进口。受益于此，国际市场上99%的毛坯钻石与冲突无关。但是"金伯利进程"仅仅将重点放在禁止反政府武装非法开采钻石并销售的行为，忽略了矿产资源国合法政府可能出现的暴力压迫现象。例如，安哥拉国内贫困状况严重，为了谋生，许多人铤而走险，成为非法采矿者，仅能获得微薄的收入，还要经受各种生命和财产威胁。由于没有政府许可，非法采矿者经常会遭到"合法政府"的士兵和私人保镖的殴打和索贿，有人甚至因此丧命。①

在刚果（金）及其周围国家和地区境内，锡石、黑钨、钶钽铁矿和黄金等稀有金属的开采活动与反政府武装组织有关，各派军事组织用开采和出售矿石的收益，购买武器和支付军饷，这导致该地区局势长期不稳定，被媒体称为"冲突矿产"。作为外国矿业公司来说，应该有责任避免购买这些冲突矿石。但是全球见证组织（Global Witness）在一份题为《面对枪口，别无选择》的报告中称，有些总部在欧洲、亚洲等地的跨国矿业公司通过中间商，间接购买这些冲突矿产。全球见证组织估计有超过200家跨国公司参与了"冲突矿产"的交易，据刚果（金）政府统计，在比利时注册的跨国矿业公司购买锡石、黑钨矿和钶钽铁矿的比例最大，其中英国联合金属公司下属泰国冶炼与精炼公司占有较大比例。② 由此可见，非洲国家的武装势力和跨国矿业公司相勾结，通过开发矿产资源而大发横财。谁掌控矿产资源的开采权就意味着拥有了金钱、武器和权力，非洲国家武装组织之间为了争夺矿产资源而不断发生暴力和冲突，当地民众不但未能在资源开发中获益，反而成为无辜的牺牲者，忍受着无休止的苦痛。

五 矿产资源收益未转化为包容性增长

在许多非洲矿产资源国，尽管有大规模的外国直接投资流入，实现了矿业的繁荣和发展，但是这些成就并未惠及当地民众，丰富的资源没有带来包容性增长。具体表现为以下几个方面。第一，矿业国收入不平等和贫困状况仍然严重。在非洲大陆收入不平等和贫困状况非常严重的国家中，就有矿产资源国，如刚果（金）、尼日利亚、赞比亚和莫桑比克等（见表4-7）。南非虽然贫困状况不严重，但是收入不平等状况非常严重，基尼指数高达63.1。尽管尼日利亚是非洲第一大石油生产国，政府从石油开

---

① 《安哥拉再现"血钻"》，2014年2月6日，http://news.xinhuanet.com/world/2010-11/06/c_12744005.htm。
② Global Witness, "Faced With a Gun, What Can You Do? War and the Militarization of Mining in Eastern Congo", July 2009, pp. 59, 62.

发和出口中获得了巨额的财富，但是这些财富并未转化为民众的利益，国内仍有近70%的居民生活在贫困线以下，许多当地人仅仅将燃油补贴作为生活在石油富国的唯一收益，而燃料补贴实际上又给当地经济带来了低效率和损失。

表4-7 收入不平等和贫困状况严重的非洲矿业国家

国　家	基尼指数 2000~2010年	贫困人口比重（%） 日均生活费低于1.25美元（PPP）2002~2011年	低于国家贫困线 2002~2012年
刚果（金）	44.4	87.7	71.3
莫桑比克	45.7	59.6	54.7
乍得	39.8	61.9	55.0
赞比亚	54.6	68.5	59.3
尼日利亚	48.8	68.0	54.7
安哥拉	42.7	—	—
刚果（布）	47.3	54.1	50.1
加纳	42.8	28.6	28.5
纳米比亚	63.9	31.9	38.0
南非	63.1	13.8	23.0

注：基尼指数衡量一国收入分配的差距，从0~100衡量收入分配从绝对平等到完全不平等；PPP为购买力平价。

资料来源：UNDP, *Human Development Report 2013*, 2013, pp. 154-160。

第二，矿业部门创造就业机会有限，无法缓解严峻的失业状况。由于采矿业是高度资本密集型部门，创造的就业数量有限，对于技术进步和人力资本素质提高的贡献也并不显著。这种结果对于世界各国都是一样。矿业部门与其他经济部门的前向或后向联系均不紧密，很多时候被视为一种"飞地"，跨国矿业公司对于东道国经济的影响似乎仅限于缴纳税款和特许费。[①] 由于矿业部门创造的就业有限，非洲矿业国的国民经济如果过度依赖矿业发展，必然无法缓解失业率居高不下的状况。例如，博茨瓦纳和赞比

---

① JICA Research Institute, *Development Challenges in Africa Towards 2050*, June 2013, p. 120.

亚的失业率均超过15%，阿尔及利亚超过10%，纳米比亚的失业率高达35%以上（见表4-8）。

表4-8 2010年非洲主要矿业国的失业率

单位:%

国　家	失业率	国　家	失业率
埃　及	8.7	博茨瓦纳	17.6（2005年）
南　非	24.7	阿尔及利亚	11.4
赞比亚	15.9（2005年）	纳米比亚	37.6

资料来源：The World Bank, *World Development Report 2013*, 2013, pp. 340-341。

第三，矿区居民并未在矿业开发中真正受益。以赞比亚为例，尽管铜矿业发展给政府带来了巨大的财富，但是矿业所在社区却并没有因此受益。当地社会仍然处于极度贫困的境地，矿区居民仅能获得有限的基本服务，经济增长的希望更加渺茫。导致这一问题的主要原因有以下几个方面：（1）尽管根据赞比亚法律，矿业收益中5%的份额要用于矿业所在地的发展，但事实上政府并没有执行这项规定，而只是要求矿业企业履行相关的企业社会责任计划，通常是修建一些学校、诊所和钻井等，这些计划很少会与当地社区进行协商，也很难会促进社区经济长期发展。（2）在1994年赞比亚对矿业实行私有化的时候，许多矿区都裁减了工人。现在矿业部门雇用的多是掌握低技术的临时工，他们的工资标准常常低于最低工资，并且临时工不享受住宿、医疗保健和教育津贴。（3）矿区的住房主要出售给那些有购买能力的人，一般都是非矿工，由此也导致非法定居点的增多，这些非法定居点缺乏干净的饮用水、卫生设施及其他公共服务，而且犯罪率出现上升势头。

尽管矿区居民的生活水平出现实质性下降，但是这并不妨碍矿区所有者继续从中获利。由于矿业生产掌握在外国公司手里，真正的矿区所有者居住在其他国家里，他们几乎不会去考虑当地社区的长远发展。而矿区的管理层则居住在未被污染的临近城镇，他们远离矿区的有毒烟雾，饮用瓶装水，食用从卢萨卡运来的安全食品。[①] 最终，似乎没有人真正关心矿区居民的健康和发展。

---

① Zarina Geloo, "Cursed by Copper in Zambia", June 2013, http：//www.osisa.org/openspace/zambia/cursed-copper-zambia.

第三节 非洲矿业国"以资源促发展"的政府治理探索

许多非洲矿产资源富国纷纷陷入"资源诅咒"的困境,这从本质上来说就是政府治理能力薄弱,无法有效管理资源收益,难以实现经济的持续和包容性增长。在未来,如何提高非洲国家矿业治理能力,成为非洲矿产资源国家摆脱"资源诅咒"困境,实现"以资源促发展"的关键问题。本节首先介绍博茨瓦纳在管理矿产资源促进经济发展的成功经验,然后根据《非洲矿业愿景》,从地方、国家和区域三个层面探索提高非洲国家矿业治理能力的路径。

一 博茨瓦纳政府"以资源促发展"的成功经验

自1966年独立以来,博茨瓦纳的经济发展取得了举世瞩目的成就。作为一个干旱而且人烟稀少的内陆国家,独立之初的博茨瓦纳是世界上最贫穷的国家之一,人均收入仅为70美元,农业(以养牛为主)占国内生产总值的40%,有60%的政府支出依赖国际援助。1966~1989年,博茨瓦纳是世界上经济增长最快的经济体。1965~1980年和1980~1989年,国内生产总值年均增长率分别高达13.9%和11.3%。1989年,博茨瓦纳一跃成为下中等收入国家。1998年,博茨瓦纳人均收入达到3460美元,成为上中等收入国家。[1] 2012年,博茨瓦纳人均国内生产总值达到了7220美元。[2] 如此高速的经济增长,动力源泉就来自矿业部门的发展,特别是钻石生产。从独立之初直到20世纪70年代,牛肉生产是博茨瓦纳规模最大的行业,占国内生产总值的39%,是出口创汇的主要来源。[3] 自20世纪70年代以来,博茨瓦纳矿业经历了快速腾飞,并成为国民经济的主导产业(见表4-9和图4-1)。矿业在博茨瓦纳国内生产总值中长期占有支配地位,以钻石生产为主,还有铜镍矿生产。当前钻石生产占据了博茨瓦纳国内生产总值的1/3,出口收入的70%~80%,政府收入的1/2。

---

[1] Maria Sarraf, Moortaza Jiwanji, *Beating the Resource Curse: The Case of Botswana*, 2001, p. 9.
[2] African Development Bank, *African Statistical Yearbook 2013*, 2013, p. 61.
[3] The World Bank, *Yes Africa Can: Success Stories from a Dynamic Continent*, Washington, D. C., 2011, p. 81.

表4-9 博茨瓦纳矿业在国民经济中的作用

单位:%

年份	矿业占GDP比重	矿业在政府收入中的比重	矿产品占出口收入的比重
1967	1.6	0	1
1972	11	5	44
1976	14	27	57
1980	23	31	81
1981	22	33	65
1983	32	25	75
1985	41	47	87
1987	44	55	88
1989	51	59	89
1991	40	54	87
1993	33	40	82
1995	33	51	76

资料来源：Maria Sarraf, Moortaza Jiwanji, *Beating the Resource Curse: The Case of Botswana*, October 2001, p.10。

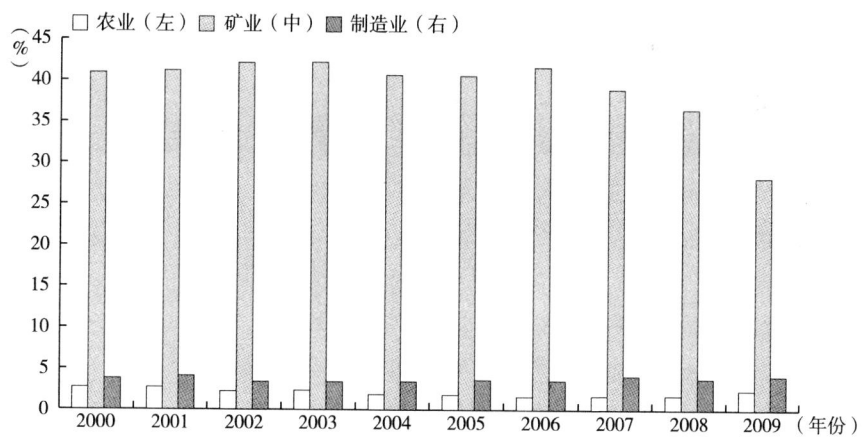

图4-1 2000～2009博茨瓦纳各行业在GDP中比重

资料来源：The World Bank, *Yes Africa Can: Success Stories from a Dynamic Continent*, 2011, p.87。

博茨瓦纳的钻石勘探始于1955年，1967年首次在境内发现钻石矿。1970年，国有的博茨瓦纳发展公司（Botswana Development Corporation）成立，负责与国内外投资者合作开发矿产资源和兴办企业。20世纪70年代初，博茨瓦纳政府采取对外开放政策，充分利用外国资本和先进技术勘探和开采本国矿产资源。该国为发展矿业制定的政策有：矿产权为国家所有；政府派代表团参加矿业合营企业董事会的决策和管理，并进行监督；在政府的参与和监督下，矿产资源开发主要由外国公司提供大部分资金、技术和管理经验及产品销售渠道；矿产资源开发既要保证国家在矿业公司中所占份额，同时视不同矿产的利润大小而定（如国家在铜镍矿和煤矿所占股份分别为15%和25%，在钻石矿占有50%的股份）。① 根据上述政策，1978年博茨瓦纳政府与戴比尔斯公司（De Beers）签订协议，成立戴比斯瓦纳钻石公司（Debswana Diamond Company），合作开发钻石矿，双方各占50%的股份。20世纪70年代到80年代初，戴比斯瓦纳公司的奥拉帕（Orapa）、莱特拉卡内（Letlhakane）、吉瓦嫩（Jwaneng）钻石矿相继投产，博茨瓦纳由此成为世界最重要的钻石生产国。2003年，戴比斯瓦纳公司的达姆特沙阿姆（Damtshaa）钻石矿投产。戴比斯瓦纳公司是世界上最大的钻石生产商，拥有博茨瓦纳的四个钻石矿，几乎垄断了境内的钻石生产，并在首都哈博罗内建立了世界上规模最大、技术最先进的钻石分拣中心，这使博茨瓦纳在原石筛选和估值方面居世界首位。博茨瓦纳的原钻销售和出口均由博茨瓦纳钻石贸易公司垄断经营。博茨瓦纳钻石贸易公司是博茨瓦纳政府与戴比尔斯公司的合资公司，双方各占50%的股权。除了戴比斯瓦纳公司之外，在博茨瓦纳，钻石开采和加工公司还有博茨瓦纳钻石公司、加拿大卢卡拉钻石公司（Lucara Diamond）和南非钻石公司（Safdico）等。

20世纪80年代后期，为了改变经济发展主要依赖钻石生产的状况，博茨瓦纳政府开始推行经济多元化政策，致力于实现经济结构多元化和企业私有化。2010年博茨瓦纳执行《第十个国家发展计划》，仍将主要政策目标放在实现经济多样化、创造就业、减少贫困上。该国政府为实现经济多样化集中支持以下六个领域，即农业、交通、钻石业、卫生、教育和技术革新。同时，博茨瓦纳政府推行了"矿业增效战略"，以确保将自然资源转化为国民共享的财富，并通过增加本地公司的参与和新技术的推广，提高矿业生产的附加值。在钻石产业上，博茨瓦纳重视发展钻石加工业，扩大钻

---

① 《博茨瓦纳探索脱贫致富之路》，2014年2月6日，http://memo.cfisnet.com/2012/1229/1293975.html。

石切割、抛光等高附加值业务,争取更大的利润空间。该国政府建立了严格的钻石业开采、加工和经销体系,以确保钻石产业的持续发展。当前博茨瓦纳钻石贸易公司将原钻销售给当地 21 家政府授权的切割和抛光钻石加工公司,以提高钻石的附加值,并建立一个充满活力和可持续发展的钻石下游产业。随着下游产业的繁荣,未来几年钻石行业将创造出更多的就业机会,工作岗位包括钻石切割、抛光、销售和市场营销。博茨瓦纳钻石贸易公司的建立还促进了其他配套产业的发展,如银行业、信息技术产业和旅游业等,这无疑为其他国际企业投资博茨瓦纳提供了便利条件。由于原石加工行业的重心从传统的伦敦和安特卫普转移到了博茨瓦纳,从而衍生出其他投资机会,包括酒店、交通基础设施、设备供应、珠宝制造、银行业、证券业和信息技术行业。这些新的投资机会将有助于博茨瓦纳政府创造更多就业机会和实现经济多样化战略。

总体来说,博茨瓦纳政府长期以来对矿产资源进行了富有成效的管理,促进了国民经济的持续健康发展,该国政府"以资源促发展"的成功经验表现在如下几个方面。[①]

第一,博茨瓦纳政府一贯尊重公民财产权、坚持法治,保持政府部门管理的高度透明、治理水平较高。在矿产资源丰富的非洲国家,很少有(甚至没有)其他政府,能像博茨瓦纳一样保持和平而富有建设性的统治秩序。尽管独立以来,博茨瓦纳始终是一党执政,政府仍然以民主方式运作,选举也被认为是"自由、公正"的,政府积极响应选民要求,并在日常事务中保持公开透明。有研究认为,法治和对财产权的尊重,是博茨瓦纳取得成功的两大重要因素。同时,博茨瓦纳政府在利用跨国公司开采钻石矿的过程中,获得了大量的收益,这为其经济发展提供了强大资金支持。在钻石矿发现以前,博茨瓦纳已经通过《矿山与矿物法》赋予政府地下矿物开采权。为开采钻石矿,政府与国际矿业公司戴比尔斯共同建立了矿业合资公司,双方各持一半的股份。邓宁认为,博茨瓦纳之所以能够获得稳定的钻石收益,原因之一在于政府高超的谈判能力,这使其在与戴比尔斯的博弈中占据上风,在本国钻石产品获取的收益中享有超过 50% 的份额。另

[①] 参见景普秋、范昊《矿业收益管理与经济增长奇迹:博茨瓦纳经验及对中国的启示》,《中国地质大学学报》(社会科学版) 2013 年第 2 期;The World Bank, *Yes Africa Can: Success stories from a Dynamic Continent*, 2011, pp. 82 – 87。

一个原因在于戴比尔斯对世界钻石市场的把控。这种半垄断化运营模式借助其内部的营销卡特尔与中心销售处等部门的优势，可以有效地将钻石价格稳定在某一水平，进而能够以远高于生产成本的价位销售钻石。政府与矿业巨头之间成功的合作模式，保证了国家大量而稳定的收入。为了防止政府部门出现不公正和腐败行为，博茨瓦纳致力于提高矿业及其收益管理的透明度，并成立了独立于司法部的腐败与经济犯罪委员会，有权直接向总统汇报腐败事件，其健全的反腐败程序在管理监督方面引导了矿产资源的有序合理开发。正是通过健全法制和提高政府治理能力，博茨瓦纳政府能够从矿业开发中获取巨额的发展资金，使矿业开发成为经济发展的重要驱动力。

第二，博茨瓦纳政府实行财政盈余政策，保持了国际账户经常收支盈余，并且对基础设施和人力资源进行了大量投资。博茨瓦纳政府为了避免资源价格波动对政府收支的影响，制定了一项矿产收益管理原则：矿产收益来源于大量不可再生资源，故必须用作投资资金，以积累物质资本、人力资本或是金融资本；确保矿产收益能够投资于基础设施、教育、医疗或金融资产等方面，而不是流向经常性政府支出；经常性政府支出只能通过非矿产收益为其融资，从而避免矿产收益被滥用在政府机构的无度膨胀上。博茨瓦纳在20世纪80年代后期开始削减政府支出，积累大量的财政盈余。在矿产品价格较高年份获得的财政盈余可以用来弥补收入降低时政府公共支出的不足，或者用于积累国际储备以缓解通货膨胀压力。博茨瓦纳政府从首个钻石矿建成之初，就开始存留一定量租金收益，并维持大量经常性项目盈余。这使得国家外汇储备由1976年的0.75亿美元增长到1998年的50亿美元，这相当于整个国家当年国内生产总值的125%。博茨瓦纳在1981~1982年和1994年遭遇钻石出口冲击时，这些财政盈余与外汇储备有力地保证了公共支出的正常水平。这些政策共同发挥作用，控制了本币升值可能带来的生产力和竞争力下降的趋势。高额财政盈余控制了当期的消费规模，降低了本国的通胀压力。由于国内投资机会有限，政府利用部分财政盈余进行海外投资，这直接降低了实际汇率贬值的风险，并为将来获得了外汇收入来源。国外金融资产对博茨瓦纳的财富积累尤为重要，这是一种资金累积的形式，也是一种自我保险策略，可以用来应对短期矿业收入减少造成的冲击，也可以应对未来较长时期资源逐步枯竭带来收入减少的压力。

第三，博茨瓦纳政府对财政储蓄的管理，一种途径是采取公共服务债务管理基金（Public Service Debt Management Fund）及收益稳定基金（Revenue Stabilization Fund）的形式，这些基金都是成功的财政储蓄管理模式。另一种途径是对国内资本项目投资，通过提高生产力来规避国民经济过度依赖钻石产业的不利影响。对于资源型国家而言，可持续发展理念要求矿业资源的损耗必须通过其他形态的资本进行弥补，即将矿业收益用于投资以实现自然资本向其他形态资本的转化，包括物质资本、人力资本等。在大多数年份中，博茨瓦纳政府几乎将所有的矿产收益都转化为公共资本；在加快农村基础设施建设、提供农村就业岗位以及确保"旱情缓解工程"等方面投入了大量的资金；同时该国政府也非常重视对教育、医疗卫生与其他公共服务的投资。值得注意的是，政府投资于公共产品（基础设施，卫生和人力资本），有助于改善经济增长，同时又不会挤占私人部门的投资和发展机会。总体来说，重视基础设施，卫生和教育的公共投入，让博茨瓦纳受益匪浅。

由于长期实行稳健的财政政策，博茨瓦纳一直享有相对稳定的宏观经济环境，也避免了很多资源型国家出现的繁荣—衰退周期。钻石行业的周期性增长减速，大体上没有被传递到国民经济的其他领域。通过在繁荣时期预留一部分经济收益，政府在一定程度上，已经能够确保该国与经济萧条绝缘。不过，一国政府仅靠良好的财政政策，也不足以实现经济成功。许多资源丰富、投资率高的国家，都没有获得博茨瓦纳这样良好的发展成果。投资的质量，显然跟投资数量同样重要。博茨瓦纳政府的高效清廉，有助于各项政策的顺利执行。2013 年，博茨瓦纳的清廉指数为 64，在全球 175 个国家中排名第 30 位，是非洲最清廉的国家。博茨瓦纳"以资源促发展"的成功经验表明，政府的良好治理有助于宏观政策取得实际效果，而良好的宏观政策，反过来也可以催生一个治理水平更高的政府。博茨瓦纳的宏观政策和政府治理之间的良性互动，对其成功规避"资源诅咒"这个潜在风险起到了显著的正面作用。

二 构筑非洲矿业国"以资源促发展"的政府治理方式

由于资金、技术的匮乏以及政府治理能力薄弱，许多非洲矿业国经济发展长期依赖于低加工、低附加值和低就业的自然资源采掘业。在过去十几年里，尽管国际初级矿产品的价格达到了历史高位，但是由于非洲矿业国政府大幅度对跨国矿业公司实施减税，它们获得的资源收益一般都远不如跨国矿业公司所获取的巨额利润。不仅如此，许多非洲矿业国在发展过程中均不同程度地受到"资源诅咒"的负面影响。显然这种"以资源换发展"的经济模式不利于非洲矿业国实现可持续和包容性经济发展。为转变发展模式，在2009年2月的非洲联盟首脑会议上，各国首脑们同意采纳由非洲联盟、非洲经济委员会、世界银行和其他联合国组织共同制定的《非洲矿业愿景》（Africa Mining Vision，AMV），这是非洲国家为了解决巨额资源财富和国民普遍贫困悖论的自主选择。《非洲矿业愿景》中规定所有涉及矿业开采的决策都要符合非洲的长远和包容性发展目标，并指明了以矿业作为非洲发展驱动力的具体路径。

概括来说，《非洲矿业愿景》是一个整体性战略，它倡导将矿业以外的因素纳入进来。因此，它不仅要求改善矿业开采体系，以确保政府获得更多的资源利益，并合理有效地利用这些收益。更重要的是，如何将矿业发展整合到国家、地方和区域性发展的战略之中。简言之，《非洲矿业愿景》最重要的目标就是要打破非洲矿业国的矿业"飞地"地位，使这些国家实现从传统的廉价原材料出口商，转变为制成品和知识密集型服务的供应商。根据《非洲矿业愿景》[①]，矿业国构筑"以资源促发展"的政府治理方式体现在如下三个层面。

首先，在地方层面，非洲国家要确保矿工和当地社区在大规模矿业发展中受益，同时兼顾对当地生存环境的保护。非洲国家大部分的矿业改革是以政府为主导，并在私营部门的参与下进行的。在政策沟通、协商和决策时，它们更多关注地是政府和私营部门的权益。这种矿业改革不具有广泛的代表性和参与性，结果导致矿业国政府发展视域狭窄，没有充分考虑矿业所在社区和市民社会的意见和发展愿望。未来非洲国家应该转变矿业发展战略，实现矿业开采造福当地社区。具体来说，非洲国家政府应鼓励当地企业家和公司运用新技术和提高服务，建立矿业开发的上游和下游产业链，并将资金集中用于基础设施建设、矿业勘探和人力资源培训等领域，

---

① African Union, *Africa Mining Vision*, February 2009.

以提高当地社区经济发展的长期潜力。同时通过法律和法规的形式规范矿业企业的环境标准，并对污染企业造成的社会和环境成本给予合理的补偿。

其次，在国家层面，政府要确保在与跨国矿业公司的谈判中获得更加合理的资源租金，并且将矿业政策整合到国家长远发展战略之中。当前非洲矿产资源的真正潜力尚未完全被挖掘出来。受制于资金和技术的限制，非洲国家需要利用跨国公司的投资更好地进行矿产开发。但由于缺乏关键性的资源数据，非洲政府在与跨国矿业公司谈判中很难获得优势地位，也使得非洲政府实际拥有的矿产资源租金比例较低。为改变这一窘境，非洲国家需要利用新技术更好地掌握境内的资源状况。非洲矿业国政府需要通过健全审计、跟踪研究和制度完善等途径，确定在与跨国公司矿业谈判中资源租金的合理分配方案，以保证最大限度地获得资源收益。例如，赞比亚政府借助于国际市场铜价飙升，在对境内大型矿业合资企业实行几年优惠政策后，成功将矿业公司的税收提高25%~30%，并引入暴利税，这些举措为政府额外增收4.15亿美元资源租金。为增加矿业收入，有些非洲国家，如几内亚、赞比亚、坦桑尼亚、利比里亚和尼日利亚，采取类似取消或检查矿产合同的措施。未来，这一趋势将扩展到其他非洲国家，尤其是当这些国家和民间组织认为自身从资源中获利过少时。[①]

近年来，针对非洲矿业发展过程中的种种质疑，非洲矿业国政府已经开始探索矿业发展的新思路，试图将矿业发展整合到国家整体发展之中，使其与其他经济部门建立多样化的联系，致力于增加社会福祉，降低贫困社区的经济脆弱性。在此过程中，非洲国家需要在采矿社区发展与国家整体可持续发展之间寻求利益平衡。总体来说，非洲国家在制定新的矿业发展政策时，要有更广阔和更长远的视野，需要将矿业社区、国家发展、减轻贫困、提升竞争力等因素都整合进来，这必然需要确立合理的利益分配机制和政策的优先顺序。

最后，在区域层面，非洲国家要加快次区域内的矿业管理和协调。主要包括：区域之间加强合作和一体化进程；区域组织内部实施可持续发展宪章，并对跨境矿产资源进行管理；政府制定统一的次区域矿业开采制度，

---

① 《非洲发展评论：如何更好利用矿产资源》，中国驻刚果（布）经济商务参赞处，2014年2月26日，http://cg.mofcom.gov.cn/article/jmxw/201310/20131000363136.shtml。

并将矿业发展整合到地区产业和贸易政策中；区域经济组织内部要协调矿业政策、法律、法规、标准和规范；非洲各国政府要建立次区域的资本市场，对地区性矿业项目进行融资；非洲矿产资源国要建立资源合同的谈判知识平台和次区域商品交易所，并加强区域内的信息传播和能力建设，促进《非洲矿业愿景》的实施。

综上可知，若要实现"以资源促发展"，非洲国家就不能只是随机应变地制定政策，而应该培养战略眼光来管理资源收益，并将资源收益纳入到地方、国家和区域发展的长远规划之中。在对待矿业外国直接投资时，非洲国家需要有明确的长期发展战略作为决策依据来认真权衡得失，以实现国家在矿业开发中获取净收益。值得注意的是，在对矿业外国直接投资带来的收益进行审查时，矿业国不应只关注短期利益，而应该放眼于长期利益，这是衡量外国直接投资净收益的有效标准。

第五章　外国直接投资与非洲经济转型的关联机制

　　自20世纪90年代中期以来,受益于宏观经济管理改革、商业环境改善、初级产品价格高涨、国内外消费需求和投资增加、新通信信息技术应用,以及与外部经济体联系的加强等因素,许多非洲国家经历了持续高速的经济增长。然而,这些年的经济增长却不具有可持续性,既没有带来经济结构的彻底转型,也没有改变严峻的贫困和失业状况。绝大多数非洲国家的经济发展模式在过去40年间都没有多大变化,生产和出口仍然集中于少数商品,制造业在生产和出口中的比重仍然较低,技术水平和生产率提高幅度也很有限。在国际市场上,除了初级农矿产品,非洲国家在制成品方面都不具有较强竞争力。而且许多非洲国家的贫困状况仍然严峻,撒哈拉以南非洲国家仍有约50%的人口日均生活费低于1.25美元。[①] 若要确保未来的经济增长具有持续性和包容性,非洲国家需要大力推进经济转型。对非洲国家来说,改变现有的经济增长模式,提高增长质量,让更多民众受益,是迫切而必要的。那么,外国直接投资在非洲经济转型中扮演着何种角色?外国直接投资是给非洲经济转型注入了动力,还是带来新的挑战?本章将围绕这个问题,详细论述外国直接投资在非洲经济转型中所起到的促进抑或制约作用。

第一节　非洲经济转型的内涵和挑战

　　一般来说,经济转型包括四个方面相互关联的过程:农业在国内生产总值中的比重下降,农业占全国就业比重下降;农村和城市发展推动

[①] African Center for Economic Transformation, *2014 African Transformation Report: Growth with Depth*, 2014, p. 1.

农村人口向城市流动；现代工业和现代服务业兴起；人口从高出生率和高死亡率向低出生率和低死亡率转变。经济转型还伴随着农业生产率的提高，经济一体化和人均产出增长率的提高。① 本节首先介绍非洲国家经济转型的内涵，然后分析当前非洲经济转型过程中面临的诸多严峻挑战。

一　非洲经济转型的基本内涵

若要实现非洲经济转型，除了现有的经济增长驱动因素之外，非洲国家还需要致力于生产和出口的多样化、提高生产率、生产技术升级、提升出口竞争力和增进社会福祉。②

第一，生产和出口多样化。经济转型的一个基本出发点就是获得生产产品和提供服务的多样化能力，然后根据国际市场价格来选择本国竞争力强的类别进行专业化生产。这是经济转型取得成功的国家走过的历程：先提高生产产品和提供服务的多样性，再从中选择更具市场盈利潜力的类别进行专业化生产。当前，非洲国家的生产和出口的产品种类很少，这并不是专业化生产的主动选择，而是由于自身缺乏技术和其他能力无法将产品和服务拓展到更广泛领域。当前非洲大陆制造业增加值占国内生产总值的比重不足10%，与20世纪70年代相仿。其他许多发展中国家进行经济转型时，制造业占国内生产总值的比重接近25%。非洲国家制造业发展滞后，严重制约了生产和出口的多样化水平。然而非洲国家若要实现经济转型，生产和出口多样化是其中的重要环节。

第二，提高生产率。在非洲国家中，60%~70%的居民生活在农村地区，主要依赖于农业。提高农业生产率是增加收入水平的一个极其有效的方式，同时还能带动非洲国家经济转型。根据大多数国家的实践经验，非洲国家提升农业生产率可以促进工业化进程，实现经济转型。具体传导路径包括将更多的农业劳动力转移到工业部门；提高粮食产量以延缓工业部门的工资上涨压力；增加农业产出为工业部门提供生产原料；扩大农产品

---

① Economic Commission for Africa, *Economic Transformation in Africa: Drivers, Challenges and Options*, Issues Paper, 2013, p. 3.
② African Center for Economic Transformation, *2014 African Transformation Report: Growth with Depth*, 2014, pp. 2 – 4.

出口用于支付工业中间品的进口费用；拓宽国内对工业产品的市场需求。因此，对于非洲国家来说，实现经济转型首当其冲的就是提升农业生产率。

第三，生产技术升级。尽管更有效地利用现有资源和技术来生产相同产品和提供相同服务，可以提高生产率，但是如果要实现生产率持续提升，只能采用更加先进的技术，以及增强从事更加复杂经济活动的能力。如果制造业的技术水平得以提高，生产的制成品在国际市场上就会以更高价格被出售，非洲国家获取出口收入也会更多，还可以为广泛的经济转型提供更强的资金支持和产业支持。可见，具备生产高附加值、高技术含量的制成品是一个国家实现经济转型的重要前提，而当前非洲国家的中高技术制成品占出口总额的比重仅为10%左右。若要实现经济转型，非洲国家亟须实现生产技术的升级。

第四，提升出口竞争力。出口贸易能够为一国扩大生产、增加就业、降低成本和提高收入创造机会。通过出口贸易获得的先进技术和管理理念，加之面临国际市场竞争的巨大压力，有助于出口国的经济多样化水平提升，并有助于提高生产率，这些正面效应又会带动出口竞争力的提升。通过提高出口竞争力，一国能够更加充分地发挥比较优势，获得更多的出口收入，并可以利用增加的收入继续投资于具有发展潜力的领域，实现比较优势的动态升级，促进经济结构转型。由此可见，提升出口竞争力与经济转型具有正相关性。然而在过去的40年里，许多非洲国家的出口贸易一直集中在少数初级产品上，出口竞争力薄弱。非洲国家的出口竞争力与巴西、马来西亚、泰国、中国等发展中国家相比还有很大差距。在未来，非洲国家需要致力于出口竞争力的提升，为经济转型提供动力支持。

第五，增进社会福祉。通常来说，提高社会福祉包括多方面内容，诸如收入、就业、贫困、不平等、健康、教育，以及和平、公正、安全和环境。这其中与经济转型密切相关的有人均GDP和就业两项指标。从收入角度来说，人均GDP提高意味着高报酬的就业机会增多，这样经济转型就可能带来收入不平等状况的降低或者将其处于可控范围之内。从就业角度来说，一个转型经济体在现代农业、现代制造业和高附加值服务业占国内生产总值的比重增加同时，正式部门就业的比重也应该逐渐提升，加入就业大军的劳动力受教育程度也应该更高。因此正式部门在全部劳动力市场中的就业比重是衡量经济转型对居民福祉影响程度的一个重要指标。但是在撒哈拉以南非洲国家，正式部门的就业数量占整个劳动力市场总量的比重很少超过25%。若要实现经济转型，非洲国家需要扩大正式部门的就业比重，降低非正式部门的规模和比重。

综上所述，经济转型所需的五个基本要素[①]具有密切关联性，并非相互割裂的个体。一方面，生产和出口的多样化、出口竞争力的提升均有助于实现生产率的提高和生产技术的升级，并带动社会民众福祉的增进；另一方面，如果未能实现生产率的提高和生产技术的升级，生产和出口的多样化将难以持续，出口竞争力的提升也无以为继，最终将很难实现社会民众福祉的增进。

二 非洲经济转型面临的艰巨挑战

自2000年以来，非洲经济呈现持续增长的良好态势。2002~2008年，实际国内生产总值年均增速为5.7%，2009年受到全球金融危机和食品燃料价格上涨的影响下降至2.6%，2010年又迅速提高到4.9%。2011年受到北非政治动荡的影响，非洲经济出现大幅下滑。2012年，尽管受到全球经济低迷和不确定因素增加的不利影响，非洲大陆经济增速仍然高达5.4%。[②]令人沮丧的是，这种持续的经济增长并未转化成经济多样化和就业水平的大幅提高，也未带来显著的社会发展。许多非洲国家的失业率仍然居高不下，并且由于食品价格上涨和补贴减少，使得饥饿状况更加严重，这种状况也导致了一些非洲国家的政治和社会动荡，如阿尔及利亚、埃及、利比亚、突尼斯等国就受此影响较大。这也表明，非洲国家必须正视其面临的

[①] 非洲转型指数（African Transformation Index，ATI）通过度量五个基本转型要素，即经济多样化、出口竞争力、生产率、技术升级和民众经济福祉，来衡量非洲国家经济转型状况。非洲经济转型中心对21个撒哈拉以南非洲国家的"转型指数"进行测度，得出的结论是：2010年，毛里求斯和南非处于领先地位，"转型指数"远高于其他国家。其次是科特迪瓦、塞内加尔、乌干达、肯尼亚、加蓬。"转型指数"处于中间的七个非洲国家是喀麦隆、马达加斯加、博茨瓦纳、莫桑比克、坦桑尼亚、赞比亚和马拉维。"转型指数"排名最后七位的国家是贝宁、加纳、埃塞俄比亚、卢旺达、尼日利亚、布隆迪、布基纳法索。

[②] 联合国贸易与发展会议数据库，http：//unctadstat.unctad.org/wds/TableViewer/tableView.aspx？ReportId = 109。

严峻挑战，调整未来经济和社会发展路径，平衡快速增长与经济转型的关系，实现可持续发展。概括来说，非洲国家在未来经济转型过程中将面临如下重大挑战。

第一，制度建设和政府治理的挑战。经济转型的顺利进行需要有良好的制度环境和有效的政府治理作为支撑，但是许多非洲国家的制度体系不完善，政府治理能力较低，腐败状况严重，对经济转型构成了巨大的挑战。即便是南非、埃及、摩洛哥、尼日利亚、突尼斯、阿尔及利亚、安哥拉、肯尼亚、加纳和坦桑尼亚，这些非洲大陆经济发展前景较好，对外国直接投资吸引力较强的国家，仍然存在制度建设和政府治理薄弱的严峻挑战。从表5-1可以看出，这些国家的公共制度均存在不同程度的严重缺陷：（1）普遍存在不同程度的公共资金挪用现象，其中尼日利亚最为严重；（2）对财产权和知识产权的保护力度有待加强；（3）政府管制的负担较重；（4）在南非、埃及和尼日利亚，犯罪和暴力造成的企业成本较高；（5）在安哥拉、尼日利亚、坦桑尼亚和阿尔及利亚，司法受到政府官员的影响较大；（6）政府官员制定政策和签订合约时缺乏足够的中立性。

表5-1 非洲主要国家的公共制度指标

国　别	对财产权（包括金融性财产）（保护 1=很弱；7=很强）	对知识产权保护（1=很弱；7=很强）	公共资金的挪用（1=十分常见；7=从未发生）	司法能否独立于政府官员的影响（1=被严重影响；7=完全独立）
南非	5.6	5.5	2.8	5.5
埃及	3.7	3.2	2.5	3.5
摩洛哥	4.8	3.3	3.8	3.4
尼日利亚	3.4	2.8	1.9	3.2
突尼斯	4.3	3.2	3.7	3.6
阿尔及利亚	3.2	2.2	2.3	3.2
安哥拉	2.8	2.4	2.2	2.4
肯尼亚	3.9	3.4	3.0	4.0
加纳	4.2	3.9	3.1	4.4
坦桑尼亚	3.8	3.2	2.9	3.2

续表

国　　别	政府官员决定政策和合约时（1＝经常偏袒关系好的企业或个人；7＝中立）	政府管制的负担（政府的行政要求）（1＝十分繁重；7＝没有负担）	解决私人企业争端的法律框架（1＝极端无效；7＝十分有效）	犯罪和暴力导致的企业成本（1＝重大成本负担；7＝未造成成本）
南非	2.5	2.9	5.3	2.7
埃及	3.0	3.2	3.2	2.3
摩洛哥	3.4	3.5	3.7	5.3
尼日利亚	2.2	3.5	3.6	2.9
突尼斯	3.4	3.5	3.9	3.6
阿尔及利亚	2.6	2.5	3.1	4.1
安哥拉	2.2	2.8	2.7	3.4
肯尼亚	2.8	3.6	3.9	3.4
加纳	2.9	3.5	4.1	4.2
坦桑尼亚	3.1	3.7	3.6	4.6

资料来源：World Economic Forum, *The Global Competitiveness Report 2013 - 2014*, 2014。

世界银行发布的世界治理指标用于评估各国政府的治理水平。世界治理指标由五大类指标组成：和平与安全、法治、人权与参与、可持续发展、人文发展。这五大类指标项下还有 13 个次级指标[1]，及 41 个具体的评估指标。具体数据来自 30 个不同国际组织的数据库或者年度报告。每项指标的取值范围界定为 0～1，其中 0 为最差，1 为最佳。2011，全球 179 个国家的世界治理指标的平均值为 0.616。毛里求斯的世界治理指数为 0.720，全球排名 31 位，为非洲国家之首。其次为佛得角、塞舌尔、纳米比亚、南非、博茨瓦纳和加纳。只有以上七个非洲国家的世界治理指数达到或超过世界平均值，其余国家均低于世界平均值。全球排名后三位的国家均是非洲国家：苏丹、刚果（金）和索马里。[2] 综上，非洲国家制度建设和政府治理方面的滞后状况对其经济转型的实现必然形成不同程度

---

[1] 分别为国家安全、公共安全；法律体系、司法制度、腐败；公民权利和政治权利、公众参与、性别歧视/不平等；经济领域、社会层面、环境层面；发展、幸福和快乐。
[2] Forum for a New World Governance, *World Governance Index 2011*, pp. 12 - 16.

的阻碍力量。

第二,抵御外部冲击能力弱的挑战。长期以来,非洲大陆经济增长并没有带来就业率的大幅增加和贫困状况的明显改善,根源就在于经济多样性的匮乏和过度依赖初级产品的生产和出口,国民经济抵御外部冲击的能力低。非洲国家受到国际经济形势恶化和食品价格上涨的冲击,就容易导致国内政治局势动荡和经济形势剧烈波动。例如,2009年非洲出口结构中燃料和矿产品占64%,钢铁和农产品分别占到了出口产品的19.2%和10.2%。受全球经济危机的影响,2009年非洲出口总额比2008年下降了36%。[1] 非洲过度依赖资源性产品出口的模式,一方面容易受到国际市场价格波动而对国内经济造成负面冲击;另一方面由于自然资源所固有的可枯竭性,以及开采和消费资源产品带来的环境污染、气候变化等负外部性的长期存在,对非洲未来的经济发展带来不可忽视的负面影响。当前与非洲国家有关的多边贸易谈判,包括世界贸易组织的多哈回合谈判和欧盟经济伙伴协议,都没有将促进非洲出口产品多样化作为谈判前提,对于非洲摆脱资源性产品出口为主的窘境帮助不大。

第三,产业结构调整的挑战。在许多非洲国家,农业是最重要的经济部门,农业产值占国内生产总值比重超过20%的有29个国家,其中18个国家超过30%。[2] 非洲国家农业生产非常落后,基本处于"靠天吃饭"的状态,它们抵御自然灾害的能力低下,对洪涝灾害缺乏防治措施。除部分较大规模的农场外,水利灌溉设施普遍缺乏,而且大多数非洲国家对农作物鸟害虫害没有有效的防治手段。种植业中出口导向型的经济作物生产现代化程度相对较高,而粮食作物则以小农生产为主。受资金匮乏、技术落后、机械化水平低、农业基础设施落后等因素影响,农业资源尚未充分被利用。在过去的20年里,非洲经历了工业化进程的倒退,制造业占国内生产总值的比重从1990年的15%,下降到2000年的12%,2011年的10%。与此同时,服务业在非洲经济增长中的主导作用日益突出。但是在非洲大陆大多数国家,服务业中的绝大部分生产力低下,例如非正规和不可贸易性服务活动,由此也导致服务业的发展对于经济转型的推

---

[1] UNECA, *Economic Report on Africa 2011: Governing Development in Africa—The Role of the State in Economic Transformation*.

[2] African Development Bank, *African Statistical Yearbook 2013*, 2013.

动作用很小。① 此外，尽管资源型行业在非洲经济增长中起着重要的推动作用，但因其具有的"飞地"特征，很难对经济转型产生较强的推动力。未来非洲经济转型面临着产业结构调整的巨大挑战，即从低附加值的出口导向型资源行业转向附加值较高的生产制造业（包括劳动密集型制造业和高新技术制造业），从传统低附加值的农业和服务业转向现代农业和现代服务业。

第四，发展绿色经济的挑战。尽管非洲国家对当前全球气候变化所应承担的责任最小，非洲是世界上温室气体排放总量最少的地区，但却是气候变化最大的潜在受害方。撒哈拉以南非洲地区约有 70% 的人口依赖靠天吃饭的生存农业（Subsistence Agriculture），② 因为气候反常造成的农业生产波动必然会首先使他们蒙受损失，非洲地区的人们面临贫困状况进一步恶化的风险。与此同时，由于过度依赖于自然资源开发来加速经济增长，这使得环境污染状况愈发严重。为应对气候变化、环境污染等严峻挑战，非洲国家需要进行经济结构调整，为非洲可持续发展构建一个坚实的基础。结构调整意味着要重构产品和服务的生产、分配和消费结构，改变当前的经济发展路径。在规划未来经济发展道路时，非洲国家需要将自然资源的社会成本考虑在内，努力发展绿色经济。考虑到当前农业生产尚不足以满足非洲人民对食物的需求，发展绿色农业应该成为优先选择。实践证明，绿色农场能够提高小农场的产量。全球农产品市场对有机食品和饮料需求的快速增加，也为非洲绿色农业的发展提供了新机遇。此外，非洲国家还致力于发展绿色工业，提高能源和材料的使用效率，降低生态环境恶化和气候变化对经济发展带来的挑战。这需要非洲国家利用可再生能源作为发展的基础，因为碳密集型工业不仅会增加生产成本，还会将非洲工业化锁定在低效率和缺乏竞争力的产品生产模式上。但是，非洲国家发展绿色经济、实现经济转型面临着资金和技术严重匮乏的巨大挑战。

第五，投资率低的挑战。国际经验表明，发展中国家成功实现经济转型时，投资率（固定资本形成总额占 GDP 的比重）至少是 25%。结构转型所需的投资重点为促进生产力提高的物质资本投资，特别是机器、设备、厂房等。从图 5-1 可以看出，非洲的投资率长期不足 25%，明显低于发展中国家的平

---

① UNCTAD, *Economic Development in Africa 2014*: *Catalysing Investment for Transformative Growth in Africa*, United Nations, 2014, p. 5.

② African Development Bank, *Climate Change, Gender and Development in Africa*, November 2011.

均水平。值得注意的是，非洲国家政府的公共投资率普遍较低，长期处于 7% 左右，这也导致总投资水平偏低。在许多发展中国家，政府的公共投资水平很高，从而使总投资率达到较高水平。而且政府在基础设施等领域的公共投资不仅可以提供必要的服务，还能够带动私人投资的增加，从而带动总体投资水平的上升。然而在非洲国家，一方面许多矿产资源国虽然从自然资源中获取了较多收益，但政府却将这些资源收益更多地用于增加国内消费，较少用于促进长期增长的生产性投资，因而公共投资水平较低；另一方面，对于非矿产资源国来说，由于国内储蓄率较低，也没有足够的国内资源进行经济转型所需的公共投资，公共投资水平也很低。根据国际货币基金组织的统计，2013 年，撒哈拉以南非洲地区石油出口国平均储蓄率为 26.8%，而中等收入国家、低收入国家和经济脆弱国家的平均储蓄率均低于 20%，分别为 16.1%、16.4% 和 9.1%。[①] 由此可知，在非洲国家，拥有较高储蓄率的石油出口国，虽然有财政盈余，却较少用于公共投资来提高总体投资水平；而其他国家的低储蓄率则致使政府不具备进行大规模公共投资的资金。最终，非洲国家的总投资率普遍低于经济转型所需水平。

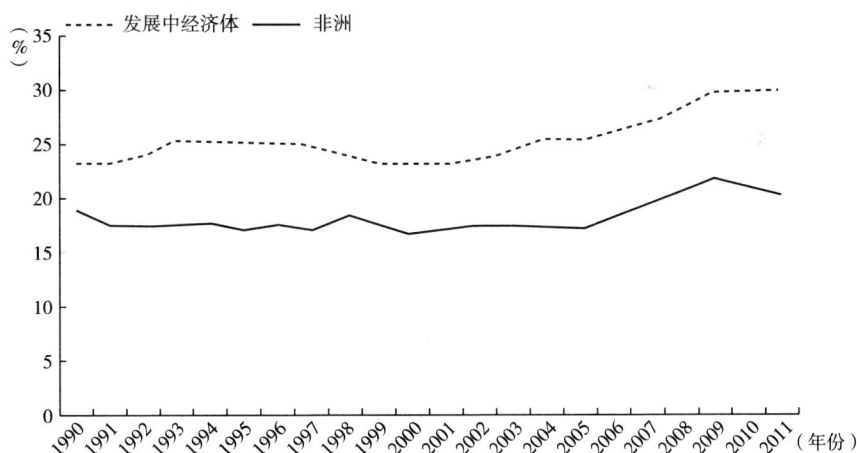

图 5-1 非洲和发展中经济体的固定资本形成总额占国内生产总值比重

资料来源：UNCTAD, *Economic Development in Africa 2014: Catalysing Investment for Transformative Growth in Africa*, United Nations, 2014, p. 17。

---

① IMF, *Regional Economic Outlook Sub - Saharan Africa: Fostering Durable and Inclusive Growth*, April 2014, p. 73.

第六，社会发展指标滞后的挑战。尽管非洲各国都在努力推进"千年发展目标"的实现，并且各国的进展相异，但是总体来说不足以在2015年真正实现这一目标。对于实现千年发展目标中的重要指标，如普及小学教育，降低5岁以下儿童和孕产妇的死亡率，提高清洁饮用水和卫生设施的覆盖面，非洲国家面临的主要挑战在于因性别、收入、地域差异而导致发展环境和机会的不平等。而这种发展不平等状况又归因于资源匮乏的约束，以及政府可以提供的公共服务质量和数量的限制。非洲国家政府在公共服务上的支出通常都小于实现千年发展目标所需的数额。由于政府财政资源所限，在客观上需要私人部门提供一些公共服务，如教育、卫生、基础设施和电信服务，但是由于制度和管理体系的落后，许多非洲国家通过公私合作（Public-Private Partnership）模式发展社会基础设施的进展缓慢。非洲国家提供的公共服务，从质量和数量来说，都不足以改变社会发展指标滞后的现状，这必然会阻碍人力资本素质的迅速提高，从而对经济转型起到阻碍作用。

第二节　外国直接投资与非洲经济转型的关联性

持续推进非洲大陆的经济转型，一方面能够实现经济多样化和技术升级，并使非洲生产商参与到全球价值链中，扩大市场份额；另一方面还能够扩展正规部门就业和自主创业的数量，并将为数众多的非正规经济活动改造成小型公司，提高生产率和收入水平，这样就会有更大比例的民众能够享受到经济繁荣带来的福利增进。[1] 非洲国家若要真正实现经济转型，需要促进经济多样化，提升技术水平和出口竞争力，提高民众的福利水平。那么外国直接投资在非洲经济转型中能够起到何种作用？本节将就此问题展开详细论述，探寻外国直接投资与非洲经济转型的关联效应。

一　外国直接投资与经济多样化

自20世纪90年代以来，非洲外国直接投资流入规模大幅增加，外资产

---

[1] African Center for Economic Transformation, *2014 African Transformation Report: Growth with Depth*, 2014, p. 5.

业分布也从最初集中于资源领域，逐步转向基础设施、制造业、服务业等众多产业部门。这种转变在 2005 年以后最为明显。2008 年，跨国公司在非洲制造业的投资猛增，制造业跨国并购总额达到 156 亿美元。阿尔及利亚、尼日利亚、南非都吸引了较大规模的绿地投资，集中在化学、纺织、服装和皮革、运输设备等行业。① 自 2009 年以来，消费者导向的产业门类，包括科技、媒体和电信（TMT）、消费品和零售（RCP）和金融服务成为非洲新增 FDI 项目最多的部门。早期非洲 FDI 流入最主要的行业——金属矿业，煤、石油和天然气，重要性在下降，2013 年这些行业在非洲 FDI 新增项目数量中的比重达到最低点，仅为 5%。科技、媒体和电信（TMT）、消费品和零售（RCP）和金融服务的新增 FDI 项目数量则呈现连续性的增长（见表 5 - 2）。未来几年，非洲大陆的资源行业将保持较大的投资潜力，而与此同时，基础设施和消费者导向产业的投资项目数量和规模也将进一步提升。

表 5 - 2　非洲 FDI 流入行业的新增项目数量占总项目数量的比例

单位：%

	2003 ~ 2007 年	2013 年
科技、媒体和电信	14	20
消费品和零售	12	17
金融服务	12	15
商业服务	6	12
金属矿业	13	2
煤、石油和天然气	11	3

资料来源：Ernst & Young, *EY's Attractiveness Survey Africa 2014: Executing Growth*, 2014, p. 7。

现代工业和现代服务业的兴起是非洲实现经济转型的关键。非洲外国直接投资逐步转向制造业和服务业等众多产业门类，这对非洲经济多样化无疑将起到重要的推动作用。举例来说，土耳其对阿尔及利亚纺织业的投资就有助于在当地形成纺织服装产业集群，完善产业链条，实现生产和出口的多样化。2013 年，土耳其纺织公司塔衣法（Taypa）与阿尔及利亚国有控股纺织公司签署了一份 9 亿美元的协议，在阿尔及利亚的埃利赞省（Rel-

---

① UNCTAD, *World Investment Report 2009*, New York and Geneva, 2009, p. 47.

izane）建立一个纺织服装产业集群，计划设立 8 家纺织服装生产企业，包括生产牛仔面料、府绸、华达呢（裤子面料）和纱的工厂，及一个整理针织产品的工厂。其他工厂将专门生产裤子、衬衣以及各种针织产品。项目正式运营后，60% 的产量将供应本国市场，其余的部分将会出口，同时将会创造 1 万个就业岗位。① 2014 年 6 月，土耳其另一家纺织服装业知名企业英杰山（RINGELSAN）与阿尔及利亚纺织服装企业签订了组建合资企业的协议，合资企业涉及两个企业。其中一家位于贝贾亚省，生产西服、夹克、西裤、大衣等，另一家位于赫利赞省，主要生产内衣、袜子、polo 衫、运动服和袜子。合资企业投资共 10 亿第纳尔，其中阿尔及利亚企业占 70% 股份，土耳其企业占 30%，该合资企业 50% 的产品将用于出口。② 土耳其企业在阿尔及利亚建立合资服装企业，有利于阿尔及利亚纺织服装业的分工细化和国际竞争力的提升。

表 5-3 埃塞俄比亚制造业部门发展的主要制约因素

	企业	投入品工业	土地	融资	企业家才能	劳动者技能	商贸物流
服装	小型企业	重要	关键	关键	重要	重要	—
	大型企业	重要	—	—	重要	—	关键
皮革制品	小型企业	关键	关键	关键	重要	—	—
	大型企业	关键	—	—	重要	—	重要
木制品	小型企业	关键	重要	重要	重要	重要	—
	大型企业	关键	重要	重要	重要	重要	—
金属制品	小型企业	关键	重要	重要	重要	重要	—
	大型企业	重要	重要	重要	重要	重要	—
农业综合经营	小型企业	关键	关键	关键	重要	—	—
	大型企业	关键	关键	关键	重要	—	—

资料来源：Hinh T. Dinh, Vincent Palmade, Vandana Chandra, and Frances Cossar, *Light Manufacturing in Africa: Targeted Policies to Enhance Private Investment and Create Jobs*, World Bank, 2012, p. 9。

---

① 《土耳其公司投资 9 亿美元在阿尔及利亚建纺织集群》，中华纺织网，2014 年 7 月 13 日，http://www.texindex.com.cn/Articles/2014-6-26/307009.html。
② 《土耳其投资阿尔及利亚纺织服装业》，中华纺织网，2014 年 7 月 13 日，http://www.texindex.com.cn/Articles/2013-5-27/285482.html。

不容忽视的是，制造业增加值占国内生产总值的比重是度量生产多样化的一个重要指标，但是近年来非洲制造业占国内生产总值的比重出现下滑。2012年，非洲制造业占国内生产总值的比重仅为9.7%，而2005年这一比例为12.1%。[1] 当前非洲制造业产值仅占全球制造业产值的1.5%左右，发展水平严重滞后。大多数非洲国家的制造业基础薄弱，制造业生产体系不完善，农产品加工业和纺织服装业是制造业主要门类。非洲的钢铁制造业主要集中在工业化水平相对较高的少数国家，如南非、埃及、阿尔及利亚、摩洛哥和利比亚；机电产业发展基本处于初级发展阶段，非洲国家多以进口设备散件进行组装和生产某些零配件为主，并集中在经济多样化水平较高的非洲国家，以北部非洲和南部非洲国家为主。

长期以来，拥有丰富资源的非洲在全球经济和贸易中处于"原材料提供者"地位。为了改变其制造业落后状况，增强经济发展动力和多样化水平，非洲国家普遍把发展制造业作为国民经济发展的重要产业，并积极鼓励外国投资者的参与。受此激励，近年来非洲制造业外国直接投资出现了上升势头，无论是投资项目数量还是金额都出现增长，但是这与真正实现非洲大陆经济多样化所需的投资规模相比还有很大差距。非洲制造业的外国直接投资主要集中在经济多样化水平较高的少数国家，对于工业基础薄弱国家的投资较少。例如，埃塞俄比亚的工业化水平滞后，制造业发展面临诸多结构性制约因素，这阻碍了外国直接投资的大规模进入。其中最关键的制约因素是中间投入品工业的缺乏或不完善（见表5-3）。整体来说，非洲制造业仍处在起步阶段，并不具备较强的国际竞争力。当前非洲工业制成品主要依赖国外进口的局面没有发生根本变化。在撒哈拉以南非洲地区，前五位的出口产品占出口总额的比重超过70%，制成品出口占出口总额比重不足15%，这距离出口多样化的目标仍很遥远（见表5-4）。

与此同时，非洲国家基础设施薄弱造成的高成本抵消了劳动力成本优势，也削弱了劳动密集型制造业对外国直接投资的吸引力。电力、交通、供水以及通信四种类型的基础设施对外国直接投资产业布局多元化的影响最大。目前由于手机的广泛使用大大改善了非洲的通信设施，但是电力、

---

[1] African Development Bank, *African Statistical Yearbook 2014*, 2014, p.74.

交通和供水仍然是主要的瓶颈，这阻碍了制造业外国直接投资的大幅增长。① 由于非洲大陆基础设施建设的资金缺口每年高达 500 亿美元左右，许多国家鼓励私人部门和公共部门进行有效合作，缩小基础设施建设的资金缺口。以中国为代表的亚洲投资者参与建设非洲国家的经济特区或经贸合作区，参与基础设施建设，还建设新的配套学校和医院，这些都有助于非洲国家改善基础设施状况，提高对制造业外国直接投资的吸引力。

综上，外国直接投资对于非洲国家实现经济多样化有所裨益，但仍然不足以彻底改变当前非洲国家经济结构不合理的现状。最终的改观需要非洲国家政府的政策介入，一方面非洲国家政府要加大公共投资力度，改善基础设施和人力资本落后的状况，为经济多样化创造条件；另一方面非洲国家实施产业政策倾斜，鼓励现代制造业和现代服务业的发展，为经济多样化提供基础。

二 外国直接投资与出口竞争力

跨国公司在国际金融市场、消费者认同和物流网络等方面构建的全球网络，有助于在东道国与国际市场之间建立有效联系。跨国公司在发展中国家的投资有助于当地出口竞争力的提升，这是因为跨国公司的投资不仅给东道国带来了额外的资金、技术和管理诀窍，同时还提供了使东道国进入全球和地区市场，尤其是跨国公司母国市场的渠道。尽管如此，如果完全依赖跨国公司来增强出口竞争力，也会给东道国带来风险。对于跨国公司而言，通常只关心东道国的静态比较优势，并从中牟利，这会致使东道国的动态比较优势难以得到开发，也就是无法获取长远发展的优势源泉。而且由于出口导向型跨国公司对生产成本、市场进入、规制环境或风险认知的变化非常敏感，一旦投资环境发生突变，预期利润无法实现时，跨国公司很可能会从东道国撤资。如果东道国通过降低经济或社会标准来吸引出口导向型的外国直接投资，可能会导致竞相提高鼓励措施，并竞相降低工人和整个经济的社会收益。② 从而给东道国带来经济和社会利益的损失。

---

① Abdoul' Ganiou Mijiyawa, "*Myopic reliance on natural resources: How African countries can diversify inward FDI*", Columbia FDI Perspectives, June 17, 2013. http://ccsi.columbia.edu/files/2014/01/FDI_97.pdf.

② 参见联合国贸易与发展会议《2002 年世界投资报告：跨国公司与出口竞争力》，中国财政经济出版社，2003，第 140~143 页。

由上可知，发展中国家不仅需要吸引出口导向型跨国公司来促进本国出口竞争力的提升，更重要的是通过制定有效的外资政策，规范跨国公司的投资行为，并从中获取更多的长期收益。

非洲国家通过吸引外国直接投资已经实现了某些产品出口竞争力的提升。例如，肯尼亚的园艺业是在跨国公司主导下迅速发展起来的行业。跨国公司在肯尼亚的园艺业发展中发挥了重要作用，接近90%的花卉生产被外国子公司控制。从接种到花卉生产直至市场销售，整个供应链都在跨国公司的治理之下。2001年，肯尼亚的园艺产品出口占出口总额的比例为16%，到2011年提高至21%。[①] 肯尼亚已经成为世界上仅次于荷兰和哥伦比亚的第三大花卉出口国。2000~2009年，受益于外国直接投资，加纳非传统农产品（如蔬菜和水果）出口额增长了4倍。长期以来，发达国家制定严格的质量和安全标准对非洲国家的产品出口设置了重重障碍。外国投资者通过转移相关的技术规范和管理经验，能够帮助非洲当地生产和出口商克服这些非关税壁垒，提高出口竞争力。[②] 例如，跨国公司通过对农产品的质量和安全指标进行监管，采用ISO9000认证体系和全球农业规范，促进非洲国家农产品达到国际标准，提高其农产品的出口竞争力。

埃塞俄比亚生产大量生皮和半加工皮革，从独立直至21世纪初，该国从生皮向高品质皮革的生产转型进展缓慢。这意味着该国可能无法从参与价值链的高端环节来获取更多的利益。2002年，政府推出了促进皮革产业升级的一系列举措，包括对原料皮革的出口征收150%的出口税；发展工业园区对出口商提供支持；对本地企业提供帮助，使其与外国投资者建立合作伙伴关系；1999年7月成立的皮革制品技术研究所，对当地企业的雇员进行培训，促进了产品的升级。这些措施激励了外国公司对当地皮革制造企业进行生产活动升级的支持。结果就是，在出口行业出现了从生皮和粗加工皮革，向成品皮革的显著转变。[③]

[①] 联合国贸易与发展会议：《2002年世界投资报告：跨国公司与出口竞争力》，中国财政经济出版社，2003，第143页；African Development Bank, Government of Kenya, *The State of Kenya's Private Sector*, 2013, p. 17。

[②] Ann-Christin Gerlach, Pascal Liu, "Resource—Seeking Foreign Direct Investment in African Agriculture", September 2010, p. 11.

[③] UNCTAD, *Economic Development in Africa 2014: Catalysing Investment for Transformative Growth in Africa*, United Nations, 2014, p. 63.

世界银行的研究表明，在南部非洲共同体的许多国家中，外国投资企业的规模比东道国企业的规模要大，出口数量也远多于当地企业。相对于当地企业，外国公司的出口可能性几乎要高出6%，对非洲国家出口增加的贡献度更大，因为当地企业平均出口可能性大约只有6.3%。[①] 当然还应该看到，如果非洲外国直接投资具有明显的"出口导向型"特征（尤其是在出口加工区），也就是投资者在东道国生产的产品不在当地销售，而是直接销往海外市场，那么尽管这种投资模式对于提升出口竞争力有所裨益，却容易与当地经济发展相脱节，对东道国经济转型的整体带动作用有限。

当前，从整体来说，非洲大陆的出口竞争力仍然较低。2010年非洲出口额占世界出口总额的比重仅为3.4%，到2013年又下降到3.2%。[②] 非洲国家制成品（尤其是中高技术产品）的出口竞争力更低。自2000年以来，撒哈拉以南非洲地区制成品出口占商品和服务出口总额的比重出现下降的趋势，从2000年的18.05%，下降到2010年的14.28%。中高技术产品出口占出口总额的比重不足10%（见表5-4）。由于产品竞争力直接反映了产业竞争力状况，非洲国家制造业水平低下，致使制成品和高新技术产品出口竞争力薄弱。尽管近几年非洲制造业外国直接投资呈现增长态势，但真正实现制成品出口竞争力的提升还有待时日。

表5-4　撒哈拉以南非洲地区的出口贸易状况

单位：%

	1995年	2000年	2005年	2010年
制成品出口/商品和服务出口总额	9.46	18.05	17.24	14.28
商业服务出口/商品和服务出口总额	22.93	25.86	22.27	23.15
前五位出口产品/出口总额	79	78	76	75
中高技术产品出口/出口总额	7	6	8	9
中高技术制成品/制造业总产出	19	18	15	—

资料来源：African Center for Economic Transformation, *2014 African Transformation Report: Growth with Depth*, 2014, pp. 173-174。

---

① Daniel Lederman, Taye Mengistae, and Lixin Colin Xu, "Microeconomic Consequences and Macroeconomic Causes of Foreign Direct Investment in Southern African Economies", September 2010, p. 9, https://ideas.repec.org/p/wbk/wbrwps/5416.html.
② 联合国贸易与发展会议数据库，http://unctadstat.unctad.org/wds/TableViewer/tableView.aspx? ReportId = 101。

三 外国直接投资与生产率和技术水平

从理论上来说,外国直接投资可以通过技术外溢效应,实现对发展中东道国的技术转让。东道国劳动生产率也会通过跨国公司对工人的培训、管理技能的提高和更复杂有效技术的应用而得到提高。除此之外,外资还可以促进东道国与新的海外市场的联系,促进竞争的同时,还会提高现有市场的效率和劳动生产率。尽管如此,外国直接投资对东道国生产率提高和技术升级的促进作用,还要受制于东道国市场环境的影响。例如,如果依据东道国的法律条款,劳动力的解雇成本高,外国企业的退出障碍大,可能导致外资流入增长缓慢,不利于当地生产率提高和技术升级;如果东道国的银行利率水平高,资本—劳动比例被扭曲,外国企业可能更多地投资于劳动密集型产业,从而对当地生产率和技术水平的提升作用有限。[1] 综合来说,跨国公司对东道国生产率提高和技术升级的影响因素比较复杂,只有当制度体系、宏观经济、东道国企业的生产技术和管理水平等各方面条件都比较适宜的情况下,外国直接投资对东道国生产率提高和技术升级的正面效应才会比较大。

20世纪80年代,由于非洲国家在生产率、技术水平和管理技能等方面,都与发达国家差距太大,多数非洲国家并没有在发达国家的直接投资中实现大幅度的生产率提高和技术升级。这一时期,发达国家在非洲外国直接投资中占绝大多数份额,即便来自发达国家的直接投资确实给非洲国家带来了先进技术和管理技能,也很难促进当地的生产率和技术水平的显著提升。

一般来说,发展中国家之间的技术水平相对接近,发展中国家跨国公司的投资对于非洲国家生产率提高和技术升级的促进作用会更大。世界银行的调查表明,中国和印度的投资者都给非洲国家带来了数量可观的新机器,促进了当地生产率的提高。发展中国家在非洲的直接投资采用与当地企业合资经营方式,这一比例从2000年的24%提高到2009年的45%。这表明发展中国家对非洲的直接投资更有潜力实现对当地企业的技术转移,

---

[1] Daniel Lederman, Taye Mengistae, and Lixin Colin Xu, "Microeconomic Consequences and Macroeconomic Causes of Foreign Direct Investment in Southern African Economies", September 2010, p. 7.

对非洲本土企业的技术升级更有助益。①

2000 年以来，伴随持续高速的经济增长和富有成效的制度革新，非洲国家的生产率、技术水平和管理技能都有了显著提升，外国直接投资对当地生产率提高和技术升级的带动作用日趋显著。举例来说，经过多年的发展，肯尼亚的花卉产业已经成为重要的出口创汇产业。肯尼亚花卉协会的首席执行官简·恩吉歌（Jane Ngige）女士认为，荷兰、英国、以色列和印度的投资者给当地花卉产业的发展带来了专业知识，提高了生产率，并促进对自然资源的合理利用和环境保护。肯尼亚的花卉产业已经从最初的利用滴灌技术进行花卉栽培、实行气候控制，发展到目前致力于对绿色能源的充分利用。② 在摩洛哥，外国投资者带来了显著的技术转移，如滴灌技术、滴灌施肥，这些技术带来了产量的增加，在过去 15 年里大多数蔬菜的产量增加了一倍。在埃及和乌干达，跨国公司给当地带来了大米的高产品种。一项针对在加纳的 54 家跨国公司的调查显示，这些跨国公司的投资对当地生产率提升起到了促进作用。但也有研究表明，在塞内加尔，外国公司的技术转移效应很有限。③

近几年，全球领先的高科技企业在非洲设立研究中心，对当地技术升级的作用不容小觑。2013 年 7 月，在南非成立了微软科技中心，旨在帮助当地企业解决商业运营中的主要问题，对技术进行升级和优化。微软科技中心的宗旨就是构建技术创新的平台，加快创新的步伐，帮助合作者和客户更快地将适用技术应用于市场，目标就是将南非打造成一个区域科技中心。2013 年 11 月，IBM 公司在肯尼亚首都内罗毕郊区成立了第一家非洲研究实验室，前两年投资超过 1000 万美元，雇用 25 名顶尖研究人员，主要研究通过信息技术优化公共水系统、交通和社会服务等领域。这个实验室的成立表明 IBM 对非洲智能手机日益广阔市场的浓厚兴趣，而肯尼亚在手机支付方面已经成为全球领先者。IBM 内罗毕实验室刚刚成立，就发布了一款移动应用，帮助当地居民避开交通拥堵。这一应用依赖于一个中心系统推荐路线，该中心系统使用图像识别算法处理交通流量摄像机源的图像，然后使用另一个算法预测摄像机没有覆盖到的地区的交通情况，用户可通过 SMS 短信获取

---

① UNCTAD, *World Investment Report 2010*, p. 37.
② Jane Ngige, *Roses from Kenya Bloom*, Kenya Flower Council, August 5, 2009.
③ Ann‐Christin Gerlach, Pascal Liu, "Resource—Seeking Foreign Direct Investment in African Agriculture", September 2010, p. 12.

推荐行驶路线。未来 IBM 将把这项智能交通技术推广到其他大城市。可见，非洲国家利用先进技术，能够为经济跳跃式发展提供更多的市场机遇。

值得关注的是，尽管外国直接投资对非洲国家的生产率提高起到了一定程度的促进作用，但是从整体来说，非洲国家的生产率水平仍然很低。1960 年，撒哈拉以南非洲地区与亚洲发展中地区的生产率水平接近，但是之后亚洲发展中地区呈现出明显上升的趋势，而撒哈拉以南非洲地区则持续性地下滑。到 2012 年，撒哈拉以南非洲地区的生产率水平明显低于亚洲发展中地区。自 1960 年以来，拉美和加勒比地区的生产率虽然出现下降的趋势，但由于起点高，到 2012 年，仍然高于亚洲发展中地区和撒哈拉以南非洲地区的水平（见图 5-2）。生产率提高与技术升级具有紧密相关性，非洲国家若要通过利用外资来实现生产率提高和技术升级，拉近与其他发展中国家的差距，助推经济转型的实现，无疑将面临艰巨的挑战。

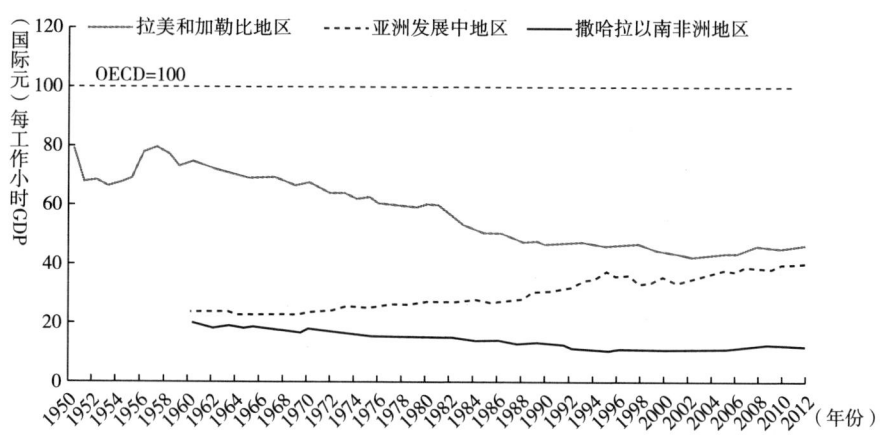

图 5-2　撒哈拉以南非洲地区的生产率变化

注：每工作小时 GDP 指生产率，国际元指在特定时间与美元有相同购买力的假设通货单位。
资料来源：The World Bank, *The Africa Competitiveness Report 2013*, p.5。

四　外国直接投资与社会福祉

一般而言，外国直接投资对增进社会福祉方面的主要表现是就业效应。外国直接投资对东道国的就业效包括就业数量、就业质量、就业区位分布三个方面的影响。联合国贸易与发展会议跨国公司与投资司的《1994 年世界投资报告》，将外国直接投资对东道国就业的潜在效应做了归纳。从表 5-5 可以看到，外国直接投资对东道国的就业效应并没有绝对的正面效应，也没有绝对的负面效应，最终的就业效果如何很大程度上取决于政府对跨国公司的监管和引导，以合理规避潜在的消极影响，充分发挥外资对就业的积极效应。

表5-5 外国直接投资对东道国的潜在就业效应

		就业数量	就业质量	就业区位
直接效应	积极	增加净资本并创造就业机会	工资较高，生产力水平也较高	为高失业区增加新的和更好的就业机会
直接效应	消极	兼并形式的外国直接投资可能导致"合理化"裁员	在雇佣和晋职等方面引进不受欢迎的各种惯例	使已经拥挤不堪的城市更为拥挤，加剧地区不平衡状态
间接效应	积极	通过前后向关联效应和乘数效应增加当地就业	向国内企业传播"最佳运营"的工作组织方法	促使供应商企业转移到劳动力可得地区
间接效应	消极	依赖进口或挤垮现有企业都会降低就业水平	在国内试图竞争时降低工资水平	如果外国附属企业取代当地生产或者依赖进口，当地生产商会被挤垮，地区性失业现象也会恶化

资料来源：联合国贸易与发展会议跨国公司与投资司：《1994年世界投资报告——跨国公司、就业与工作环境》，储祥银等译，对外经济贸易大学出版社，1995，第231页。

对于非洲来说，增加当地居民收入水平，减少贫困状况的最重要途径就是增加就业，特别是正规部门的就业。而外资对东道国社会发展的一项重要贡献就是创造就业，尤其是妇女就业的增加对减少贫困的贡献更大，因为妇女和儿童是贫困的主要人群。由于农村地区的贫困人口集中，农业外国直接投资创造的就业对减少贫困状况最有帮助。在苏丹，2000~2008年，农业领域的外国直接投资创造了超过6500个就业岗位。2009年，乌干达农业部门的11个跨国公司共提供了3000个就业岗位。2001~2008年间，加纳外国直接投资在农业领域创造的就业岗位超过18万个。当然不容忽视的是，尽管农业FDI给非洲国家带来了新增就业机会，但是当外国投资者大规模收购或租赁土地时，也会随之带来相关问题。最主要的风险就是当地农民失去了土地这个主要收入来源，而外国直接投资所创造的新增就业并不必然能够弥补他们的损失。外国直接投资者即便在物质上能够弥补他们的损失，如果这些农民被重新安置在生存环境更差的地方，就有可能使他们的贫困状况进一步恶化。在有些时候，当地农民仅得到很少的补偿，而且无法找到新的工作。外国公司即便能够给失地农民提供较多的工作机会，但也存在就业机会不可持续性的风险。在一些农业项目中，最初阶段雇佣的劳动力较多，但是随后会逐渐增加机械化水平，从而减少对劳动力的需求数量。①

在肯尼亚，近几年的外国直接投资集中在园艺和花卉栽培，服装生产（尤其是在出口加工区）和服务业，其中内罗毕和蒙巴萨占外国直接投资存量的近80%。②尽管在肯尼亚，当地私人企业的数量远远多于外国直接投资企业，但是外国直接投资企业仍然对增加当地就业做出了贡献（见表5-6）。莱索托纺织服装业吸收了大规模的外国直接投资，同时创造了较多的劳动岗位。巴西跨国公司奥迪布里切特（Odebrecht）集团在安哥拉经营了近30年，投资涉及基础设施、矿业、购物中心和房地产等诸多领域，是安哥拉雇用劳动力数量最多的公司之一。③据统计，截至2007年，中国对肯尼亚的累计投资额为0.53亿美元，为当地创造的就业岗位为6700个；1993~2007年，在赞比亚的中国企业有166家，累计投资额为6.66亿美元，共创造了1.1226万个当地就业岗位；1992~2009年，中国对埃塞俄比亚累计投资额为9.41亿美元，为当地创造了11万个就业岗位。④由上可知，外国直接投资对非洲国家的就业促进效应显著。

表5-6　2007~2011年肯尼亚FDI流入项目和就业人数

年　份	FDI项目数量	就业人数
2007	55	2847
2008	73	4341
2009	121	37045
2010	129	15753
2011	145	13289

注：只包括肯尼亚投资管理局统计的项目。
资料来源：UNCTAD, *Report on the Implementation of the Investment Policy Review: Kenya*, 2013, p. 4。

---

① Ann-Christin Gerlach, Pascal Liu, "Resource—Seeking Foreign Direct Investment in African Agriculture", September 2010, p. 9.
② African Development Bank, Government of Kenya, *The State of Kenya's Private Sector*, 2013, p. 13.
③ UNCTAD, *World Investment Report 2010*, New York and Geneva, 2010, p. 36.
④ 任培强：《中国对非洲投资的就业效应研究》，《国际经济合作》2013年第5期。

值得注意的是，尽管许多非洲国家的外国直接投资创造了众多就业机会，但仍然存在一些问题，主要有如下几方面。其一，自然资源开发领域的外国直接投资对增加就业的贡献不大，这主要由于外国公司多采用资本密集型的生产方式。例如，在纳米比亚，由于大多数外资投资于资本密集型的采矿业，导致采矿业的就业人数大幅减少。[1] 其二，某些外国直接投资提供的多是工资水平低，工作环境恶劣的就业机会。许多雇员都没有工作安全保障，而且只有极少的可能会在未来提高生活水平。其三，在一些非洲国家，外资能够创造高报酬的就业机会的同时，也导致国内收入不平等的状况更加严重。因为就业和培训是给那些受过较多教育的人，本已是富裕阶层，或主要是对城市居民的，这就使得工资差距在不同收入群体中的差距加大，收入不平等状况更加恶化。这种情况在安哥拉的石油工业领域的外国投资中就出现过。

除了就业效应以外，外国直接投资对非洲社会发展存在一些负面影响，主要体现在对当地生存环境破坏所造成的社会成本增加。非洲大陆的矿产资源丰富，跨国公司对非洲国家的矿业投资数额巨大。但是，由于非洲国家的法律制度普遍不健全及缺乏有效的政府治理能力，跨国公司在资源领域的投资给当地生态环境造成了严重破坏，对当地社会民众福祉的增进造成了较大的障碍。例如，矿业开发形成的废水，固体废弃物，以及浮尘等环境污染都可能对矿区附近居民的健康构成巨大威胁，迫使当地居民远距离迁徙。这类负面社会影响将给非洲东道国带来长期的伤害。[2] 由此可见，如何在利用矿业外国直接投资中降低对当地环境损耗的代价，以及随之带来的社会成本，同时促进外资对当地社会民众福祉的增进，为经济转型提供社会基础，是非洲国家制定外资政策时亟须应对的重大挑战。

第三节　外国直接投资助推非洲经济转型的政策思路

非洲国家面临紧迫而艰巨的经济转型压力，通过吸引外国直接投资来

---

[1] Labour Resourceand Research Institute, "Characteristics Extent and Impact of Foreign Direct Investment on African Local Economic Development", December 2003, p. 5.

[2] UNCTAD, *Economic Development in Africa—Rethinking the Role of Foreign Direct Investment 2005*, New York and Geneva, 2005, pp. 51–53.

加速转型进程,是许多非洲国家发展战略的重点之一。在非洲大陆,毛里求斯是经济转型比较成功的国家,在全球竞争力、营商便利度、经济自由度的国际排名中处于非洲首位,对外国直接投资具有较强的吸引力,而且外资对促进毛里求斯经济转型起到了举足轻重的作用。下文首先分析外资在毛里求斯经济转型过程中所起的突出作用,之后总结出非洲国家利用外资促进经济转型的政策思路。

一 毛里求斯利用外资助推经济转型的成功经验

毛里求斯是非洲大陆最具经济增长活力的国家之一。自独立以来,毛里求斯政局长期稳定,无种族和地区冲突,治安状况良好,是非洲大陆政治和安全风险较小的国家。与此同时,毛里求斯经济也保持快速增长,经济自由度高、营商环境好、政府治理水平高,是非洲大陆经济发展最成功、全球竞争力最强的国家之一。毛里求斯的基础设施比较完善,法律体系、金融体系都比较健全。虽然国内人口仅有131万(2012年),但是毛里求斯的人均收入较高,贫富差距不大,消费能力强,且教育水平较高,具有人力资本优势。

1968年独立之初,毛里求斯的经济结构单一,该国是依赖单一作物(蔗糖)生产和出口的低收入国家。自独立以来的大多数年份里,毛里求斯均实现了5%~6%的经济增速。1970~2010年,毛里求斯人均GDP增长率年均为5.4%。[1] 经过几十年的持续发展,毛里求斯已经成为具有多样化经济结构的中等收入国家,是非洲人均收入水平最高的国家之一。2012年人均国内生产总值达到9709美元。[2] 毛里求斯经济从最初依赖单一作物,成功转变为以制造业、旅游业、金融和商业服务等众多行业并重的经济多样化模式。

在毛里求斯经济转型过程中,外国直接投资起到了举足轻重的作用。随着20世纪70年代出口加工区的建立、出口加工区法和出口导向型发展战略的实施,流入毛里求斯的外国直接投资呈现增长态势。20世纪80年代中期以前,毛里求斯的年均外国直接投资流入额很少,1970~1986年,外国

---

[1] Jeffrey Frankel, *Mauritius: African Success Story*, August 2010.
[2] African Development Bank, *African Statistical Yearbook 2013*, 2013, p. 61.

直接投资年均流入量不足 1000 万美元。1987~1990 年，外国直接投资流入额显著增加，从 1700 万美元猛增至 4100 万美元（见图 5-3）。这种大规模的增长主要来自出口加工区的外资流入增加，占全部外资流入额的 2/3。出口加工区的外国直接投资有 2/3 来自亚洲经济体。许多来自亚洲国家的投资者利用毛里求斯对欧盟市场的出口优惠政策，在当地建立纺织工厂，发展纺织服装业。

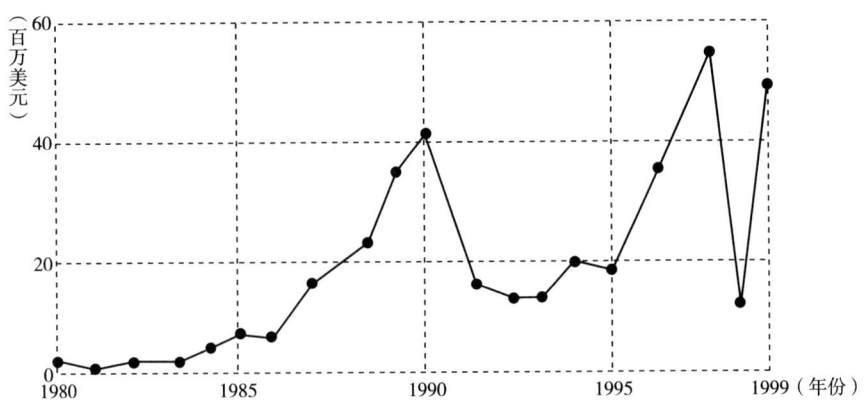

图 5-3　1980~1999 年毛里求斯 FDI 流入量

资料来源：UNCTAD, *Investment Policy Review Mauritius*, 2001, p. 3。

20 世纪 90 年代初期，流入出口加工区的外国直接投资出现下降，这直接导致毛里求斯的外资流入量下降。尽管如此，毛里求斯国内投资率仍然维持较高水平，主要来自国内工业的再投资收益，还有对基础设施的投资，国民经济仍然保持了年均 6% 左右的增速。20 世纪 90 年代，毛里求斯经济增长更多依靠的是国内储蓄和投资的贡献，外国直接投资流入量并不显著。1993~1998 年毛里求斯的外国直接投资流入量占固定资本形成的比重很低，平均仅为 2.5%，而其他非洲经济体平均为 7.8%，发展中国家平均为 9%。[①] 但是外国直接投资却对毛里求斯的经济转型起到推动作用，促进了其经济多样化，扩大了出口，创造了许多新的高报酬工作，提高了技术水平和管理技能。

回顾 20 世纪 80~90 年代的发展历程，毛里求斯经济取得的突出成就

---

① UNCTAD, *Investment Policy Review Mauritius*, 2001, p. 3.

依托于前瞻性的多样化的工业政策和灵活的出口战略。基于这些政策，外国直接投资在毛里求斯经济转型中起到了关键性作用，具体表现在如下几个方面。其一，借助外国直接投资，毛里求斯得以从单一作物经济转型为有广泛产业基础的多元化经济。20世纪70年代，毛里求斯工业发展战略的核心就是利用出口加工区吸引外国直接投资到出口导向的劳动密集型制造业。出口加工区吸引外资的成功给毛里求斯带来的经济结构转型效果非常显著。1970年，农业占毛里求斯国内生产总值的比重大约为16%，绝大多数出口产品是蔗糖；制造业占到国内生产总值的14%，并且主要面向国内市场；不可贸易的服务业占到GDP的62%。到1997年，农业占GDP比重下降到9%，农产品占总出口的比重不足1/4；制造业占GDP比重达到25%，制成品成为出口主导产品；服务业占GDP比重为58%，出现了较大比例的可贸易门类，如旅游业。制造业和旅游业成为经济的主导产业，国际化服务部门的重要性在逐步增强。其二，外国直接投资帮助毛里求斯从高失业转向充分就业的理想状况。20世纪70年代，毛里求斯失业率高达10%～20%，借助于劳动密集型外国直接投资的发展，到1989年失业率下降到充分就业的3%左右的水平。其中出口加工区内创造的就业数量巨大（见表5-7），主要来自纺织服装业（超过80%）。20世纪80年代，毛里求斯旅店业吸引的外国直接投资促进了旅游业的发展，并且增加了就业机会。离岸银行业创造了高附加值的就业，包括会计、律师、经理和审计师等。其三，通过出口加工区的外国直接投资，毛里求斯实现了出口结构多元化和出口竞争力提升。1980年，蔗糖出口占到总出口额的70%，出口加工区的服装出口仅占15%左右。到1998年，蔗糖出口占总出口的比重下降到22%左右，而服装出口占到总出口的一半左右。毛里求斯服装产品的出口竞争力显著增强。毛里求斯成为世界第二大"纯羊毛"标志产品的出口国。在市场萎缩的纺织服装市场中，毛里求斯仍然增加了部分产品的市场份额，包括牛仔面料、精梳羊毛、妇女和儿童上衣和棉衬衫。其四，外国公司的技术外溢效应明显。毛里求斯当地企业从外国公司那里学到了先进的技术，并且逐渐在出口加工区内占据了领先地位。20世纪80年代，出口加工区的出口主要来自外国公司，到了20世纪90年代则以本土企业为主。毛里求斯企业通过吸收外国公司带来的先进技术，在一定程度上提高了服装产品的质量，并获得服装设计和市场营销能力。通过外国直接投资的技术外溢效应，当地企业掌握了先进的管理技能。外国公司培训当地人员，提升了当地人力资本的素质，特别是在服务业。例如，在酒店管理业，国际连锁酒店采用现代订票系统和现代营销手段，带动了当地企业管理技能的提升；在银行业，外资银行通过提供培训项目，弥补了当地专业管理人才缺口，本地银行从而能够进入新的业务领域，管理新产品。其五，外国直接投资与毛里求斯当地经济产生多方面的关联效应。外国直接投资聚集的出口加工区对毛里求斯经济的影响是多方面的，特别是外国直接投资创造了许多相关需求，包括包装、咨询、供水、电力、交通、机械厂房等，带动了相关产业和基础设施的完善。外国直接投资与毛里求斯当地经济也产生了直接和间接的联系。纺织服装业的外国企业与国内企业的联系集中在面料染色、刺绣和缝纫等方面。在纺织服装产业，后向联系比较有限，因为主要的原材料，纱线和羊毛都是进口。[①] 其六，外国直接投资对生产率提高贡献较大。有研究表明，1982~1999年，毛里求斯出口加工区中的生产率年均增长水平为3.5%，远高于整个国民经济1.4%的增长水平。1991~1999年，在出口加工区的产业，全要素生产率年均增速为5.4%。[②]

表5-7 毛里求斯出口加工区的就业状况

年 份	出口加工区的企业数量（个）	就业人数（人）
1972	19	2500
1979	94	20700
1989	563	88658
1999	586	91374

注：就业人数包括当地企业、合资企业和外资企业。
资料来源：UNCTAD, *Investment Policy Review Mauritius*, 2001, p. 10。

20世纪80年代和90年代，制造业是毛里求斯外国直接投资流入的最主要部门，集中在出口加工区。这一时期，毛里求斯成功吸引外国直接投资主要源于其关键的比较优势，包括低成本的熟练劳动力；效率较高的基

---

① UNCTAD, *Investment Policy Review Mauritius*, 2001, pp. 3 – 15.
② The World Bank, *Yes Africa Can: Success Stories from a Dynamic Continent*, 2011, p. 91.

础设施建设，以及具有成本优势的出口加工区；进入欧洲市场和美国市场的优惠待遇，健全的争端解决法律体系和成熟的会计惯例；明文规定的外资优惠政策。与其他非洲国家相比，毛里求斯在发展初期就拥有一个充满活力的企业家文化的商业环境。该国的经济优势吸引了劳动密集型制造业的投资，特别是在服装业和纺织业。外国投资者也被吸引到其他劳动密集型制造业，如皮革、橡胶、装饰品及玩具等行业。1985~1989年和1990~1997年，毛里求斯所吸引的外国直接投资中有98%都集中在低技术产业。[①] 随着毛里求斯劳动力成本的上升和失业率的下降，其劳动力的比较优势已经丧失。20世纪90年代，毛里求斯制造业外国直接投资流入额出现下降趋势，从1985~1989年的年均1280万美元，下降到1990~1997年的840万美元（见表5-8）。这种下降趋势在纺织服装业中最为突出，纺织服装业曾经一度占到制造业FDI流入存量的70%以上，之后外国投资者逐渐将纺织服装业转移到其他低成本地区。[②] 基于这种现实，毛里求斯继续推进经济转型，扩大技术含量高和附加值高的生产活动，升级传统部门以及扩展高附加值的新兴服务业。20世纪90年代，毛里求斯服务业FDI流入量大规模增加。银行业占FDI流入存量的26%（见图5-4）。这主要归功于1997年南非银行在毛里求斯耗资4590万美元的投资项目。

表5-8 1993~1998年毛里求斯制造业FDI流入量

年 份	制造业FDI流入量（百万美元）	制造业占FDI流入总额比重（%）
1993	5.4	36
1994	2.3	12
1995	13.8	73
1996	2.6	7
1997	0.0	0
1998	1.1	8

注：1995年有一个大型纺织项目。
资料来源：UNCTAD, *Investment Policy Review Mauritius*, 2001, p. 5。

[①] 联合国贸易与发展会议：《1998年世界投资报告：趋势和决定因素》，中国财政经济出版社，2000，第160页。

[②] UNCTAD, *Investment Policy Review Mauritius*, 2001, p. 5.

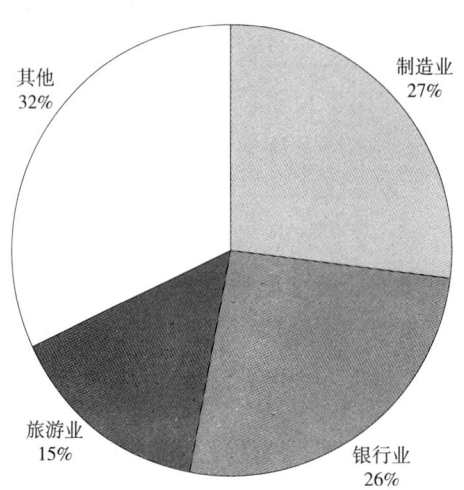

图 5-4　1990~1999 年毛里求斯 FDI 流入存量的产业分布

资料来源：UNCTAD, *Investment Policy Review Mauritius*, 2001, p. 6。

自 2000 年以来，毛里求斯外国直接投资流入的产业分布日趋多元化。随着毛里求斯经济的开放和多样化程度加深，加之欧盟和美国市场的贸易优惠政策的退出，新兴经济活动领域吸引的外国直接投资在不断增加。2005年，毛里求斯政府实行更加广泛深入的经济改革计划，旨在开放经济、便利商业、改善投资环境，吸引外国资金和技术来发展新的支柱产业并创造更多的就业机会。受益于毛里求斯政府继续实施对外开放政策和对外资的财政激励政策，2006~2012 年外国直接投资年均流入量达到 3.05 亿美元（见图 5-5）。1990 年，毛里求斯外国直接投资的流入存量仅为 1.68 亿美元，2000 年增至 6.83 亿美元，2007 年增至 12.49 亿美元，2012 年达到 29.44 亿美元。[①]

毛里求斯政府除了对传统的糖业、制造业、旅游业和金融服务业四大经济支柱产业进行调整外，还致力于培育新的经济支柱，促进经济增长。毛里求斯政府正在着力推进国民经济的支柱从低附加值产业转向高附加值和新兴产业门类，并鼓励外国直接投资在这一过程中发挥积极作用。目前毛里求斯的经济多样化已经扩展到渔产品加工、信息和通信技术、酒店及

---

① 联合国数据库，http://unctadstat.unctad.org/wds/TableViewer/TableView.aspx。

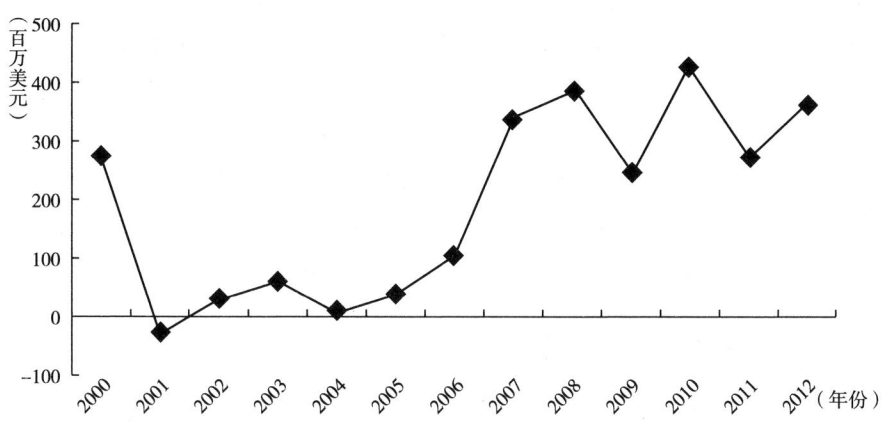

图 5-5 2000~2012 年毛里求斯外国直接投资流入量
资料来源：联合国数据库，http://unctadstat.unctad.org/。

物业发展（商业购物中心、高档别墅及国际旗舰酒店）等领域，并且吸引了大量外国直接投资。2011 年，服务业是毛里求斯外资流入的第一大产业，占到外资流入总额的 69%，其中房地产占 38%，金融和保险占 13%，信息和通信技术（ICT）占 1%。2011 年，建筑业成为毛里求斯吸收外资的第二大产业，占外资流入总额的 28%，而制造业、农、林、渔业仅占 3%。近年来，外国直接投资在毛里求斯国民经济中的贡献度大大提升，外资流入存量占实际国内生产总值的比重上升很快，1980 年这一比例仅为 2.2%，到 1990 年提高到 6%，2010 年达到峰值 24%，2011 年为 23%。[1]

通过上述分析可知，毛里求斯具有良好的投资环境，对外资的吸引力强，加之政府实施鼓励外资流入的政策，外资流入规模显著提升。与此同时，毛里求斯政府依托自身比较优势，审时度势地制定符合国情且具有前瞻性的发展战略，并将利用外资与本国发展战略紧密结合，借助外资实现了从单一农作物经济向农业、制造业和现代服务业齐头并进的经济转型。

二　非洲国家利用外资助推经济转型的政策思路

当前，非洲各国政府已经认识到现行经济增长模式所带来的挑战，并重申他们对经济转型的政治承诺。在整个非洲大陆层面，经济转型是非洲

---

[1] Boopen Seetanah, *Inward FDI in Mauritius and Its Policy Context*, April 2013, pp.1-2.

联盟 2063 年远景规划草案的主要优先议程之一。在国家层面，许多国家将经济转型视为中长期发展规划的主要核心内容。例如，埃塞俄比亚政府制定的增长和转型计划，核心就是促进农业和工业增长。科特迪瓦制定的经济崛起战略（Economic Emergence Strategy），提出到 2020 年成为工业国。乌干达政府制定的 2040 远景规划，意在加速社会和经济转型。埃及、肯尼亚、卢旺达、塞拉利昂、南非和津巴布韦等国家也制定了相应的国家发展战略和规划，推进经济在中长期向制造业和农业相关产业转型。[1]

显而易见，非洲国家的经济转型不可能自动发生，客观上要求各国政府制定和实施适合各自国情的发展战略。尽管没有固定的模式可以遵循，但是有一些被广泛认可的政策和制度，被认为对经济转型能够起到重要的推动作用，主要包括：（1）提升政府对宏观经济管理、公共支出管理和经济转型的规划能力；（2）创建一个友好的商业环境，建立有效的国家商业咨询和合作机构来促进经济转型；（3）发展适合现代经济的劳动者技能；（4）扩大国内私人储蓄和投资；（5）吸引外国直接投资；（6）构建和维护物质基础设施；（7）促进出口；（8）推动技术获取和传播；（9）培育和睦的劳资关系；（10）按照各国潜在的比较优势来划定和支持特定的产业、产品和经济活动。这十个驱动因素可能在国与国之间会有不同，甚至在同一国家不同时间也会有所不同。通常来说，经济转型有四个优先方面：一是，政府通过创造具有生产力的工作机会和保障人民生活的经济增长模式，来实现包容性经济增长并减少贫困和不平等。二是，按照各国的资源禀赋，通过加强农业、发展工业和扩展服务业的不同组合来提高生产力，进而实现经济的持续和加速增长。三是，创建有利环境促进商业繁荣，通过价值链与国内外主要市场相连接。四是，支持生产和消费的新方式，实现环境的可持续性。需要明确的是，经济转型需要在政府和私人企业之间取得平衡，实施有效的机制来将两者结合起来，相互支持与合作，以实现经济转型。这需要三个基本前提：第一，国家拥有和平和安全的发展环境；第二，政府致力于发展私人部门引导的经济；第三，政治领导者将经济转型视为发展的重中之重。如果这些条件不具备，那么谈论促进经济快速转型就没

---

[1] UNCTAD, *Economic Development in Africa 2014*: *Catalysing Investment for Transformative Growth in Africa*, United Nations, 2014, p.5.

有太大意义。①

具体来说，在非洲政府层面，通过利用外资促进经济转型的政策思路主要有两个方面。一方面是政府需要具备良好的宏观经济管理能力。既要根据本国的比较优势和全球产业结构调整态势，制定中长期发展战略，还应具有根据国际形势变化适时调整本国发展战略的灵活性，将利用外资纳入到国家战略之中，合理引导外资的产业布局，促进经济转型的实现；还要通过财政、货币、汇率等政策手段，保证宏观经济的稳定性，并加强抵御外部冲击的应对能力。另一方面是政府需要培育和强化对外国投资者的友好政策，并持续性地致力于改善投资环境，提升利用外资的区位环境。这既包括维持政局稳定、保证政策法规的连贯性和透明性、减少行政成本和腐败状况、提高人力资本素质等投资软环境；还包括改善基础设施、提高公共服务设施运作效率等投资硬环境。概而言之，需要非洲国家政府创造有利于经济转型和私人投资的市场环境，设计出并有效实施符合国情和全球价值链分工的发展战略，培育引领未来国民经济发展的新兴产业，确保外国直接投资能够推动战略性新兴产业的蓬勃发展，增加外国投资者对经济转型的贡献。

---

① African Center for Economic Transformation, *2014 African Transformation Report: Growth with Depth*, 2014, pp. 5, 42.

第六章　外国直接投资与非洲经济转型的前景展望

在过去的 20 年里，全球经济和地缘政治变化促使传统权力结构发生转变，伴随而来的是发展中国家的新兴力量迅速崛起。信息和通信技术革命推动了资本跨境流动和国际中间产品贸易的大幅增加，全球价值链的重要性越发凸现。人口结构变化、快速城市化和延长的商品价格高涨期，带来了全球性的巨大变化。所有这些变化都给非洲大陆提供了前所未有的机遇，促使其战胜当前发展面临的挑战，提升其在全球经济中的地位。自 2000 年以来，非洲大陆经历了令人印象深刻的快速发展：政治冲突缓解、经济增长强劲、投资环境改善、政府治理能力提升等，这些已然取得的发展成果使得非洲在未来成为全球经济"潜在增长极"的可能性大大增强。[①] 国际投资者正在改变对非洲大陆的悲观预期，转而将其视为未来投资的重要目的地。对于非洲国家来说，应该清醒地看到，过去多年良好的经济表现，并没有带来令人满意的经济多样化、就业增加和社会发展的显著成果。有鉴于此，非洲国家正在朝着加快实现经济转型的方向迈进。在这个进程中，如何采取更加有效的政策，利用外国直接投资促进长期经济发展战略的实现，是未来非洲国家亟待面对和解决的难题。

第一节　非洲利用外资的国际经济新环境

国际金融危机爆发以来，发达国家整体上复苏缓慢，经历了较长期的经济低迷，美国的巨额财政赤字和欧元区主权债务危机加深，都给发达经

[①] Economic Commission for Africa & African Union, *Economic Report on Africa 2013: Making the Most of Africa's Commodities: Industrializing for Growth, Jobs and Economic Transformation*, March 2013, p. 4.

济体的复苏进程增加了更多的不确定性。而以金砖国家为代表的新兴经济体则保持相对较快的经济增长，成为全球经济增长的重要引擎。在后（国际金融）危机时代，世界经济格局和全球外国直接投资格局呈现深度调整态势，全球价值链分工趋向深化，全球技术革新有望引发新一轮产业革命，这些全球经济发展的新环境将会直接影响到未来非洲利用外资的政策和效果。

一 新兴经济体成为全球经济增长重要引擎

目前国际学术界对新兴经济体尚未有明确的界定，本书采用2010年博鳌亚洲论坛中提出的"新兴11国"的概念，新兴经济体指二十国集团（G20）中的中国、印度、巴西、俄罗斯、南非、阿根廷、印度尼西亚、韩国、墨西哥、沙特阿拉伯和土耳其。20世纪80年代以来，中国、印度等新兴经济体充分发挥本国的比较优势，借助经济全球化的深入发展，伴随相生的世界产业结构调整的历史契机，实现了远高于同期世界平均水平的经济增长速度。中国的经济增长尤其引人注目，中国已经成为全球第二大经济体和第一大世界制造业中心。印度发展成为世界软件服务的重要基地。巴西和俄罗斯借助于资源优势，发展成为中高收入大国。

跨入21世纪以来，新兴经济体对世界经济增长的贡献率不断提高，日益成为推动全球经济增长的重要动力。2000~2008年，中国、印度、巴西和俄罗斯四国对于全球经济增长的贡献率从16%提高到30%，其中2007年这四国的贡献率高达45%。随着新兴经济体在全球经济中的重要性凸现，发达国家在世界经济增长中的带动作用开始弱化。作为发达国家组织的G7集团对全球经济增长的贡献率从1990年的70%，下降到2008年的40%，其中2007年中国对于全球经济增长的贡献率超过了整个欧盟国家。[1]

国际金融危机爆发以来，发达国家整体上复苏缓慢，经历了较长期的经济低迷。而中国、印度等新兴经济体则在危机之后仍然保持了较快的增长，成为全球经济复苏和增长的重要引擎（见表6-1和图6-1）。若从全球消费结构角度来看，以中国、印度为代表的新兴经济体日益增长的消费

---

[1] 金芳：《变化中的世界经济与秩序重建》，《社会科学家》2011年第6期，第14页。

能力成为拉动全球经济增长的重要因素。拥有 13 亿人口的中国和 12 亿人口的印度，年消费额分别约为 3 万亿美元和 1 万亿美元，对世界经济的拉动作用显著。例如，2000~2012 年，中国铜、铝、铁矿石消费分别增长了 3~5 倍，石油消费增长了 80%。随着中国消费水平的增长，其在全球消费总额中的比重也快速提升。2001~2012 年，中国铁矿石消费量占全球消费总量的比重从大约 30% 上升到 70%，铜铝消费量从 15% 左右上升到 45% 左右，石油消费量从 2001 年的 6.3% 增长到 2011 年的 11.2%。[①] 从全球生产格局角度来看，1990~2011 年，新兴经济体在全球制造业产出中所占份额从 24% 提升至 46%，其中中国份额从 2.7% 上升至 19.9%，巴西从 2.2% 升至 2.9%，印度从 1.1% 升至 2.3%。2011 年中国占全球制造业产出中的比重首次超过美国（18.0%），成为世界第一制造业大国。[②] 美国则失去了维持超过一个世纪的全球制造业第一大国的称誉。

表 6-1　2007~2013 年发达经济体与新兴经济体实际 GDP 增速

单位:%

年份 类别	2007	2008	2009	2010	2011	2012	2013
世界	5.3	2.7	-0.4	5.2	3.9	3.2	2.9
发达经济体	2.7	0.1	-3.4	3.0	1.7	1.5	1.2
美国	1.8	-0.3	-2.8	2.5	1.8	2.8	1.6
欧元区	3.0	0.4	-4.4	2.0	1.5	-0.6	-0.4
日本	2.2	-1.0	-5.5	4.7	-0.6	2.0	2.0
新兴经济体	7.2	4.9	0.7	6.9	6.1	3.7	3.3
中国	14.2	9.6	9.2	10.4	9.3	7.7	7.6
印度	9.8	3.9	8.5	10.5	6.3	3.2	3.8
巴西	6.1	5.2	-0.3	7.5	2.7	0.9	2.5
俄罗斯	8.5	5.2	-7.8	4.5	4.3	3.4	1.5
南非	5.5	3.6	-1.5	3.1	3.5	2.5	2.0
阿根廷	8.7	6.8	0.9	9.2	8.9	1.9	3.5
印度尼西亚	6.3	6.0	4.6	6.2	6.5	6.2	5.3

① "中国 2020" 课题组：《2020：中国在世界的定位》，《国际经济评论》2013 年第 3 期。
② 宋泓：《国际产业格局的变化和调整》，《国际经济评论》2013 年第 2 期。

续表

年份 类别	2007	2008	2009	2010	2011	2012	2013
韩国	6.3	3.7	2.0	2.8	3.7	4.0	1.4
墨西哥	3.1	1.2	-4.5	5.1	4.0	3.6	1.2
沙特阿拉伯	6.0	8.4	1.8	7.4	8.6	5.1	3.6
土耳其	4.7	0.7	-4.8	9.2	8.8	2.2	3.8

注：2013 年为预测数据。

资料来源：IMF，*World Economic Outlook*，October 2013，pp. 153-159。

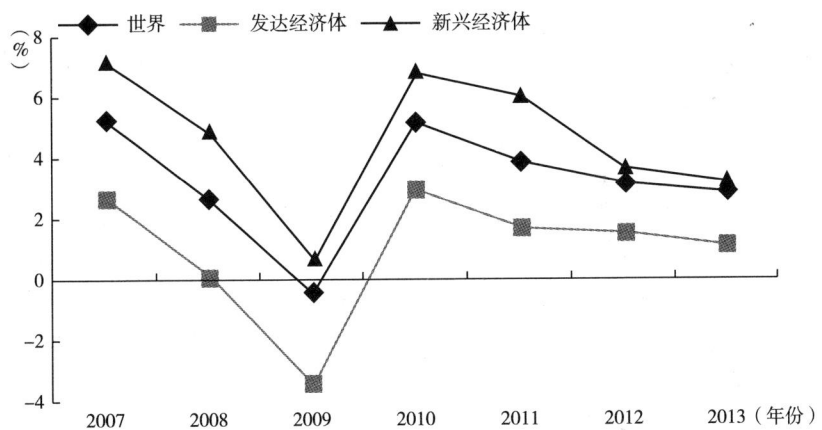

图 6-1 新兴经济体与发达经济体实际 GDP 增长率比较

资料来源：IMF，*World Economic Outlook*，October 2013，pp. 153-159。

在过去 20 多年的全球生产格局变化中，中国起到了引领性作用。作为世界第二大经济体的中国，必将在今后全球生产布局中继续发挥至关重要的作用。从全球需求层面来说，中国是世界上第一人口大国，只要中国能够保持经济增长，国内的市场容量将继续扩大，旨在满足中国消费需求的全球投资规模必然会增加。从这个角度来说，无论是发达国家还是其他发展中国家，都有望扩大投资规模，以满足中国日益增长的消费需求。从全球投资层面来说，中国随着经济实力增强，加之外汇储备充足，具备了大规模对外投资的实力。尤其是自 2008 年以来，中国借助日益壮大的经济实力和日趋成熟的国际投资战略，在跨国并购方面表现活跃。2013 年，中国海洋石油集团顺利跨国并购加拿大尼克森石油公司，并购金额高达 151 亿美元，是迄今为止中国企业海外并购最大的项目。毋庸置疑的是，未来中国在全球生产和投资格局中的地位必然会逐步增强。

根据经济合作与发展组织的报告《全球发展展望——转变中的财富》，世界经济重心从 OECD 国家转向新兴国家这一进程已经持续了十年，金融危机正加速世界经济重心的长期结构性变化。① 据国际货币基金组织统计，中国、印度、巴西、俄罗斯和南非五国组成的"金砖国家"GDP 规模占全球产出的比重由 2007 年的 13.7%，增加到 2010 年的 18%。预计 2016 年，"金砖国家"GDP 规模占全球产出的比重将升至 23.3%。美国、欧元区和日本的 GDP 规模在全球产出中的比重将从 2010 年的 58.1% 下降到 2016 年的 51%。另据世界银行《2011 年全球发展地平线——多极化：新的全球经济》报告中预测，到 2025 年，巴西、中国、印度、印尼、韩国和俄罗斯六大新兴经济体将占全球经济增长总量的一半以上。②

尽管新兴经济体在全球经济增长中的贡献度呈现上升的态势，但还应注意到从中期来说，经济增速可能出现放缓的趋势。主要原因在于：一方面，随着美国等发达国家过度宽松的货币政策即将退出市场，金融危机以来流入新兴经济体的大量资金存在撤离的风险。美国等发达国家的经济复苏呈现持续性的发展势头，国际资本重新回流发达国家的趋势正在显现。一旦支撑新兴经济体高速增长的外部资金大量流出，有可能导致一些经济体出现经济增速放缓。另一方面，由于新兴经济体面临经济结构转型和升级的艰巨任务，经济增长的不确定性大大提高。例如，中国正在进行经济增长方式的转变，从投资和出口拉动转向消费拉动的增长模式。这种结构性转变在实践中必然会比预期更加复杂，将会带来长期而艰巨的挑战，从而导致经济增速的减缓。目前中国经济增长已经呈现减速的态势。根据国际货币基金组织的预测，中国经济在 2015 年和 2016 年的经济增速将分别下降到 7.3% 和 6.5%（见图 6-2）。可见，新兴经济体若要真正实现在全球经济发展中的主导地位，也面临来自外部和内部的多重挑战。对于非洲国家来说，在未来，一方面要充分利用新兴经济体

---

① OECD, "Perspectives on Global Development: Shifting Wealth"，转引自金芳《变化中的世界经济与秩序重建》，《社会科学家》2011 年第 6 期，第 14 页。
② 陈凤英：《新兴经济体与 21 世纪国际经济秩序变迁》，《外交评论》2011 年第 3 期，第 9~10 页。

崛起带来的巨大机遇，积极与其开展经贸合作；另一方面也应关注新兴经济体的发展经验及教训，以取长补短，制定更具操作性和更富有成效的长期发展战略。

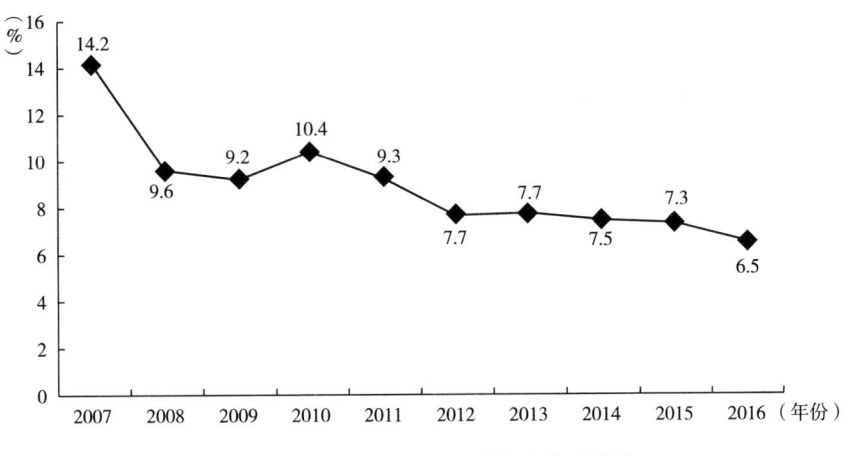

图 6-2　中国实际 GDP 增长率变动趋势

注：2014~2016 年为预测值。
资料来源：IMF, *World Economic Outlook*, April 2014, p.184。

二　全球外国直接投资流动格局出现新调整

在后危机时代，伴随着世界经济格局的深刻变化，全球外国直接投资流动格局出现新调整。随着发展中国家在全球经济中的参与程度不断加深，一些新兴经济体成为经济全球化的主要受益方，实现了经济快速增长，不仅吸引了更多的外国直接投资流入，而且对外直接投资也呈现出快速增长态势，全球外国直接投资流入和流出格局均出现了新的调整态势。

2008 年底爆发的国际金融危机给发达经济体造成了重大冲击，国际直接投资的流入量遭受了大幅度减少，而发展中经济体的国际直接投资流入量则呈现出强劲增长势头。由此带来 2010 年全球外国直接投资流入格局的主导地位发生逆转，发达经济体的外国直接投资流入量首次不及发展中经济体和转型经济体的外国直接投资流入量之和（见表 6-2）。外国直接投资流入新格局也预示着发展中经济体在后危机时代带动全球直接投资增长的重要地位。随着经济复苏的深度和广度的加强，未来几年发达经济体外国直接投资流入量有望增加，甚至有可能重新主导全球外国直接投资流入格局。但毋庸置疑的是，发展中经济体未来几年的外国直接投资流入量仍有望维持在较高的水平。

表6－2 2007~2012年全球外国直接投资流入格局

	2007年	2008年	2009年	2010年	2011年	2012年
全球FDI流入流量（百万美元）	2002695	1816398	1216475	1408537	1651511	1350926
发展中经济体	589430	668439	530289	637063	735212	702826
转型经济体	93371	121429	72750	75056	96290	87382
发达经济体	1319893	1026531	613436	696418	820008	560718
占全球比重（%）						
发展中经济体	29.4	36.8	43.6	45.2	44.5	52.0
转型经济体	4.7	6.7	6.0	5.3	5.8	6.5
发达经济体	65.9	56.5	50.4	49.5	49.7	41.5
全球FDI流入存量（百万美元）	18038044	15586249	18311537	20380267	20873498	22812680
发展中经济体	4611525	4367449	5295644	6515703	6896963	7744523
转型经济体	677307	427320	627913	765095	764343	847854
发达经济体	12749212	10791479	12387979	13099469	13212192	14220303
占全球比重（%）						
发展中经济体	25.6	28.0	28.9	32.0	33.0	34.0
转型经济体	3.7	2.8	3.4	3.7	3.7	3.7
发达经济体	70.7	69.2	67.7	64.3	63.3	62.3

资料来源：联合国贸易与发展会议数据库，http://unctadstat.unctad.org/。

在全球外国直接投资流入格局中，不仅是发达经济体与发展中经济体之间的分布格局出现变化，在发展中经济体内部的分布格局也发生了重大变化。金砖国家的外资流入额占全球外国直接投资流入总额的比重出现上升，其中表现最为强劲的是中国，中国从2007年外国直接投资流入量占全球外国直接投资流入量的4.2%，一跃上升到2012年的9%，成为继美国之后的全球第二大外国直接投资流入国（见表6－3）。2007年，金砖国家占发展中经济体外国直接投资流入量为34.9%，到2012年这一比重提高至38.1%。

表6-3 2007~2012年金砖国家外国直接投资流入状况

	2007年	2008年	2009年	2010年	2011年	2012年
FDI流入流量（百万美元）						
中国大陆	83251	108312	95000	114734	123985	121080
印度	25350	47139	35657	21125	36190	25543
俄罗斯	56996	74783	36583	43168	55084	51416
巴西	34585	45058	25949	48506	66660	65272
南非	5695	9006	5365	1228	6004	4572
金砖五国	205877	284298	198554	228761	287923	267883
占全球比重（%）						
中国大陆	4.2	6.0	7.8	8.1	7.5	9.0
印度	1.3	2.6	2.9	1.5	2.2	1.9
俄罗斯	2.8	4.1	3.0	3.1	3.3	3.8
巴西	1.7	2.5	2.1	3.4	4.0	4.8
南非	0.3	0.5	0.4	0.1	0.4	0.3
金砖五国	10.3	15.7	16.2	16.2	17.4	19.8
FDI流入存量（百万美元）						
中国大陆	327087	378083	473083	587817	711802	832882
印度	105790	125212	171218	205580	206435	226345
俄罗斯	491052	215755	378837	490560	457474	508890
巴西	309668	287697	400808	682346	695103	702208
南非	110415	67987	117434	153133	134392	138964
金砖五国	1344012	1074734	1541380	2119436	2205206	2409289
占全球比重（%）						
中国大陆	1.8	2.4	2.6	2.8	3.4	3.7
印度	0.6	0.8	0.9	1.0	1.0	1.0
俄罗斯	2.7	1.4	2.1	2.4	2.2	2.2
巴西	1.7	1.8	2.2	3.3	3.3	3.1
南非	0.6	0.4	0.6	0.8	0.6	0.6
金砖五国	7.4	6.8	8.4	10.3	10.5	10.6

资料来源：联合国贸易与发展会议数据库，http：//unctadstat.unctad.org/。

近十几年来，发达经济体在外国直接投资流出总额中所占比重在逐年下降，发展中经济体和转型经济体对外直接投资流出量在不断增加（见表6-4）。其中金砖国家在全球外国直接投资流出格局中的重要性越来越大（见表6-5）。中国和俄罗斯分别是2013年全球第三大和第四大对外投资国（在美国和日本之后）。根据联合国贸易与发展会议发布的《2009年世界投资报告》，2009年按照资产规模排列的全球最大的100家跨国公司中，新兴经济体占据6家，而且有进一步增加的势头，新兴经济体的跨国公司是未来影响世界投资格局的重要力量。在后危机时代，新兴经济体在全球外国直接投资流动格局中的地位必将显著增强。对于非洲国家来说，有必要在制度和理念层面上提升南南合作的战略高度，并制定行之有效的外资政策，吸引更多来自新兴经济体的投资以促进本国长期发展战略的实现。

表6-4 2007~2012年全球外国直接投资流出格局

	2007年	2008年	2009年	2010年	2011年	2012年
全球FDI流出流量（百万美元）	2272049	2005332	1149776	1504928	1678035	1390956
发展中经济体	330033	344034	273401	413220	422067	426082
转型经济体	51596	60591	48369	61872	72880	55491
发达经济体	1890420	1600707	828006	1029837	1183089	909383
占全球比重（%）						
发展中经济体	14.5	17.2	23.8	27.5	25.2	30.6
转型经济体	2.3	3.0	4.2	4.1	4.3	4.0
发达经济体	83.2	79.8	72.0	68.4	70.5	65.4
全球FDI流出存量（百万美元）	19343062	16511202	19518956	21130046	21441873	23592739
发展中经济体	2648119	2613175	2980331	3484157	3928686	4459356
转型经济体	388018	229634	336687	404802	405605	460760
发达经济体	16306926	13668393	16201938	17241087	17107583	18672623
占全球比重（%）						
发展中经济体	13.7	15.8	15.3	16.5	18.3	18.9
转型经济体	2.0	1.4	1.7	1.9	1.9	2.0
发达经济体	84.3	82.8	83.0	81.6	79.8	79.1

资料来源：联合国贸易与发展会议数据库，http://unctadstat.unctad.org/。

表 6-5 2007~2012 年金砖国家外国直接投资流出状况

	2007 年	2008 年	2009 年	2010 年	2011 年	2012 年
FDI 流出流量（百万美元）						
中国大陆	26510	55910	56530	68811	74654	84220
印度	17234	21147	16031	15953	12456	8583
俄罗斯	45879	55663	43281	52616	66851	51058
巴西	7067	20457	-10084	11588	-1029	-2821
南非	2966	-3134	1151	-76	-257	4369
金砖五国	99656	150043	106909	148892	152675	145409
占全球比重（%）						
中国大陆	1.2	2.8	4.9	4.6	4.4	6.1
印度	0.8	1.1	1.4	1.1	0.7	0.6
俄罗斯	2.0	2.8	3.8	3.5	4.0	3.7
巴西	0.3	1.0	-0.9	0.8	-0.06	-0.2
南非	0.1	-0.2	0.1	-0.005	-0.02	-0.3
金砖五国	4.4	7.5	10.2	10.0	9.0	9.9
FDI 流出存量（百万美元）						
中国大陆	117911	183971	245755	317211	424781	509001
印度	44080	63338	80839	96901	109509	118167
俄罗斯	370129	205547	306542	366301	362101	413159
巴西	139886	155668	164523	188637	202586	232848
南非	65878	49956	72583	89453	77998	82367
金砖五国	737884	658480	870242	1058503	1176975	1355542
占全球比重（%）						
中国大陆	0.6	1.1	1.3	1.5	2.0	2.2
印度	0.2	0.4	0.4	0.5	0.5	0.5
俄罗斯	1.9	1.2	1.6	1.7	1.7	1.8
巴西	0.7	0.9	0.8	0.9	0.9	1.0
南非	0.3	0.3	0.4	0.4	0.4	0.3
金砖五国	3.7	3.9	4.5	5.0	5.5	5.8

资料来源：联合国贸易与发展会议数据库，http://unctadstat.unctad.org/。

三 国际分工形成全球价值链主导的新方式

伴随着人类从农耕时代向工业化和服务经济时代的转变，国际分工经历了三个发展阶段，即自然分工→垂直一体化分工→全球价值链分工。近20年来，信息技术的广泛应用加速推进了全球范围内的生产和服务分工细化，研发、设计、采购、制造、营销、人力资源管理、财务、信息服务等形成了全球化的分工体系，生产和服务的全球价值链分工日趋深化。传统意义上以商品贸易为基础的国际分工格局正在被全球价值链分工所替代。国际分工方式出现从跨国贸易和投资为主导，向全球价值链为主导的转变。国际分工领域从制造业主导向服务业主导演进，服务业跨国投资占据跨国投资总存量的2/3。国际分工的节点由产业转变为工序、业务流程或生产要素，企业价值增值和竞争力由全球价值链上的整体资源整合能力来决定。[1]

从内涵来说，全球价值链就是从全球的视角来考察一项产品或服务从概念、研发、设计、生产制造、销售直至后续服务这一价值不断增值的过程。与传统价值链的显著区别就在于产业布局从一国或地区延伸至全球。[2]生产过程的模块化，加之经济活动与职能的跨国分散，催生了无国界产业体系——它可能是顺序链结构，也可以是复杂的协作网络；其地域范围可以是全球性、区域性的，也可能只包括两个国家。这类产业体系，通常被称为全球价值链。[3] 全球价值链的众多环节所创造的价值增值并不相同，分为上游研发设计、中游生产制造、下游品牌营销三大环节，三大环节的进入壁垒、风险等因素均有差异，相应的收益也差别很大，上游和下游环节的企业在市场竞争中往往处于领先地位，而处于中游环节的企业往往处于从属地位，上游企业和下游企业获得的收益远远大于中游企业。[4] 微笑曲线展现了这一现象（见图6-3）。

---

[1] 王子先：《世界经济进入全球价值链时代 中国对外开放面临新选择》，《全球化》2014年第5期，第62页。

[2] 马云俊：《产业转移、全球价值链与产业升级研究》，《技术经济与管理研究》2010年第4期，第140页。

[3] UNCTAD, *World Investment Report 2013*, New York and Geneva, 2013, p. 122.

[4] 卢志渊：《基于全球价值链的中国制造企业转型内容与路径探索》，《商业时代》2014年第11期。

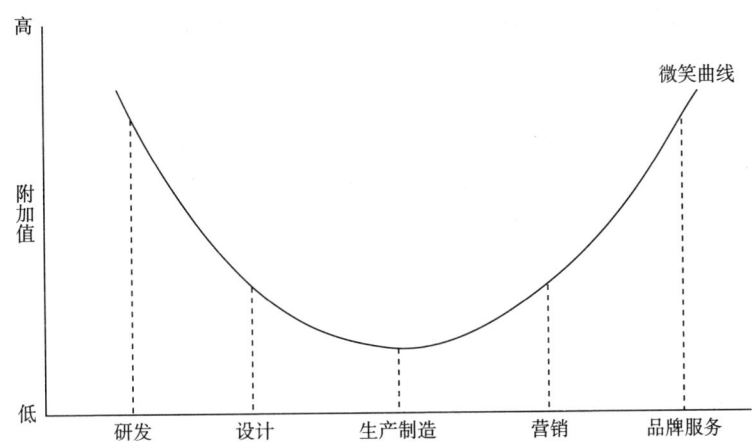

图 6-3　全球价值链中各环节和价值分布

资料来源：赵海婷、彭燕：《后危机时代全球价值链视角下我国中小企业产业集群升级研究》，《企业经济》2011 年第 12 期。

当前全球价值链已经成为世界经济的主导特征。越来越多的商品和服务在全球范围内选择具有成本和技术竞争力的地方进行生产。生产的跨国分散性对贸易、投资的模式和政策均产生了深远影响，并为经济增长和社会发展提供了新路径。[①] 在全球价值链分工体系下，一国的比较优势已经不再仅仅体现为一个具体的产业或行业及特定的产品，而更多的是在整个价值创造链条上的环节或工序上要素禀赋的投入。在这种新型国际分工体系下，一国的产业升级是在全球价值链条中不断攀升的动态进程。[②] 由此可见，全球价值链分工是传统国际分工的细化，也是对传统比较优势理论的扩展。对于非洲国家来说，一方面，在整个价值链上寻求具有发展潜力的环节，无疑扩展了将潜在比较优势转换成实际增长的空间维度；另一方面，未来制定政策的重点应在于提升在全球价值链中的获利水平，努力向高附加值的链条环节转移升级，并通过合理引导外资的产业布局促成这一战略性转变。

[①] African Development Bank, *Africa and Global Economic Trends Quarterly Statistical Review*, January 2014, p. 1.

[②] 郭炳南、黄太洋：《比较优势演化、全球价值链分工与中国产业升级》，《技术经济与管理研究》2010 年第 6 期，第 131 页。

四 全球技术创新有望引发新一轮产业革命

国际金融危机之后,发达经济体和新兴经济体纷纷加快了技术创新步伐,力图培育推动全球经济可持续发展的新兴产业,同时争抢全球产业创新的制高点。考虑到全球环境破坏严重和能源供给严峻的现实,节能环保、新能源等战略性产业成为各国技术创新的重点。

美国宾夕法尼亚大学教授杰里米·里夫金认为,全球范围内新一轮产业革命的基础是新能源技术、新通信技术以及新能源和新通信技术相融合的技术革命。里夫金教授称其为"第三次工业革命",并认为这场新的工业革命始于德国政府2010年9月推出的"能源方案"长期战略。德国"能源方案"的战略目标是大力发展可再生能源,具体指标有:(1)2020年,温室气体排放量比1990年下降40%;(2)2030年、2040年和2050年,可再生能源在最终能源消耗总量中占比分别达到30%、45%和60%;(3)2020年、2030年、2040年和2050年,可再生能源在电力消费中占比分别达到35%、50%、65%和80%;(4)与2008年相比,到2020年和2050年,初级能源使用量将分别下降20%和50%,电力消耗量分别下降10%和25%。[1] 国际金融危机之后,美国为了摆脱困境,设定了促进经济发展的六个战略产业,并以新能源产业为重点。奥巴马政府希望在以下领域实现重大技术创新:新一代生物燃料生产技术、智能电网、碳捕捉和碳封存技术、混合动力汽车技术等。美国启动以新能源为主导的新技术革命和新产业革命,力图依靠其科技创新能力,率先掌握能源环保领域的关键技术,在新能源产业的全球价值链中获得支配地位,进而保持美国在全球新一轮经济发展过程中的领导地位。正如奥巴马总统2009年2月在国会演讲时所言:"掌握清洁、可再生能源的国家将引领21世纪。"[2]

当前,中国、印度、巴西等新兴经济体正在努力跨越中等收入发展阶段,向高收入发展阶段迈进,各国推动经济增长的因素也将与以往不同,

---

[1] 蔡春林、姚远:《美国推进第三次工业革命的战略及对中国借鉴》,《国际贸易》2012年第9期,第17页。

[2] 尹延芳:《美国新能源政策战略意图分析》,《世界贸易组织动态与研究》2011年第1期,第54~55页。

人口红利减少、劳动力成本上升、环境和资源负重增加等因素将促使新兴经济体转变经济增长方式，实现可持续发展。在国内产业布局层面，新兴经济体正在努力实现生产集约化，并发展以节能环保、信息技术等为代表的高新技术产业，以推动经济转型和产业升级，力求形成具有自身发展特色的产业格局。① 全球范围内正在进行的关于新能源、节能环保等新兴战略性产业的技术创新，是基于认识到以化石燃料及相关技术为基础的产业发展模式不可持续，无法支撑世界经济的长期发展。可以说"当今世界已处于新能源、新产业、新生活方式革命的前夜"。② 在未来，新能源、新技术、节能环保等产业有望成为全球经济增长的新动力，由此也可能带动相关产业外国直接投资的增长。对于非洲国家来说，若要在未来国际竞争中占据一席之地，不仅需要关注下一轮产业革命的动态，并着力提升自身的技术水平，还应引导外国直接投资带动本国的技术革新。

第二节 非洲利用外资的内部影响因素

过去十年，非洲经济增长速度令世人瞩目，但由于起点很低，迄今为止尚未构建出一个坚实而持续的发展路径，未来的发展挑战仍然严峻。对于非洲未来利用外资而言，不仅应关注吸引外资的内在驱动力，还应对外资流入的制约因素加以深入分析，以未雨绸缪，趋利避害，谋求长远发展利益。

一 非洲吸引外国直接投资的驱动因素

近年来，许多非洲国家都在努力提高吸引外资的商业环境，致力于法律和管理体制的完善，提高政策的透明度和执行力度等。尽管在政策的透明度和有效性等方面，非洲国家还有很大差距，但是改革的成效已经初步显现出来。具体来说，未来非洲国家吸引外资的内在驱动力主要有以下几方面。

---

① 丁凯、黄卫平：《后危机时代世界经济发展格局的不确定性》，《当代经济研究》2012年第11期。
② 唐未兵、彭涛：《后危机时代中国经济发展的路径选择》，《经济学动态》2010年第3期，第34页。

（一）消费市场和投资收益驱动力

城市化进程的加快和中产阶级的壮大，使得非洲大陆成为巨大且不断增长的消费市场的潜力大大增强，非洲国家对于外国投资者的吸引力也将进一步提升。城市化一直是一个"泛非洲"现象。1960~2010年，城市人口占非洲总人口的比重从19%上升到40%，2011年超过4.16亿人。到2040年，非洲将有一半以上的人口生活在城市。一些非洲城市，如达累斯萨拉姆和金沙萨，是世界上人口增长最快的城市。预计在2050年城市人口占非洲总人口的比重将高达60%以上（见表6-6）。与此同时，非洲还是世界上中产阶级增长最快的地区。根据非洲开发银行的估计，非洲大陆中产阶级（日均收入在2美元至20美元之间）占人口总数的比重从1980年的27%，增加到2010年的34%。预计中产阶级人数到2060年将达到人口总数的42%（11亿人）。[1] 中产阶级队伍的日益壮大激发了巨大的消费潜力。2013年，非洲大陆的消费支出达到6800亿美元，预计到2020年将增至1万亿美元，2030年将增至2.2万亿美元。[2] 随着非洲城市化进程的加快和中产阶级人数的持续增加，未来将会创造出更多对消费产品及高质量服务的需求，这将带动消费者导向型外国直接投资的增加，包括消费产品（如食品）、信息技术、旅游、金融和零售等行业。[3] 例如，全球零售业巨头沃尔玛公司计划未来三年在撒哈拉以南非洲国家开设90家新店。此外，日益增长的贸易和消费市场也带动非洲交通、通信等基础设施领域的外国直接投资呈现强劲增长的态势。

表6-6 非洲城市人口占比预测

单位：%

年份 类别	2000	2010	2020	2030	2040	2050
高概率事件						
非洲	35.9	39.9	45.5	50.9	56.6	62.4
中部非洲	35.2	40.4	47.9	54.3	60.8	67.1

---

[1] African Development Bank, *Tracking Africa's Progress in Figures*, 2014, pp. 8, 24.
[2] UNECA, *Frontier Markets in Africa: Misperceptions in a Sea of Opportunities*, July 2014, p. 2.
[3] UNCTAD, *World Investment Report 2014*, New York and Geneva, 2014, p. 17.

续表

年份 类别	2000	2010	2020	2030	2040	2050
东部非洲	20.1	23.1	27.8	33.5	40.1	47.2
北部非洲	50.9	53.6	58.0	62.4	67.4	72.0
南部非洲	40.3	44.9	49.9	55.2	60.9	66.5
西部非洲	38.8	45.0	52.4	58.4	64.2	69.6
低概率事件						
非洲	35.9	39.9	43.7	49.1	55.0	61.0
中部非洲	35.2	40.4	45.6	52.1	58.5	64.8
东部非洲	20.1	23.1	26.6	32.2	38.8	46.1
北部非洲	50.9	53.6	56.7	61.6	66.7	71.7
南部非洲	40.3	44.9	49.5	55.0	60.7	66.4
西部非洲	38.8	45.0	50.0	56.2	62.0	67.7

资料来源：African Development Bank, *Africa in 50 Years' Time: The Road Towards Inclusive Growth*, September 2011, p.66。

值得关注的是，非洲大陆对外国投资者来说不仅拥有巨大的市场潜力，而且投资回报率也很高，超过发达经济体和发展中经济体的平均回报率（见表6-7）。这无疑增加了外国资本对非洲直接投资的动力。

表6-7　2006~2011年FDI流入量回报率

单位：%

年份 类别	2006	2007	2008	2009	2010	2011
世界	7.3	7.2	7.7	5.9	6.8	7.2
发达经济体	6.3	6.1	4.6	4.0	4.6	4.8
发展中经济体	9.7	9.8	9.7	8.7	9.0	8.4
非洲	10.0	13.4	15.8	10.8	8.9	9.3
亚洲	9.5	9.1	8.9	8.8	9.8	8.8
东亚和东南亚	9.7	9.3	9.1	9.2	10.5	9.2
南亚	14.2	12.9	10.6	8.6	8.5	8.8
西亚	3.9	3.8	6.7	5.4	4.9	5.1
拉丁美洲和加勒比地区	10.2	10.3	9.9	7.6	7.1	7.1
转型经济体	14.5	12.0	16.5	10.7	10.8	13.0

资料来源：联合国贸易和发展会议：《世界投资报告2013全球价值链：促进发展的投资与贸易》，经济管理出版社，2013，第33页。

（二）劳动力资源和投资效率驱动力

过去20年里，非洲大陆的人口增长速度很快，年均为2.5%，2011年超过10亿人。在未来50年，非洲都将引领世界人口增长。预计到2050年，非洲人口将达到24亿。[①] 非洲国家15~64岁的经济活动人口数量呈现较快的增长趋势，劳动力资源优势将保持很长时间（见表6-8）。基于此，非洲大陆具有利用丰富的劳动力资源刺激经济增长的可能性。当然，这种可能性要以改善基础设施、卫生、医疗和教育等公共服务，并且鼓励私营经济发展以创造足够就业机会为前提。如果非洲国家能够将潜在的劳动力资源转化为创新和发展的源泉，那么未来的外国直接投资前景将会非常广阔。

表6-8 非洲15~64岁经济活动人口的数量预测

单位：千人

年份 项目	2000	2010	2020	2030	2040	2050
高概率事件						
非洲	301	399	540	777	1122	1625
中部非洲	30	41	59	89	136	208
东部非洲	89	123	172	261	395	598
北部非洲	48	62	75	97	124	159
南部非洲	53	67	88	118	158	212
西部非洲	80	106	147	213	309	448
低概率事件						
非洲	301	399	510	736	1065	1548
中部非洲	30	41	55	84	129	197
东部非洲	89	123	162	246	374	570
北部非洲	48	62	72	92	119	153
南部非洲	53	67	85	114	152	204
西部非洲	80	106	138	201	292	426

资料来源：African Development Bank, *Africa in 50 Years' Time: The Road Towards Inclusive Growth*, September 2011, p. 67.

---

① African Development Bank, *Tracking Africa's Progress in Figures*, 2014, p. 6.

近年来，许多非洲国家的投资效率显著提高，对外国投资者的吸引力逐步增强。衡量投资效率的主要经济指标是增量资本产出率（Incremental Capital – Output Ration，ICOR），是指增加单位总产出所需要的资本增量。增加产出所需的资本增量越低越好，亦即增量资本产出率越低，资本使用效率越高，投资效率越高。在非洲，增量资本产出率从1990~1999年的7.4%，下降到2000~2011年的4.1%，投资效率显著提升。2000~2011年，非洲的投资效率高于亚洲和美洲的发展中国家（见图6-4）。

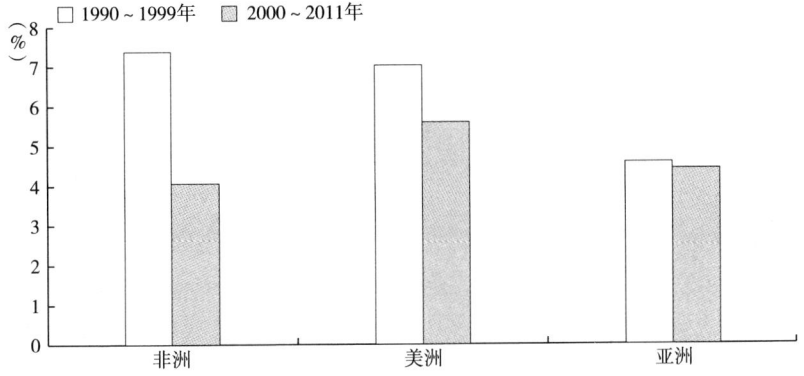

图6-4 发展中国家的增量资本产出率

资料来源：UNCTAD, *Economic Development in Africa 2014: Catalysing Investment for Transformative Growth in Africa*, United Nations, 2014, p. 18.

当然在非洲国家之间，资本产出率的差异很大。1990~2011年，一些国家在投资效率的提升方面成果显著，包括安哥拉、刚果、几内亚比绍、利比里亚、圣多美和普林西比、赞比亚。2000~2011年，具有较高投资效率的非洲国家包括安哥拉、赤道几内亚、埃塞俄比亚、利比里亚、莫桑比克、尼日利亚、卢旺达、塞拉利昂、苏丹。尽管非洲整体的资本产出率提升很快，但是仍然有许多国家的资本产出率在1990~2011年，或者没有变化或者出现下降（见表6-9）。随着非洲国家投资效率的逐步提升，未来有望吸引更多"效率驱动型"外国直接投资，从而对非洲经济转型起到助推作用。

表 6–9 1990～2011 年非洲国家的增量资本产出率

单位:%

年份 国别	1990～1999	2000～2011
阿尔及利亚	16.31	7.45
安哥拉	17.58	1.26
贝宁	3.32	5.00
博茨瓦纳	4.17	5.68
布基纳法索	4.44	5.68
布隆迪	-16.84	4.54
喀麦隆	11.98	5.35
佛得角	6.19	6.39
中非共和国	6.17	7.14
乍得	3.35	3.14
科摩罗	10.99	5.62
刚果（布）	34.77	6.6
科特迪瓦	4.15	27.12
刚果（金）	-1.5	3.68
吉布提	11.81	4.12
埃及	3.95	3.81
赤道几内亚	3.2	2.46
厄立特里亚	3.16	35.5
埃塞俄比亚	2.43	2.68
加蓬	8.44	11.59
冈比亚	6.46	6.83
加纳	3.28	3.13
几内亚	7.01	10.79
几内亚比绍	23.85	3.16
肯尼亚	7.11	4.69
莱索托	14.22	7.6
利比里亚	24.56	2.92
利比亚	5.81	-9.14
马达加斯加	7.6	7.94
马拉维	6.27	3.84
马里	4.4	4.01
毛里塔尼亚	4.9	6.62

续表

年份 国别	1990~1999	2000~2011
毛里求斯	5.25	5.31
摩洛哥	8.38	6.16
莫桑比克	3.16	2.69
纳米比亚	4.69	4.79
尼日尔	4.7	5.68
尼日利亚	3.95	1.03
卢旺达	5.23	2.18
圣多美和普林西比	34.65	5.59
塞内加尔	5.97	6.06
塞舌尔	5.29	11.5
塞拉利昂	-1	1.61
索马里	-7.24	6.94
南非	11.72	5.03
南苏丹	—	—
苏丹	2.29	2.7
斯威士兰	4.73	6.67
多哥	5.94	7.54
突尼斯	4.86	5.9
乌干达	2.3	3.02
坦桑尼亚	5.95	3.62
赞比亚	42.17	4.05
津巴布韦	1.58	-27.06

资料来源：UNCTAD, *Economic Development in Africa 2014: Catalysing Investment for Transformative Growth in Africa*, United Nations, 2014, pp. 20 – 21。

（三）地区发展和商业环境驱动力

非洲大陆的经济、政治和安全形势，以及对外资有利的商业环境都在逐步改善。近年来强劲的经济增长促使宏观经济更加稳定，贸易、投资和汇率趋向自由化，私营部门得以快速发展壮大。非洲贫困人口的比例已经从 1981 年的占人口总数的 50% 以上，下降到 2012 年的 45% 以下，预计 2015 年降至 41.2%（见图 6 - 5）。尽管贫困率仍然很高，但是减贫的趋势和效果不容忽视。

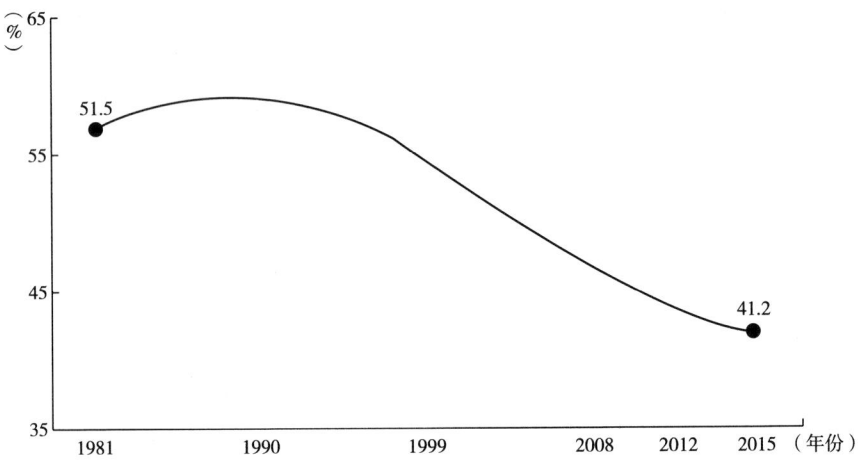

图 6-5　1981~2015 年非洲贫困率（日均生活费低于 1.25 美元的
人口比重，以 2005 年为基数的购买力平价）

注：2015 年为预测值。
资料来源：African Development Bank, *Tracking Africa's Progress in Figures*, 2014, p.24。

2000~2012 年，非洲政府治理水平得到了显著提高：大约有 89% 的非洲国家能够提供更多的经济发展机会和提高人类发展水平；67% 的国家在促进政治参与、性别平等、人权方面取得了进展；40% 的国家改善了安全和法治环境。自 20 世纪 90 年代以来，非洲的经济改革促进了私营部门的蓬勃发展，已经成为经济增长和产业多样化的重要引擎。目前在非洲，私营部门（包括国内外投资）创造了 90% 的工作岗位和 2/3 的总投资。随着非洲经济的不断扩张，私营部门将变得更加重要，尤其是在工业领域。各国政府相继出台支持私营部门发展的激励政策，致力于改善私营部门发展的商业环境。为吸引投资，非洲国家实施了改进跨境交易、简化税收流程、优化偿付能力框架、加强对投资者的保护等政策措施，并取得了较大进展。其中，卢旺达、布基纳法索、布隆迪、埃及、马里、塞拉利昂、加纳、几内亚比绍和科特迪瓦在商业环境改善方面取得了突出的成就。[1] 2003~2013 年，投资者在非洲开办企业所需时间减少了近一半，开办企业的成本下降，约为以前所需成本的 1/3（见图 6-6）。

---

[1] African Development Bank, *Tracking Africa's Progress in Figures*, 2014, pp.2, 3, 21.

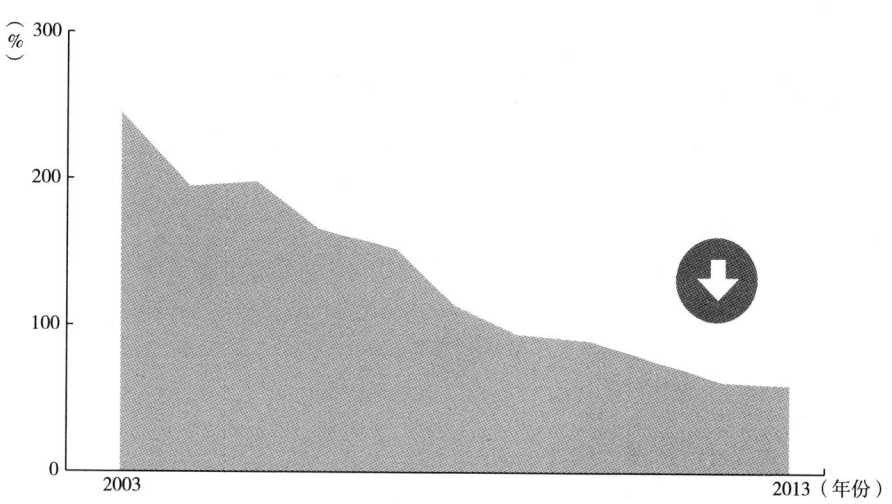

图 6-6 在非洲开办企业的成本（占人均收入的百分比）

资料来源：Africa Progress Panel, *Africa Progress Report 2014：Financing Africa's Green and Blue Revolutions*, January 2014, p. 22。

未来非洲地区发展和商业环境将会继续改善，也会吸引更多外国投资者的关注。当然还应看到，非洲国家仍然普遍存在许多阻碍投资的因素，包括融资困难、政府机构低效率、缺乏技术工人、高税率、腐败、基础设施供应不足等。而且伴随非洲经济增长步伐的加快，非洲国家也会面对诸多挑战，有些甚至具有很强的破坏力，如快速城市化带来的贫民窟的发展、青年失业人口的膨胀、收入不平等加剧、气候变化和环境破坏带来的发展压力、资源租金和资源管理不善等，都有可能造成社会紧张，引发激烈的矛盾和冲突。需要明确的是，经济和社会发展必然会带来诸多变化，并从中演化出机遇和风险，如果非洲各国政府能够有效管控风险，合理利用机遇，就能够发挥出蕴含的巨大潜力，实现经济腾飞和社会和谐。但是如果这些风险变得太大，以至于无法通过国家内部的政治和制度体系来良好地管控，就会造成社会发展的脆弱性，甚至具有将风险演化为暴力冲突的可能性。

二 非洲外国直接投资流入的制约因素

基于当前非洲经济增长模式的弊端以及各国营商环境的薄弱环节，未来吸引外国直接投资存在如下主要制约因素。

（一）公共投资率低抑制外国直接投资快速增长

从20世纪80年代以来，非洲的公共投资率出现下降趋势，从1982年的11.5%，下降到2012年的5%（见图6-7）。长期以来，非洲公共投资率低于最优水平。根据研究表明，非洲国家公共投资率的最优水平在8.4%~11%。但是2000~2012年，非洲公共投资率仅为7.5%。然而在当前非洲大陆快速城市化的进程中，基础设施领域的公共投资变得越来越重要：住房、饮用水、卫生设施等都是改善城市居民生活的必不可少的组成部分；能源和交通等公共投资有助于增加电力供应、完善交通网络，并减少运输成本和时间。鉴于公共投资和私人投资具有互补性，公共投资率低会抑制私人投资的增长。这个结果对制定鼓励私人投资（包括国内外的私人投资）的战略至关重要。因为这意味着公共部门对促进非洲投资规模的增加可以起到关键性作用。虽然各国政府制定激励私人投资的政策很重要，但是当务之急应该是大幅增加公共投资。公共投资可以通过内部或外部渠道进行融资。在获得外部资金困难的情况下，国内储蓄对公共投资的融资起到至关重要的作用。但是非洲国家的储蓄率很低，主要原因包括大量非正规部门的存在，收入水平低，金融发展水平低，低税基，税收和关税管理薄弱等。

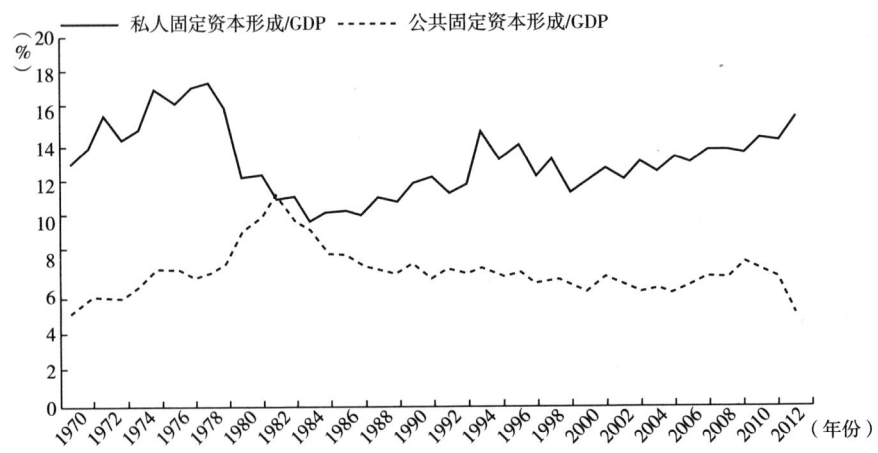

图6-7　非洲私人和公共固定资本形成占GDP的比重

资料来源：UNCTAD, *Economic Development in Africa 2014: Catalysing Investment for Transformative Growth in Africa*, United Nations, 2014, p.23。

2012年，撒哈拉以南非洲地区的储蓄率仅为17.7%，而低收入和中等收入国家平均储蓄率为30.4%，南亚国家平均为25.2%，拉丁美洲和加勒比地区平均为22.3%。[1] 较低的储蓄水平导致非洲国家很难有充足的资金进行公共投资，尤其是教育、基础设施等方面的投资匮乏，制约了生产性和技术性外国直接投资的快速增长。

（二）缺乏竞争力导致外国直接投资增长后劲不足

整体来说，非洲大陆的竞争力落后于世界其他经济体。在全球竞争力指数（GCI）排名中，绝大多数非洲国家处于最缺乏竞争力的行列，世界上20个竞争力最差国家中，就有14个是非洲国家。当然，非洲各国的竞争力差距很大，毛里求斯、南非、卢旺达、博茨瓦纳、摩洛哥都是全球竞争力较强的国家。在整体竞争力方面，非洲大陆落后于东南亚地区、拉丁美洲和加勒比地区。差距最大的领域为市场规模、基础设施、教育和技术领域（见图6-8）。

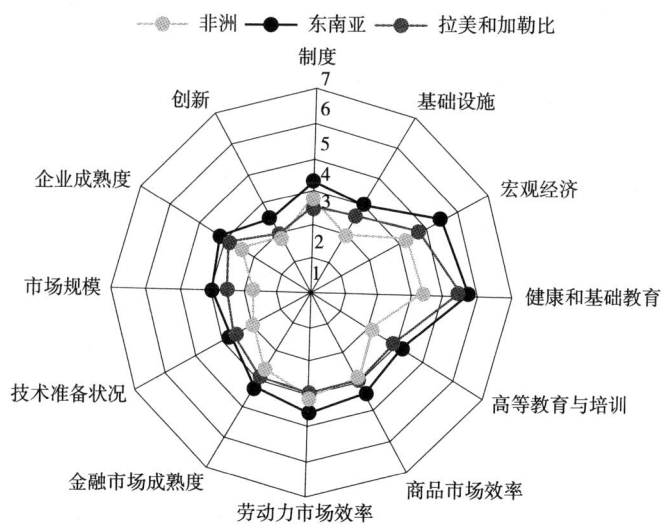

图6-8　非洲和其他地区竞争力十二大支柱比较

资料来源：World Economic Forum, World Bank, African Development Bank, *The Africa Competitiveness Report 2013*, 2013, p. 8。

---

[1] UNCTAD, *Economic Development in Africa 2014: Catalysing Investment for Transformative Growth in Africa*, United Nations, 2014, pp. 23, 34.

当前非洲国家普遍竞争力低下,导致外国直接投资可持续增长的后劲不足,主要表现在以下几方面。第一,非洲贫困人口仍然接近一半,加之收入不平等状况严重(见表6-10),导致市场规模不足,消费投资驱动力量仍然有限。第二,非洲教育水平普遍落后,人力资本素质偏低,对于技术密集型外国直接投资的吸引力不足。最近的调查表明,技术工人的短缺,是外国企业在非洲面临的重大制约因素。第三,基础设施薄弱导致外国投资企业的运营成本高,这阻碍了效率驱动型投资的增长。完善的基础设施是提高生产率和经济增速的关键环节。物质基础设施,特别是电力和交通,是投资的最大制约因素之一。尽管非洲大陆在过去数年实现了快速的经济增长,但是基础设施严重滞后的状况已经阻碍了贸易、投资和服务的增长。当前,高昂的运输成本相当于非洲商品价格的75%,大约30个国家存在长期电力短缺状况。基础设施建设滞后至少降低非洲年均增长率2个百分点。[①] 据估计,在非洲运营的企业,基础设施薄弱导致生产效率降低40%,人均收入增速降低2%。[②] 第四,非洲工业基础薄弱,存在较大规模的非正式部门,产业链条不完整等都阻碍了制造业外国投资的发展。第五,制度建设落后,开办和运营企业的交易成本仍然很高,执行商业合同和违约赔偿的能力差等,都制约了外国投资的持续快速增长。

表6-10 基尼指数(Gini Index)较高的非洲国家

国　　家	基尼指数	国　　家	基尼指数
塞舌尔	65.8	冈比亚	47.3
科摩罗	64.3	莫桑比克	45.7
纳米比亚	63.9	南苏丹	45.3
南非	63.1	刚果(金)	44.4
赞比亚	57.5	乌干达	44.3
中非共和国	56.3	马达加斯加	44.1
莱索托	52.5	马拉维	43.9
斯威士兰	51.5	加纳	42.8

---

① African Development Bank, *Tracking Africa's Progress in Figures*, 2014, p. 48.
② UNCTAD, *Economic Development in Africa 2014: Catalysing Investment for Transformative Growth in Africa*, United Nations, 2014, p. 37.

续表

国　　家	基尼指数	国　　家	基尼指数
卢旺达	50.8	安哥拉	42.7
圣多美和普林西比	50.8	科特迪瓦	41.5
佛得角	50.5	加蓬	41.5
尼日利亚	48.8	摩洛哥	40.9
肯尼亚	47.7	毛里塔尼亚	40.5
刚果（布）	47.3	塞内加尔	40.3

注：国际上通常把 40 作为收入分配差距的"警戒线"，超过这条"警戒线"时，贫富分化容易引起社会阶层的对立从而导致社会动荡。

资料来源：African Development Bank，*Tracking Africa's Progress in Figures*，2014，p. 25。

正是由于经济多样化不足、工业基础薄弱，以及缺乏具有竞争力的商业环境和强有力的私营部门，非洲的外国直接投资占全球外国直接投资的比重长期较低，而且在非洲的外国投资更多的是资源驱动和市场驱动型投资，而非效率驱动型投资，也就是非洲尚不具备吸引外资的良好的区位优势。如果未来非洲国家能够执行促进竞争力提升和加强私营部门作用的政策，同时继续致力于促进工业化和经济转型，那么非洲外国直接投资将有望出现实质性的增长。

（三）风险和不确定性较大制约外国直接投资深入发展

根据美国政治风险服务集团（The Political Risk Services Group）发布的 2012 年国家风险指南（ICRG），该机构对世界 180 个国家进行风险评估，囊括其中的 21 个非洲国家均位于世界风险最大的 40 个国家之列。有这样的风险评价，不管只是印象还是事实，都会降低企业家的投资热情。

从安全风险来说，当前非洲的武装冲突绝大多数都是在 2000 年以前就已经爆发的，如在苏丹、索马里、埃塞俄比亚和尼日利亚的武装冲突起始于 20 世纪 70 年代。对于非洲大陆整体来说，武装冲突造成的伤亡在 2000~2012 年有所减少。但是在一些国家仍然有比较严重的状况。2012 年索马里和苏丹冲突造成的死亡人数很多。2013 年，尼日利亚北部、中非和南苏丹，武装冲突造成的伤亡均在 1000 人以上。在苏丹达尔富尔地区和刚果（金）的暴力冲突造成的伤亡也在显著增加。①

---

① African Development Bank，OECD，UNDP，*African Economic Outlook 2014*，2014，p. 114。

跨国公司对非洲国家的投资决策往往会受到风险和不确定性增加的影响，包括政治不稳定、宏观经济波动，以及政策变动等。[①] 例如，当南非的矿业税率提高、工人罢工频繁、安全形势恶化时，投资者为了规避风险和不确定性，会选择减少或推迟矿业投资。因为不确定性增加了投资交易和调整的成本。在非洲国家运营的企业面临的最具挑战的问题是：如何规避企业员工和商品运输的安全风险。这些安全风险增加了在非洲运营企业的总支出，这些都需要考虑在商业决策中。由于投资具有不可逆性，当风险和不确定性存在时，投资者可能会选择放弃或推迟投资，以避免承受投资失败的损失。

大多数非洲国家的投资风险和不确定性较高，这对于吸引外国直接投资，无疑是一个严重的障碍。外国投资者需要比较投资成本和预期收益来决定是否要在非洲投资。在投资风险高的国家投资，投资者需要获得较高的投资回报率，以实现其投资的有利可图。这种对更高投资回报率的要求，将会限制可以投资的范围和规模。在非洲，安哥拉、尼日利亚、埃及、埃塞俄比亚、乌干达、坦桑尼亚、莫桑比克、塞内加尔、刚果（金）属于投资风险较高的国家，同时在这些国家投资的收益率也很高。但是在喀麦隆，外国投资者将面临高风险和低回报的不利境地。[②] 非洲国家普遍存在的居民可支配收入少、生产门类不齐全、缺乏良好的制度环境等不利因素，都会制约外国投资者获得较高的投资回报率。如果投资回报率没有高到足以弥补风险和不确定性带来的潜在损失，非洲就很难吸引到持续增长的外国直接投资。

第三节　外国直接投资助推非洲经济转型的政策路径

全球化正在改变中低收入国家经济发展的路径，在开辟了新路径的同时，也关闭了其他一些选择。[③] 对于非洲来说，未来的发展路径必然要受到全球化的影响，诸如国际贸易和投资的结构性变化、技术革新、气候变化、

---

① UNCTAD, *Economic Development in Africa 2014: Catalysing Investment for Transformative Growth in Africa*, United Nations, 2014, p. 34.
② Ernst & Young, Oxford Analytica, *Doing Business in Africa: From Strategy to Execution*, 2013, p. 4.
③ African Development Bank, *Africa in 50 Years' Time: The Road Towards Inclusive Growth*, September 2011, p. 19.

全球价值链分工等。在过去的十几年里,非洲经历了遍及整个大陆的全面增长,然而由于经济增长模式存在很大弊端,持续性的经济增长没有带来预期的生产能力提高和结构转型,这两个方面是创造生产性就业机会和持续性减贫的关键环节。在未来,如何利用外国直接投资促进非洲国家经济转型,应被视作为各国政府制定外资政策的重中之重。

一 非洲外国直接投资发展的最新态势

跨入 21 世纪以来,非洲经济的表现一直可圈可点,在全球经济危机的余波中依然如此。2000~2012 年,非洲经济年均增长率为 4.7%,超过全球平均增速(2.7%)两个百分点。[①] 令人印象深刻的是,本轮增长并非仅仅归因于国际市场对非洲自然资源产品的需求热潮。根据麦肯锡全球研究所的报告,2000~2008 年,自然资源在非洲 GDP 增长中的贡献率仅为 24%,其余拉动非洲国家经济增长的驱动力来自其他部门,包括批发零售贸易、交通、农业、电信和制造业等。不仅如此,本轮的经济增长是遍及整个非洲大陆的全面增长,资源富国和非资源丰裕的国家均实现了相似的 GDP 增长率。[②] 非洲经济的持续快速增长得益于诸多因素的综合作用,包括宏观经济和政治的稳定性增强,武装冲突的减少,经济改革取得的突出进展,快速的城市化,投资和消费规模的扩大,加强与国际合作伙伴的经贸关系,区域一体化的推进以区域市场的拓展,以及生产和出口多样化等,这些因素刺激了众多行业的增长,比如批发和零售业,交通运输和电信业,制造业和更广泛的服务业。

广泛而快速的经济增长促进了非洲大陆中产阶级的崛起,新兴中产阶级规模逐步壮大,预计 30 年后有望超过 10 亿人。非洲的城市化率年均增长率达到 3.1%,为全球最高水平。1950~2011 年,非洲城镇居民数量大约从 3300 万人猛增至 4 亿多人。与此同时,非洲大陆还实现了人类发展指标的持续改善(见图 6-9)。1990~2010 年,非洲大陆的婴儿死亡率下降了 37%,产妇死亡率下降了 41%。1990~2012 年,五岁以下儿童死亡率降低

[①] 联合国贸易与发展会议数据库,http://unctadstat.unctad.org/wds/TableViewer/tableView.aspx? ReportId = 109。

[②] McKinsey Global Institute, *Lions on the Move: The Progress and Potential of African Economies*, June 2010, p. 2.

了55.4%，艾滋病感染率从5.9%下降到4.7%。① 1990~2011年，非洲大陆在教育方面的进展显著：小学净入学率从52.4%提高到77.1%，中学毛入学率从22.6%提高到41.1%（见表6-11）。1990年，联合国设定千年发展目标的时候，非洲国家各项发展指标均极度落后，尽管经过20多年的努力非洲国家已经取得了骄人的成绩，却仍然无法在2015年实现最初设定的发展目标。然而，如果换个角度，评估一下提升人类发展指标的步伐，非洲国家则毫无争议地属于全球最佳表现之列。

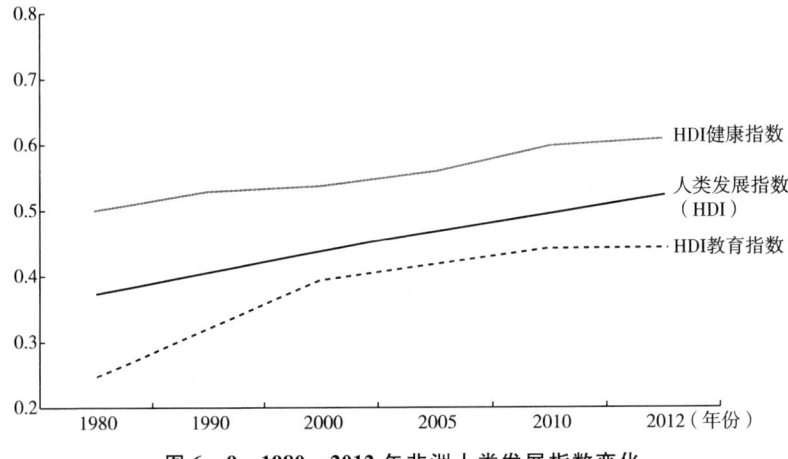

图6-9 1980~2012年非洲人类发展指数变化

资料来源：UNECA, *Frontier Markets in Africa: Misperceptions in a Sea of Opportunities*, July 2014, p.5。

表6-11 1990和2011年撒哈拉以南非洲在教育领域的进展

单位：%

年份 项目	1990	2011
学前教育毛入园率	9.7	17.8
男生	9.9	17.8
女生	9.5	17.9
小学教育净入学率	52.4	77.1
男生	57.5	79.1
女生	47.3	75.1

---

① UNECA, *Frontier Markets in Africa: Misperceptions in a Sea of Opportunities*, July 2014, pp.1, 5.

续表

年份 项目	1990	2011
中等教育毛入学率	22.6	41.1
男生	25.6	45.0
女生	19.4	37.1
高等教育毛入学率	3.0	7.7
男生	4.0	9.5
女生	1.9	5.8

资料来源：African Development Bank, *Tracking Africa's Progress in Figures*, 2014, p.15。

近几年，受益于宏观经济和社会发展的指标趋好，非洲外国直接投资呈现出四个显著的变化。第一，撒哈拉以南非洲地区外国直接投资的新增项目数量逐年上升。自2007年以来，撒哈拉以南非洲外国直接投资新增项目数量占非洲外国直接投资项目总数的比重从2007年的52%，提高到2013年的83%。在撒哈拉以南非洲地区，南部非洲是外国直接投资新增项目数量最多的地区，东部非洲和西部非洲的增长速度很快。南非长期是外国直接投资项目最多的国家。加纳、尼日利亚、肯尼亚、莫桑比克、坦桑尼亚和乌干达，正在成为外国投资者日益青睐的国家。第二，非洲大陆内部的跨国投资呈现上升态势。随着区域一体化的加强和区域价值链的提升，非洲大陆内部的跨国投资增长较快。2007年非洲大陆内部跨国投资项目的数量占非洲外国直接投资项目总数的比重为8%，到2013年这一比重提高至23%。在非洲外国直接投资的来源结构中，非洲国家成为仅次于西欧国家的第二大投资主体。第三，非洲外国直接投资更加倾向于进入"消费者导向型"产业门类。非洲大陆吸引的外国直接投资正在从以采掘业为主导转向"消费者导向型"的产业门类。金融服务、科技媒体和电信（TMT）、消费品和零售（RCP）等消费者导向的产业部门日益成为非洲新增外国直接投资项目最为集中的领域。第四，非洲外国直接投资逐步向主要核心城市积聚。南非是非洲大陆最重要的外国投资目的地。在撒哈拉以南非洲地区，约翰内斯堡被认为是最有商业吸引力的城市，其次是开普敦、内罗毕和拉各斯分别位于第三位和第四位。在北非地区，卡萨布兰卡、开罗和突尼斯市被认为是前三位适合投资的城市。快速城市化、日益增长的消费者阶层、基础设施领域的大规模投资等因素，正在为非洲城市集聚发展提供基础，这些将成为未来经济活动的关键性驱动因素。①

展望未来，非洲大陆有望成为全球外国直接投资的重要目的地。从内部需求来说，快速城市化和消费阶层的崛起是驱动非洲经济增长的重要动力。当众多的非洲人涌入城市，以及可支配收入的日益增加，广大民众对于现代商品和服务的需求将会急剧增加。基于这一巨大商机，全球投资者将会涌入非洲来满足日益增长的市场需求。当然这些只是潜在商机，至于在多长时间内能够带来实实在在的投资，则取决于一系列东道国因素，包括和平与安全、经济改革和政府治理、基础设施状况、商业友好和便利的环境等。从外部需求来说，来自新兴经济体对需求的激增是过去几年非洲经济增长的重要动力来源之一，尤其中国和印度（世界上增长最快的两个国家）对资源，特别是石油和矿产品的需求旺盛。国际金融危机之后，发达国家普遍面临增长乏力的局面，而中国、印度以及其他新兴市场国家，则引领着世界经济增长，并有望成为非洲更重要的出口目的地和投资来源地。尽管美国、英国和法国长期占据着非洲外国直接投资的主导地位，2012年这三个国家占非洲外国直接投资存量的64%。但是以金砖国家为代表的新兴经济体正在迎头赶上。2012年金砖国家对非洲直接投资存量达到677亿美元，占非洲外国直接投资存量的12%。② 中国、马来西亚、南非、印度、巴西、韩国、土耳其、俄罗斯等已经或正在成长为非洲大陆重要的投资来源国。

值得关注的是，全球价值链在世界经济中的主导地位日益突出，这种国际分工新形式对非洲国家制定投资战略会产生越来越重要的影响。非洲国家正在加速区域经济一体化的步伐，致力于建立有效的区域价值链，以增强区域内贸易和投资的发展动力。根据亚洲发展中国家的区域一体化经验，大多数国家都是以产业间贸易作为开端，随着国家的经济发展逐步向价值链的高端移动，最终实现产业结构多元化。③ 非洲国家正在通过大规模跨境基础设施建设，取消区域内的关税和非关税壁垒，制定合理有效的产业发展政策等措施，提升区域内高附加值经济部门的生产能力，支持区域

---

① Ernst & Young, *EY's Attractiveness Survey Africa 2014: Executing Growth*, 2014, pp. 7-8.
② UNECA, *Frontier Markets in Africa: Misperceptions in a Sea of Opportunities*, July 2014, p. 10.
③ African Development Bank, *Africa and Global Economic Trends Quarterly Statistical Review*, January 2014, p. 1.

内企业和区域价值链的发展。

二 利用外资助推非洲经济转型的政策路径

非洲大陆正在改变昔日在外国投资者眼中"高投资风险"的刻板印象。根据安永会计师事务所2014年非洲吸引力调查报告，那些已经在非洲从事商业活动的外国投资者，对非洲商业前景的乐观预期要高于尚未在非洲运营的潜在投资者。可以预见，未来将会有越来越多的外国投资者将非洲大陆视为充满活力的潜在投资市场，主要驱动因素如下：其一，非洲大陆迅速崛起的中产阶级和快速城市化将带来大规模的潜在消费市场，为外国投资者提供大量商机。其二，非洲大陆日益改善的教育和医疗卫生等发展指标，将提高非洲国家的劳动生产率和国际竞争力，为吸引高技术外国直接投资创造机会。其三，非洲大陆的商业环境正在迅速改善，卢旺达、毛里求斯、南非、博茨瓦纳的商业环境位居世界最佳之列。非洲国家正在构建有效的制度体系，提升政府治理水平，以及制订大规模的基础设施发展计划等，这些都有助于非洲国家创造出对外国投资者更具吸引力的商业环境。其四，非洲区域一体化取得了一定进展，大陆内部的跨国投资呈现上升势头。非洲国家还在致力于建立非洲自由贸易区来促进地区统一市场的形成，这必将为外国投资者提供更广阔的投资空间。

基于过去十几年取得的发展成就，未来非洲领导人将更加充满信心地朝着实现经济转型的目标迈进。在这个过程中，非洲国家可以通过制定合理有效的外资政策，将外国直接投资作为实现经济转型的强大外部推动力，以弥补国内资金和技术缺口，创造更具生产力的就业岗位，带动产业结构调整和升级等，最终促进非洲国家实现经济转型的战略目标。具体来说，未来利用外资助推非洲经济转型的政策路径主要有如下几方面。

（一）构建有效的制度体系和施行良好的政府治理

制度体系不完善和政府治理水平低会增加投资的成本，在投资决策中引入更多风险和不确定性的因素，会影响投资预期收益率，并且可能导致投资决策过程的扭曲，对经济产生不利影响。为了刺激投资，非洲国家政府需要致力于构建有效的制度体系和提高政府治理水平，以营造一个对外国投资者有利的制度环境。这里的制度主要指的是正式规则，包括政治

（和司法）规则、经济规则和契约。这些不同层次的规则——从宪法到成文法、普通法，到具体的内部章程，再到个人契约——界定了约束，从一般性规则直到特别的界定。政治规则广泛地界定了政治的科层结构，包括其基本的决策结构、日常程序控制的外部特征。经济规则界定产权，其中包括了对财产的使用，从财产中获取收入，及让渡一种资产或资源的一系列权利。契约则包含了专属于交换的某个特定合约的条款。[①] 构建新型的制度体系是一个复杂的系统工程，包含多层次的规则，成功地实现制度构建是颇具困难的。因为旧有制度本身具有一种惯性，在其支配下的利益集团也具有维持旧有制度的惯性，两者交织在一起，改变旧有的制度体系就更加艰难。关于制度惯性，也就是制度经济学中所说的路径依赖。简要地说，路径依赖是指："一种制度是多年累积而形成的，一旦形成了，它就成为定式，持续发挥作用，人们也就不知不觉地循着制度下惯有的方式行事，于是就成了制度惯性。"[②] 即便如此，在强大的全球化浪潮驱使下，在谋求自主发展的道路探索中，非洲国家需要努力构建有效的制度体系，以实现利用外资的最大效益，从而促进经济转型的实现。与此同时，若要实现外国直接投资的大规模涌入，非洲国家还需要致力于提高政府治理水平，以降低风险和不确定性因素，具体来说包括提升政府机构的工作效率和政策执行力、实现政策的连续性和透明度、减少政府官员腐败行为、鼓励政府和私营部门之间的有效沟通和合作、保持和平与安全的环境、提高政治和经济的稳定性等方面。

（二）实现公共投资和私人投资的平衡发展

鉴于公共投资和私人投资具有互补性，为促进外国直接投资的增长，非洲国家在制定投资促进战略时，应该重视增加交通、电力、卫生、医疗、教育等公共投资。这需要政府发挥主导作用，政府既要保证有足够的预算拨款新建公共投资项目，还要有足够资金用来维护现有公共基础设施。同时国家还需要利用公共资金和私人资金之间的潜在协同效应，特别是在大型基础设施项目中开展公私合作（PPP），为投资项目拓宽融资渠道。对于

[①] 〔美〕道格拉斯·C.诺思：《制度、制度变迁与经济绩效》，杭行译，格致出版社、上海三联书店、上海人民出版社，2008，第65页。

[②] 厉以宁：《工业化和制度调整——西欧经济史研究》，商务印书馆，2010，第241页。

资金匮乏的非洲国家来说，公私合作可以作为发展的重点。例如，2011年6月，加纳政府公布了"公私合作伙伴关系国家政策"（National Policy on Public Private Partnership），作为经济改革计划的组成部分，旨在增加私人部门参与基础设施建设和提供公共服务。由于未来十年中加纳政府至少每年需要投入15亿美元进行基础设施建设，单独由政府来完成公共领域的投资存在巨大困难，因此加纳政府鼓励私人部门和公共部门进行有效合作，来缩小基础设施建设和公共投资的资金缺口。在此政策下加纳设立了公共投资司，隶属于财政与经济规划部，负责对公私合作伙伴关系的项目和交易进行监督、管理和提供支持。

值得关注的是，人力资本素质对于提高投资效率具有正相关性。这是因为"发明、创造、推广、筹资融资、组织生产、训练工人、市场营销等等，全都来自人力资本的发挥"。[1]因此，相比起物质资本来说，人力资本对于经济增长的促进作用更具有持续性。为此，非洲国家政府需要加强对人力资本的投资，改进各层次教育和技术培训的课程设置，以适应劳动力市场的就业需求，并鼓励私营部门提供更多的在职培训，支持高校和科研院所开展更多的应用研究和开发活动。[2] 由于非洲国家政府的财力有限，公共投资的重点应放在难以吸引私人投资，同时又是经济发展最大瓶颈的领域，如交通和电力行业。对于外国投资者感兴趣也愿意投资的领域，应该逐步放开，并给予政策激励，以弥补国内建设的融资缺口。例如，在过去的十年里，越来越多的私人资本参与非洲基础设施建设，尤其是在电信领域。总之，在公共投资和私人投资之间寻求更好的平衡，有助于加快非洲经济增长的步伐，同时也可以营造一种对外资友好的姿态，有助于外国直接投资的增长。

（三）引导外国直接投资进入战略性或优先领域

利用外资促进非洲经济转型的一个重要方面，就是确保外国直接投资进入战略性或优先发展的产业部门，即对实现长期发展战略至关重要的领域。发达国家和新兴经济体的发展经验已经表明，政府可以影响投资格局，

---

[1] 厉以宁：《工业化和制度调整——西欧经济史研究》，商务印书馆，2010，第239页。
[2] UNCTAD, *Economic Development in Africa 2014: Catalysing Investment for Transformative Growth in Africa*, United Nations, 2014, p. 58.

引导投资者进入产业政策所鼓励的行业或业务环节。① 为了创造更多就业机会和促进包容性增长，许多非洲国家将基础设施和农业作为优先领域，并制定"非洲基础设施发展规划"（Programme for Infrastructure Development in Africa，PIDA）和"非洲农业发展综合规划"（Comprehensive Africa Agricultural Development Programme，CAADP）。PIDA 是非洲联盟于 2012 年 1 月通过的发展规划，确定了非洲大陆跨国跨区域基础设施建设的项目规划、融资和总体实施框架，项目主要涵盖能源、交通、信息通信和跨境水资源四大领域，总投资额预计为 3600 亿美元。其中，2012~2020 年的优先发展计划项目包括 51 个重点区域基础设施项目，预计耗资 680 亿美元。由于非洲政府在国内动员资金的能力有限，政府可以考虑鼓励外国直接投资来弥补部分融资缺口。当前有几个 PIDA 项目处在"早期概念方案"（预计项目总额达 172 亿美元）和"可行性需求评估"（预计项目总额达 227 亿美元）阶段，这些项目为投资者提供了潜在的获利机会。② 非洲农业发展综合规划是在 2003 年非洲联盟峰会上制定的，旨在通过发展农业，确保粮食安全和减少贫困，要求各国每年将不低于 10% 的国家预算投入农业。截至 2013 年底，已有近 30 个非洲国家根据 CAADP 的要求，制定了本国的农业发展规划。

在非洲，农业部门吸纳了 60% 以上的就业，而且大多数穷人生活在农村地区，其中大部分为小农户，因此减少贫困的重要渠道就是实现农业转型，提高农业生产率和农民的劳动技能，增强抵御气候变化冲击及其他不确定性的能力。如果没有具有活力和包容性的农业部门，不仅非洲经济增长和结构转型将会受阻，而且穷苦大众将会被远远地抛弃在盛满经济成果的列车之外。许多亚洲国家在减少贫困方面取得突出成就都是从提高农业生产力作为开端，如孟加拉国、越南、泰国和马来西亚。③ 为了实现经济转型与包容性增长并行，更公平地分享经济发展利益，非洲国家需要充分释放出农业发展潜力。一方面，政府要提高农业公共投资（包括种子、

---

① UNCTAD, *Economic Development in Africa 2014: Catalysing Investment for Transformative Growth in Africa*, United Nations, 2014, p. 51.
② UNECA, *Frontier Markets in Africa: Misperceptions in a Sea of Opportunities*, July 2014, p. 6.
③ Africa Progress Panel, *Africa Progress Report 2014: Financing Africa's Green and Blue Revolutions*, January 2014, pp. 21, 47.

化肥、机械、灌溉系统等)、支持农业技术的研究开发和传播、培育运作良好的农产品价值链①、提高政府管理部门的能力等,为农业发展提供一个良性的发展平台;另一方面,由于农业投资具有较高的社会经济溢出效应,政府需要制定合理有效的产业扶植政策,如通过提供补贴奖励等方式,鼓励更多的外国直接投资参与农业开发,帮助提高农业生产力和机械化率、农产品深加工水平、推动绿色革命,促进向现代农业转型,同时有效降低贫困率。

毋庸置疑,不仅是基础设施和农业,矿业、制造业和服务业等国民经济的各个产业门类都可以为非洲国家重点发展的优先领域。由于非洲国家在资源禀赋、产业发展、市场竞争和制度环境等方面均存在诸多差异,各国政府制定的长期发展战略必然会有所差异,在未来各国政府可以结合全球价值链分工的特点,因地制宜采取适合本国动态比较优势的产业门类或价值链的某个环节作为国民经济发展的战略性或优先领域,并采取有效的政策措施激励外国直接投资大量进入这些关键性领域,以促进非洲各国国际竞争力的提升和推动经济转型的实现。

(四) 加强区域一体化和促进区域价值链升级

许多国家在参与全球价值链过程中,有很大比例是参与区域价值链。当前的全球价值链具有鲜明的地域特色,区域内价值链联系最紧密的是北美和中美洲,其次是欧盟。非洲的区域价值链联系最弱,区域价值链占其参与的全球价值链的比重仅为6% (见图6-10)。加强区域一体化,促进区域生产网络的发展,形成更具竞争力的区域价值链,将会吸引到更多的市场驱动型和效率驱动型的外国直接投资,从而有助于非洲国家实现经济转型。当前非洲区域一体化议程包含了一系列目标,包括改善各国生产商进入地区市场的条件,并将其整合到更高效的区域价值链中;整合金融市场,确保资本在国家之间的流动更顺畅;确保商品、服务和劳动力的自由流动等。所有这些目标都需要在多个层面上加大投资,而私营部门(包括

---

① 农业的蓬勃发展需要有运作良好的农产品价值链,包括"投入→生产→加工→运输及储存→销售和分销",价值链的建设包括灌溉系统建造、农村道路铺设、销售基础设施和金融服务市场建设等。完善的农产品价值链能够促进生产率提高和产量增加。参见 JICA Research Institute, *For Inclusive and Dynamic Development in Sub-Saharan Africa*, June 2013, p. 78。

外国直接投资）的参与能够起到至关重要的作用。例如，私营部门在连接肯尼亚和乌干达的东非大裂谷铁路项目中就起到了关键性作用。①

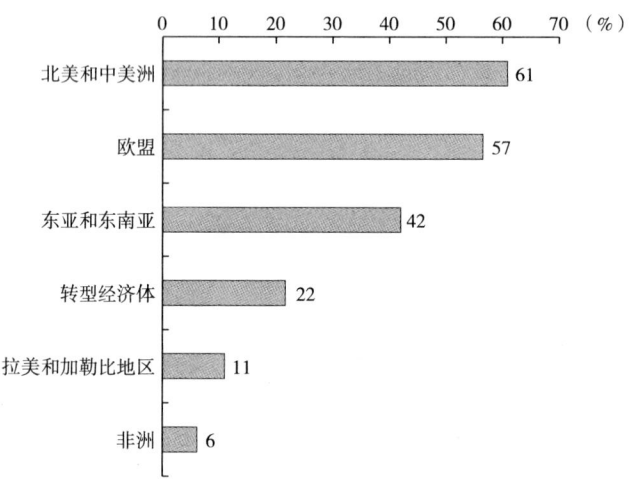

图 6-10　2010 年各地区的区域价值链占其参与全球价值链的比重

资料来源：UNCTAD, *World Investment Report 2013*: *Global Value Chains - Investment and Trade for Development*, New York and Geneva, 2013, p.132。

加强区域一体化还能够帮助非洲国家将区域价值链升级至全球价值链，延长参与全球价值链的环节及获利能力，从而对经济转型起到积极的促进作用。有鉴于此，非洲国家应将区域价值链的完善和升级纳入到国家发展战略中，并加强区域组织成员国的协调和合作，通过改善区域内的基础设施，提供便利的贸易、金融和投资环境等，促进区域价值链的发展。非洲国家政府应对技术创新和研发予以实质性的支持，为企业提供及时有效的市场信息，鼓励其进入区域价值链，并帮助区域内企业提升到价值链的高端环节。尽管区域一体化和区域价值链的升级具有复杂性和艰巨性（如需要各国政府具有政治上的认同和包容的态度，以及对区域项目设计和实施的操作能力），但是这对非洲经济转型将起到显著的推动作用。在未来，非洲国家应加快区域一体化的步伐，促进区域价值链的完善和升级，彻底改善非洲大陆的商业生态，并鼓励外国直接投资在这个进程中发挥重要作用。

---

① World Economic Forum, World Bank, African Development Bank, *The Africa Competitiveness Report 2013*, 2013, p.76.

值得关注的是，尽管基于对非洲经济发展前景的乐观预期，外国投资者将非洲大陆视为充满活力的潜在投资市场，但是非洲国家普遍存在的基础设施薄弱、行政效率低下、腐败严重、安全形势不佳、教育和技术水平落后、法律法规不健全、金融市场成熟度低、产业链条不完整、缺乏创新能力等因素，仍然会在较大程度上阻碍外国直接投资的大幅涌入。非洲国家在经济转型的过程中，还要应对诸如青年失业率居高不下、收入不平等加剧、气候变化和环境破坏等发展压力，这些内部发展挑战如果处理不当，可能会造成社会紧张，甚至引发暴力冲突，最终也会成为外国投资者进入非洲市场的阻碍力量。总体而言，未来非洲国家在推进经济转型的过程中，一方面需要通过国内建设、区域协作和国际合作等多种途径，缓解面临的诸多发展挑战，并有效管控潜在的社会风险，以避免造成社会发展的脆弱性和矛盾冲突的愈演愈烈；另一方面应充分发挥经济转型时期蕴含的巨大潜力，给外国投资者创造出风险相对较低的广阔投资机会，并通过合理有效的政策路径，实现外国直接投资对经济转型的助推作用。

主要参考文献

（一）中文文献

〔德〕阿尔弗雷德·韦伯：《工业区位论》，李刚剑、陈志人、张英保译，商务印书馆，2010。

〔德〕弗里德里希·李斯特：《政治经济学的国民体系》，陈万煦译，商务印书馆，1961。

〔德〕瓦尔特·欧肯：《国民经济学基础》，左大培译，商务印书馆，2010。

〔法〕德尼兹·贾亚尔、贝尔纳代特·德尚等：《欧洲史》，蔡鸿滨、桂裕芳译，海南出版社，2000。

〔法〕菲利普·赛比耶-洛佩兹：《石油地缘政治》，潘革平译，社会科学文献出版社，2008。

〔法〕勒内·杜蒙、玛丽-弗朗斯·莫坦：《被卡住脖子的非洲》，隽永、纪民、晓非译，世界知识出版社，1983。

〔法〕米歇尔·波德：《资本主义的历史：从1500年至2010年》，郑方磊、任轶译，上海辞书出版社，2011。

〔美〕阿兰·斯密德：《制度与行为经济学》，刘璨、吴水荣译，中国人民大学出版社，2004。

〔美〕阿图尔·科利：《国家引导的发展——全球边缘地区的政治权力与工业化》，朱天飚、黄琪轩、刘骥译，吉林出版集团，2007。

〔美〕埃里克·弗鲁博顿、〔德〕鲁道夫·芮切特：《新制度经济学——一个交易费用分析范式》，姜建强、罗长远译，格致出版社、上海三联书店、上海人民出版社，2012。

〔美〕埃里克·吉尔伯特、乔纳森·T. 雷诺兹：《非洲史》，黄磷译，海南出版社、三环出版社，2007。

〔美〕A. 爱伦·斯密德：《财产、权力和公共选择——对法和经济学的进一步思考》，黄祖辉等译，上海三联书店、上海人民出版社，2006。

〔美〕道格拉斯·诺思：《理解经济变迁过程》，钟正生、邢华等译，中国人民大学出版社，2008。

〔美〕道格拉斯·诺思：《制度、制度变迁与经济绩效》，杭行译，格致出版社、上海三联书店、上海人民出版社，2008。

〔美〕蒂莫西·耶格尔：《制度、转型与经济发展》，陈宇峰、曲亮译，华夏出版社，2010。

〔美〕菲利普·李·拉尔夫、罗伯特·E. 勒纳、斯坦迪什·米查姆、爱德华·伯恩斯：《世界文明史》，赵丰等译，商务印书馆，1999。

〔美〕弗朗西斯·福山：《政治秩序的起源：从前人类时代到法国大革命》，毛俊杰译，广西师范大学出版社，2012。

〔美〕弗雷德里克·皮尔逊，西蒙·巴亚斯里安：《国际政治经济学：全球体系中的冲突与合作》，杨毅、钟飞腾、苗苗译，北京大学出版社，2006。

〔美〕赫尔曼·M. 施瓦茨：《国家与市场：全球经济的兴起》，徐佳译，江苏人民出版社，2008。

〔美〕杰弗里·弗里登：《20世纪全球资本主义的兴衰》，杨宇光等译，上海人民出版社，2009。

〔美〕凯文·希林顿：《非洲史》，赵俊译，中国出版集团东方出版中心，2012。

〔美〕理查德·拉克曼：《国家与权力》，郦菁、张昕译，上海世纪出版集团，2013。

〔美〕罗伯特·达尔、布鲁斯·斯泰恩布里克纳：《现代政治分析》（第六版），吴勇译，中国人民大学出版社，2012。

〔美〕罗伯特·L. 海尔布罗纳、威廉·米尔博格：《经济社会的起源》（第十三版），李陈华、许敏兰译，格致出版社、上海三联书店、上海人民出版社，2012。

〔美〕罗伯特·基欧汉：《霸权之后：世界政治经济中的合作与纷争》，苏长和、信强、何曜译，上海世纪出版集团，2012。

〔美〕罗伯特·吉尔平:《国际关系政治经济学》,杨宇光等译,上海世纪出版集团,2011。

〔美〕罗伯特·吉尔平:《跨国公司与美国霸权》,钟飞腾译,东方出版社,2011。

〔美〕罗伯特·吉尔平:《全球政治经济学:解读国际经济秩序》,杨宇光、杨炯译,上海人民出版社,2006。

〔美〕罗伯特·吉尔平:《全球资本主义的挑战:21世纪的世界经济》,杨宇光、杨炯译,上海人民出版社,2001。

〔美〕曼瑟·奥尔森:《权力与繁荣》,苏长和、嵇飞译,上海世纪出版集团,2005。

〔美〕米尔顿·弗里德曼:《资本主义与自由》,张瑞玉译,商务印书馆,2009。

〔美〕斯塔夫里阿诺斯:《全球通史——从史前史到21世纪》,吴象婴等译,北京大学出版社,2006。

〔美〕斯图亚特·林恩:《发展经济学》,王乃辉等译,格致出版社、上海三联书店、上海人民出版社,2009。

〔美〕小约瑟夫·奈、〔加拿大〕戴维·韦尔奇:《理解全球冲突与合作:理论与历史》(第九版),张小明译,上海世纪出版集团,2012。

〔美〕约翰·巴克勒、贝内特·希尔、约翰·麦凯:《西方社会史》,霍文利、赵燕灵等译,广西师范大学出版社,2005。

〔美〕约翰·肯尼思·加尔布雷思:《新工业国》,嵇飞译,上海世纪出版集团,2012。

〔美〕约瑟夫·格里科、约翰·伊肯伯里:《国家权力与世界市场:国际政治经济学》,王展鹏译,北京大学出版社,2008。

〔美〕约瑟夫·斯蒂格利茨:《让全球化造福全球》,雷达、朱丹、李有根译,中国人民大学出版社,2011。

〔美〕詹姆斯·卡波拉索、戴维·莱文:《政治经济学理论》,刘骥、高飞、张玲、刘秀汀译,江苏人民出版社,2009。

〔南非〕莫列奇·姆贝基:《变革的拥护者》,董志雄译,上海人民出版社,2012。

〔日〕速水佑次郎:《发展经济学——从贫困到富裕》,李周译,社会科学文献出版社，2003。

〔西班牙〕圭拉姆·德拉德赫萨：《全球化博弈》，董凌云译，北京大学出版社，2009。

〔印度〕泰戈尔：《民族主义》，谭仁侠译，商务印书馆，1982。

〔英〕阿瑟·刘易斯：《经济增长理论》，周师铭、沈丙杰、沈伯根译，商务印书馆，2002。

〔英〕安东尼·史密斯：《民族主义：理论、意识形态、历史》（第二版），叶江译，上海世纪出版集团，2011。

〔英〕巴兹尔·戴维逊：《现代非洲史：对一个新社会的探索》，舒展、李力清、张学珊译，中国社会科学出版社，1989。

〔英〕苏珊·斯特兰奇：《国家与市场》（第二版），杨宇光等译，上海世纪出版集团，2012。

〔英〕威廉·托多夫：《非洲政府与政治》（第四版），肖宏宇译，北京大学出版社，2007。

〔英〕亚当·斯密：《国民财富的性质和原因的研究》，郭大力、王亚南译，商务印书馆，1974。

〔英〕约翰·希克斯：《经济史理论》，厉以平译，商务印书馆，1987。

陈漓高等：《中国企业跨国经营环境与战略研究》，人民出版社，2009。

高波、张志鹏：《发展经济学——要素、路径与战略》，南京大学出版社，2008。

郭波：《国际投资：理论、政策、战略——以中国利用外资与对外投资为视角》，中国社会科学出版社，2009。

〔加纳〕A. 阿杜·博亨主编《非洲通史第七卷：殖民统治下的非洲1880~1935年》，中国对外翻译出版公司，1991。

江小娟等：《全球化中的科技资源重组与中国产业技术竞争力提升》，中国社会科学出版社，2004。

厉以宁：《工业化和制度调整——西欧经济史研究》，商务印书馆，2010。

联合国贸易与发展会议：《2001年世界投资报告：促进关联》，中国财政经济出版社，2002。

联合国贸易与发展会议：《2005年世界投资报告：跨国公司和研发国际

化》，中国财政经济出版社，2006。

联合国贸易与发展会议：《2002年世界投资报告：跨国公司与出口竞争力》，中国财政经济出版社，2003。

联合国贸易与发展会议：《1998年世界投资报告：趋势和决定因素》，中国财政经济出版社，2000。

联合国贸易与发展会议：《2013年世界投资报告：全球价值链——促进发展的投资与贸易》，经济管理出版社，2013。

陆庭恩：《非洲问题论集》，世界知识出版社，2005。

桑百川、李玉梅主编《国际直接投资》，北京师范大学出版社，2008。

世界经济论坛：《2007~2008年全球竞争力报告》，杨世伟等译，经济管理出版社，2009。

世界银行：《2008年世界发展报告：以农业促发展》，清华大学出版社，2008。

世界银行：《2009年世界发展报告：重塑世界经济地理》，清华大学出版社，2009。

舒运国：《失败的改革——20世纪末撒哈拉以南非洲国家结构调整评述》，吉林人民出版社，2004。

谈世中主编《反思与发展——非洲经济调整与可持续性》，社会科学文献出版社，1998。

吴敬琏：《中国增长模式抉择》（增订版），上海远东出版社，2009。

杨先明等：《中国西部外资问题研究》，人民出版社，2008。

张二震、马野青：《国际贸易学》，人民出版社、南京大学出版社，2007。

张培刚、张建华主编《发展经济学》，北京大学出版社，2009。

张培刚主编《发展经济学教程》，经济科学出版社，2001。

张为付：《国际直接投资比较研究》，人民出版社，2008。

中国21世纪议程管理中心可持续发展战略研究组：《发展的外部影响：全球化的中国经济与资源管理》，社会科学文献出版社，2009。

（二）英文文献

African Center for Economic Transformation, *2014 African Transformation Re-*

port: *Growth with Depth*, 2014.

African Development Bank, *A Comparison of Real Household Consumption Expenditures and Price Levels in Africa*, 2012.

African Development Bank, *Africa and Global Economic Trends Quarterly Statistical Review*, January 2014.

African Development Bank, *Africa in 50 Years' Time: The Road Towards Inclusive Growth*, September 2011.

African Development Bank, *African Statistical Yearbook 2014*, 2014.

African Development Bank, *Climate Change, Gender and Development in Africa*, November 2011.

African Development Bank, Government of Kenya, *The State of Kenya's Private Sector*, 2013.

African Development Bank, OECD, & UNDP, *African Economic Outlook 2014*, 2014.

African Development Bank, OECD, UNDP, & UNECA, *African Economic Outlook 2013*, 2013.

African Development Bank, *Study on Road Infrastructure Costs: Analysis of Unit Costs and Cost Overruns of Road Infrastructure Projects in Africa*, May 2014.

African Development Bank, *Tracking Africa's Progress in Figures*, 2014.

African Trade Policy Centre, *Foreign Direct Investment in Africa: Performance, Challenges and Responsibilities*, September 2005.

African Union, *Africa Mining Vision*, February 2009.

Africa Progress Panel, *Africa Progress Report 2014: Financing Africa's Green and Blue Revolutions*, January 2014.

AhmedKamaly, *Inward FDI in Egypt and Its Policy Context*, October 2011.

Ann - Christin Gerlach, Pascal Liu, "Resource - Seeking Foreign Direct Investment in African Agriculture", September 2010.

Anusree Paul, *Indian Foreign Direct Investment in Africa*, CUTS CCIER Working Paper No. 1, 2012.

Arvil V. Adams, Sara Johansson de Silva, and Setareh Razmara, *Improving Skills Development in the Informal Sector*, World Bank, 2013.

Boopen Seetanah, *Inward FDI in Mauritius and its policy context*, April 2013.

BrunoLosch, Sandrine F. - Gresh, E. Thomas White, *Structural Transformation and Rural Change Revisitied: Challenges for Late Developing Countries in a Globalizing World*, 2012.

CUTS Centre for Competition, Investment & Economic Regulation, *Investment Policy in South Africa: Performance and Perceptions*, 2003.

DanielLederman, Taye Mengistae, and Lixin Colin Xu, *Microeconomic Consequences and Macroeconomic Causes of Foreign Direct Investment in Southern African Economies*, September 2010.

Daron Acemoglu, *Introduction to Modern Economic Growth*, Princeton University Press, 2009.

David W. Throup, *Ghana: Assessing Risks to Stability*, June 2011.

Economic Commission for Africa & African Union, *Economic Report on Africa 2013: Making the Most of Africa's Commodities: Industrializing for Growth, Jobs and Economic Transformation*, March 2013.

Economic Commission for Africa & African Union, *Minerals and Africa's Development: The International Study Group Report on Africa's Mineral Regimes*, November 2011.

Economic Commission for Africa, *Economic Report on Africa 2006: Capital Flows and Development Financing in Africa*, December 2006.

EIU, *Africa Open for Business: the Potential, Challenges and Risks*, 2012.

Ernst & Young, *EY's Attractiveness Survey Africa 2014: Executing Growth*, 2014.

Ernst & Young, *EY's Attractiveness Survey Africa 2013: Getting down to Business*, 2013.

Ernst & Young, Oxford Analytica, *Doing Business in Africa: From Strategy to Execution*, 2013.

GeorgeSaitoti, *The Challenges of Economic and Institutional Reforms in Africa*, Ashgate Publishing Limited, 2002.

Hinh T. Dinh, Vincent Palmade, Vandana Chandra, and Frances Cossar, *Light Manufacturing in Africa: Targeted Policies to Enhance Private Investment and Create*

Jobs, World Bank, 2012.

Ian Taylor, *China's New Role in Africa*, Lynne Rienner Publisher, 2009.

Imen Daoud Naanaa and Fethi Sellaouti, "The Role of Foreign Presence in the Technology Transfer," *International Journal of Trade, Economics and Finance*, Vol. 4, No. 6, December 2013.

IMF, *Regional Economic Outlook Sub-Saharan Africa: Fostering Durable and Inclusive Growth*, April 2014.

IMF, *World Economic Outlook*, April 2014.

IMF, *World Economic Outlook*, October 2013.

Ioannis N. Kessides, *Regionalizing Infrastructure for Deepening Market Integration: The Case of East Africa*, June 2012.

Jeffrey D. Sachs and Andrew M. Warner, *Natural Resource Abundance and Economic Growth*, Harvard University, November 1997.

Jeffrey Frankel, *Mauritius: African Success Story*, August 2010.

JICA Research Institute, *Development Challenges in Africa Towards 2050*, June 2013.

JICA Research Institute, *For Inclusive and Dynamic Development in Sub-Saharan Africa*, June 2013.

JONES LANG LASALLE, *Perspectives on Investor Opportunities*, July 2013.

Joseph Crowley, *Interest Rate Spreads in English-Speaking African Countries*, IMF Working Paper, May 2007.

JuliusGatune Kariuki, *The Future of Agriculture in Africa*, Boston University, August 2011.

Justice G. Djokoto, "Effects of Foreign Direct Investment Inflows into Agriculture on Food Security in Ghana," *Journal of Economics and Sustainable Development*, Vol. 3, No2, 2012.

KenGwilliam, *Africa's Transport Infrastructure: Mainstreaming Maintenance and Management*, World Bank, 2011.

Kenichi Ohno, *Introducing Proactive FDI Policy in Ethiopia: Suggestions from an East Asian Perspective*, January 2013.

Kingston, Kato Gogo, "The Dilemma of Minerals Dependent Economy:

The case of Foreign Direct Investment and Pollution in Nigeria", *African Journal of Social Sciences*, Vol. 1 No. 1, February 2011.

KPMG, *Mining in Africa towards 2020*, 2013.

Labour Resource and Research Institute, *Characteristics Extent and Impact of Foreign Direct Investment on African Local Economic Development*, December 2003.

Lucia Perez – Villar, Adnan Seric, "Multinationals in Sub – Saharan Africa: Domestic Linkages and Institutional Distance", Kiel Working Papers No. 1893, Janurary 2014.

Ludger Odenthal, "FDI in Sub – Saharan Africa", *OECD Working Paper No. 173*, March 2001.

MariaSarraf, Moortaza Jiwanji, *Beating the Resource Curse: The Case of Botswana*, October 2001.

McKinsey & Company, *Lions Go Digital: The Internet's Transformative Potential in Africa*, November 2013.

McKinsey Global Institute, *Africa at Work: Job Creation and Inclusive Growth*, August 2012.

McKinsey Global Institute, *Lions on the Move: The Progress and Potential of African Economies*, June 2010.

Meine Pieter van Dijk (ed.), *The New Presence of China in Africa*, Amsterdam University Press, 2009.

Mongi Boughzala, *Youth Employment and Economic Transition in Tunisia*, January 2013.

OECD, *Economic Diversification in Africa: A Review of Selected Countries*, 2011.

OECD, *The rise of China and India: What's in it for Africa?* 2006.

Onelie B. Nkuna, *Intra – Regional FDI in SADC: A Case of South Africa and Mauritius Outward FDI*, Novermer 2013.

PaulBrenton, Olivier Cadot, and M. D. Pierola, *Pathways to African Export Sustainability*, 2012.

PeterDuignan & L. H. Gann ed., *Colonialism in Africa 1870 – 1960 Volume Four: The Economics of Colonialism*, Cambridge University Press, 1975.

Raf Custers & Ken Matthysen, *Africa's Natural Resources in a Global Context*,

August 2009.

Sichei, M. M. & Kinyondo, G., Determinants of Foreign Direct Investment in Africa: A Panel Data Analysis, *Global Journal of Management and Business Research*, Vol. 12, 2012.

Sudeshna Ghosh Banerjee and Elvira Morella, *Africa's Water and Sanitation Infrastructure: Access, Affordability, and Alternatives*, World Bank, 2011.

ThierryPaulais, *Financing Africa's Cities: The Imperative of Local Investment*, 2012.

UNCTAD, *Economic Development in Africa 2014: Catalysing Investment for Transformative Growth in Africa*, United Nations, 2014.

UNCTAD, *Economic Development in Africa: Rethinking the Role of Foreign Direct Investment 2005*, Geneva, 2005.

UNCTAD, *Economic Development in Africa 2012: Structural Transformation and Sustainable Development in Africa*, Geneva, 2012.

UNCTAD, *Global Investment Trends Monitor: The Rise of BRICS FDI and Africa*, March 2013.

UNCTAD, *Investment Policy Review Botswana*, United Nations, 2003.

UNCTAD, *Investment Policy Review Mauritius*, United Nations, 2001.

UNCTAD, *Investment Policy Review Nigeria*, United Nations, 2009.

UNCTAD, *Report on the Implementation of the Investment Policy Review: Kenya*, 2013.

UNCTAD, *World Investment Report 2014*, New York and Geneva, 2014.

UNECA, *Building Trade Capacities for Africa's Transformation: A Critical Review of Aid for Trade*, 2013.

UNECA, *Frontier Markets in Africa: Misperceptions in a Sea of Opportunities*, July 2014.

UNIDO, *Africa Investor Report 2011: Towards Evidence – Based Investment Promotion Strategies*, 2011.

U. S. Energy Information Administration, *Emerging East Africa Energy*, May 2013.

USGS, *2011 Minerals Yearbook: Africa*, August 2013.

Vivian C. Jones, Brock R. Williams, *U. S. Trade and Investment Relations with Sub-Saharan Africa and the African Growth and Opportunity Act*, November 2012.

World Bank, *Africa Development Indicators 2012/2013*, 2013.

World Bank, *Africa's Future and the World Bank's Support to It*, March 2011.

World Bank, *Africa's Pulse*, Volume 9, April 2014.

World Bank, *An Assessment of the Investment Climate in Nigeria*, 2009.

World Bank, *Capital for the Future: Saving and Investment in an Interdependent World*, 2013.

World Bank, *CPIA Africa: Assessing Africa's Policies and Institutions*, June 2013.

World Bank, *Doing Business 2014*, 2014.

World Bank, *Fostering Technology Absorption in Southern African Enterprises*, 2011.

World Bank, *Investing Across Borders 2010: Indicators of Foreign Direct Investment Regulation in 87 Economies*, 2010.

World Bank, *Investment Climate Assessment Mauritius 2009*, 2009.

World Bank, *Knowledge, Technology, and Cluster-Based Growth in Africa*, 2008.

World Bank, *Making Foreign Direct Investment Work for Sub-Saharan Africa: Local Spillover and Competitiveness in Global Value Chains*, 2014.

World Bank, *Yes Africa Can: Success Stories from a Dynamic Continent*, 2011.

World Economic Forum, *The Global Competitiveness Report 2013-2014*, 2014.

World Economic Forum, World Bank, & African Development Bank, *The Africa Competitiveness Report 2013*, 2013.

图书在版编目(CIP)数据

外国直接投资与非洲经济转型/朴英姬著.—北京:社会科学文献出版社,2015.4
 ISBN 978-7-5097-7177-8

Ⅰ.①外… Ⅱ.①朴… Ⅲ.①外商直接投资-作用-转型经济-研究-非洲 Ⅳ.①F834.06②F140.4

中国版本图书馆 CIP 数据核字(2015)第 042550 号

外国直接投资与非洲经济转型

著　　者 / 朴英姬

出 版 人 / 谢寿光
项目统筹 / 高明秀
责任编辑 / 王丽影　王晓卿

出　　版 / 社会科学文献出版社·全球与地区问题出版中心(010)59367004
　　　　　 地址:北京市北三环中路甲 29 号院华龙大厦　邮编:100029
　　　　　 网址:www.ssap.com.cn

发　　行 / 市场营销中心(010)59367081　59367090
　　　　　 读者服务中心(010)59367028

印　　装 / 北京季蜂印刷有限公司

规　　格 / 开　本:787mm×1092mm　1/16
　　　　　 印　张:16　字　数:261千字

版　　次 / 2015 年 4 月第 1 版　2015 年 4 月第 1 次印刷

书　　号 / ISBN 978-7-5097-7177-8

定　　价 / 59.00 元

本书如有破损、缺页、装订错误,请与本社读者服务中心联系更换

版权所有 翻印必究